全国职业院校国际贸易专业
“新形态”教材

21世纪高职高专规划教材
国际经济与贸易系列

国际汇兑实务

主　编　潘海红　余海萍
副主编　马京京　胡楠楠　姚冰清　蒋　团

Foreign Exchange Practice

中国人民大学出版社
·北京·

PREFACE

前言

自 2001 年加入世界贸易组织以来，我国经济迅猛发展，特别是“一带一路”经贸合作成效显著，外贸进出口稳中有升，保持着货物贸易第一大国的地位。与此同时，世界经济增长出现不确定性和不稳定性，国际市场竞争日趋激烈，涉外企业面临越来越大的汇率波动、利率波动、国际贸易政策变化等风险。为适应上述形势和变化，帮助涉外从业人员掌握一定的外汇知识，培养懂经营、会核算、能避险的国际商务人才是当务之急。

为满足社会对国际商务人才的需求，强化学生实践能力的培养，本课程编写组深入外贸企业和外汇银行开展了调研，分析了国际汇兑实务在国际商务专业中的定位和特点，明确了涉外业务从业人员需要掌握的外汇知识和技能，并且提炼了不同涉外从业人员岗位需要的职业道德和职业素养，同时邀请了外贸企业骨干和外汇银行专家担任了本书的指导工作。

本教材以职业岗位的典型工作任务为主线，以企业的基本业务为载体，以“任务驱动、学做合一”为理念设计教材内容。本教材分为 7 个项目，涵盖了外汇汇率、外汇业务、进出口报价与结算、外汇风险管理、国际贸易融资、外汇管制和国际收支平衡表等内容。在具体内容描述中，本教材结合实际业务特点，确定了“知识目标”“能力目标”，将职业素养融入其中，通过“项目任务”“任务导入”引出项目下的各个任务，带着公司的真实任务进行学习；在具体任务中，又穿插了“知识拓展”和“工作任务”，充分体现了“学做一体”、解决实际问题的编写理念。

本教材由潘海红、余海萍担任主编，安徽省华安进出口有限公司总经理黄光明对本教材的项目编排和具体内容提出了宝贵意见，中国银行合肥北城支行胡楠楠承担了本教材部分章节的编写工作并对具体业务进行了指导。参加本教材编写的有：潘海红（项目一）、余海萍（项目二、项目七）、胡楠楠（项目三）、马京京（项目四）、蒋团（项目五）、姚冰清（项目六）。本教材在编写过程中，还得到了张卿、李二敏等人士的指点和帮助，在此一并表示感谢。

本教材于 2013 年获得安徽省高等学校省级规划教材（皖教高〔2013〕11 号文件，编号 2013ghjc467）立项，并于 2018 年获得安徽省高水平高职教材建设立项。

国际汇兑领域的变化和改革我们一直在不断探索，但由于编者水平有限，书中错误和不当之处在所难免，敬请学术界同行和广大读者批评指正。

编者

2020 年 5 月

CONTENTS

目录

项目一

外汇汇率

▶ 知识目标

- 掌握外汇汇率及其标价方法
- 掌握汇率确定的基础和影响汇率变化的因素
- 掌握汇率变化对经济的影响
- 掌握汇率制度的类型
- 掌握人民币汇率制度

▶ 能力目标

- 能够认识主要国家货币符号
- 准确地识别和解读汇率报价
- 能够进行外汇兑换
- 能够分析汇率影响的因素
- 准确掌握人民币汇率制度的内容
- 树立全面的宏观经济分析意识

▶ 项目任务

- 汇率换算
- 汇率变化原因分析
- 汇率变化对国际贸易的影响

▶ 任务导入

ABC 进出口贸易公司最近准备组织大家去欧洲旅游，让小张去兑换欧元现钞。小张登录中国银行网站，查询到当日外汇行情如下（见表 1-1）：

表 1-1　当日外汇行情

货币名称	现汇买入价	现钞买入价	现汇卖出价	现钞卖出价
欧元	754.38	730.94	759.94	762.39
英镑	905.57	877.43	912.24	915.36
港元	89.7	88.99	90.06	90.06
日元	6.332 9	6.136 1	6.389 3	6.356 9
美元	696.77	691.1	699.72	697.95

看着欧元对应的 4 个价格，小张应该选择哪个价格作为他的兑换依据？

任务一　汇率及其标价方法

一、外汇的概念及种类

概念和分类

（一）外汇的概念

外汇是国际汇兑（Foreign Exchange）的简称，外汇的概念有动态和静态之分。

1. 动态外汇

动态外汇是指把一国货币兑换成另一国货币，以清偿国际债权债务的金融活动。它强调的是清算国际债权债务过程中的货币兑换过程，这个意义上的外汇概念等同于国际结算。随着世界经济的发展与国际经济活动的日益活跃，国际汇兑也逐渐由一个动态的概念演变为静态概念，成为一种国际性的支付手段或资产。

2. 静态外汇

（1）广义静态外汇。广义的静态外汇是指一切用外币表示的资产。我国以及其他各国的外汇管理法令中一般沿用这一概念，本教材所涉及的外汇概念主要是指静态外汇。

《中华人民共和国外汇管理条例》中规定，外汇是指以外币表示的可以用作国际清偿的支付手段和资产，包括：①外币现钞，包括纸币、铸币；②外币支付凭证或支付工具，包括票据、银行存款凭证、银行卡等；③外币有价证券，包括债券、股票等；④特别提款权；⑤其他外汇资产。

（2）狭义静态外汇。狭义的静态外汇即通常所说的外汇，是指以外币所表示的用于国际结算的支付手段。并非所有的外币都能充当国际结算的支付手段，只有各国普遍接受的支付手段，才能用于国际结算。

外汇必须具备三个显著的特征：①外币性，是指外汇首先是货币且必须以外国货币来表示。这是外汇的基本特点。例如，美国进口商用美元购买德国的商品，用的是美元，这种支付手段，对美国境内的美国人来说，不是外汇，对德国出口商来说则是外汇。②可兑换性，是指一种外币要成为外汇必须能够自由兑换成其他形式的资产或支付手段。③普遍性，是指一种外币要成为外汇，必须被各国普遍接受与运用。

知识拓展

国际标准化货币代码

随着全球经济一体化及国际贸易和国际金融的发展，1973 年国际标准化组织（International Organization for Standardization，ISO）在其他国际组织的通力合作下，制定了一项适用于贸易、商业和银行使用的货币和资金代码，即 ISO 4217 三字符货币代码（见表 1 - 2）。代码前两个字符表示该种货币所属的国家和地区，第三个字符表示货币单位，如美国为 US，美国货币单位为 D（Dollar 的第一个字母），两者组成的货币代码为 USD。

表 1 - 2　常用国家货币代码

国家或地区	货币名称	货币代码	辅币进位制
中国	人民币元 Renminbi Yuan	CNY	1CNY=10 jiao（角）
中国香港	港元 Hong Kong Dollar	HKD	1HKD=100 cents（分）
中国澳门	澳门元 Macao Pataca	MOP	1MOP=100 avos（分）
日本	日元 Japanese Yen	JPY	1JPY=100 sen（钱）
越南	越南盾 Vietnamese Dong	VND	1VND=10 角=100 分
马来西亚	马元 Malaysian Dollar	MYR	1MYR=100 cents（分）
新加坡	新加坡元 Singapore Dollar	SGD	1SGD=100 cents（分）
泰国	泰铢 Thai Baht（Thai Tical）	THB	1THB=100 satang（萨当）
印度尼西亚	印尼盾 Indonesian Rupiah	IDR	1IDR=100 cents（分）
欧洲货币联盟	欧元 Euro	EUR	1EUR=100 euro cents（生丁）
英国	英镑 Pound，Sterling	GBP	1GBP=100 new pence（新便士）
瑞士	瑞士法郎 Swiss Franc	CHF	1CHF=100 centimes（分）
俄罗斯	卢布 Russian Ruble	SUR	1SUR=100 kopee（戈比）
美国	美元 U. S. Dollar	USD	1USD=100 cents（分）
加拿大	加拿大元 Canadian Dollar	CAD	1CAD=100 cents（分）
墨西哥	墨西哥比索 Mexican Peso	MXP	1MXP=100 centavos（分）
埃及	埃及镑 Egyptian Pound	EGP	1EGP=100 piastres（皮阿斯特）

续前表

国家或地区	货币名称	货币代码	辅币进位制
南非	南非兰特 South African Rand	ZAR	1ZAR=100 cents（分）
澳大利亚	澳大利亚元 Australian Dollar	AUD	1AUD=100 cents（分）
新西兰	新西兰元 New Zealand Dollar	NZD	1NZD=100 cents（分）

资料来源：各国货币代码．（2018-06-30）．https://wenku.baidu.com/view/d4880dd459f5f61fb7360b4c2e3f5727a5e92427.html?rec_flag=default&sxts=1588481261427.

（二）外汇的种类

外汇有多种分类法，依据不同的标准，可以划分为不同的类型。

1. 按外汇能否自由兑换，可分为自由外汇和记账外汇

自由外汇又称现汇，是指不需要货币当局批准，可以自由兑换成任何一种外国货币或用于第三国支付的外国货币及其支付手段。自由外汇中使用最多的是美元、欧元、日元、英镑等。

记账外汇又称协定外汇，是指不经货币当局批准，不能自由兑换成其他货币或用于第三国支付的外汇。它是签有清算协定的国家之间，由于进出口贸易引起的债权债务不用现汇逐笔结算，而是通过当事国的中央银行账户相互冲销所使用的外汇。

2. 按外汇的来源和用途，可分为贸易外汇和非贸易外汇

贸易外汇是对外贸易中商品进出口及其从属活动所使用的外汇。商品进出口伴随着大量的外汇收支，同时从属于商品进出口的外汇收支还有运费、保险费、样品费、宣传费、推销费，以及与商品进出口有关的出国团组费。

非贸易外汇是贸易外汇以外所收支的一切外汇。非贸易外汇的范围非常广，主要包括侨汇、旅游、旅游商品、宾馆饭店、铁路、海运、航空、邮电、港口、海关、银行、保险、对外承包工程等方面的外汇收支，以及个人和团体（公派出国限于与贸易无关的团组）出国差旅费、图书、电影、邮票、外轮代理及服务所发生的外汇收支。

3. 按外汇买卖的交割期，可分为即期外汇和远期外汇

交割是指本币和外币所有者相互交换货币所有权的行为，也就是外汇买卖中外汇的实际收支活动。

即期外汇是指外汇买卖成交后在两个工作日内交割完毕的外汇，具体包括电汇（T/T）、信汇（M/T）和票汇（D/D）三种。

远期外汇是指买卖双方根据外汇买卖合同，不需立即进行交割，而是在将来某一时间进行交割的外汇。远期外汇的期限按月计算，一般为 1 个月到 6 个月，也可以长达 1 年，通常为 3 个月。在国际贸易中，进出口双方通过买卖远期外汇可以避免汇率变化带来的风险。

4. 按外汇汇率的变化趋势，可分为硬币和软币

硬币是指汇率稳定且具有上浮趋势的外汇。若一国的国际收支连年顺差，国内经济状况良好，其货币汇率就会上涨，此时该国的货币即为硬币。

软币是指汇率不稳定且有下浮趋势的外汇。若一国的国际收支持续恶化，国内通货膨胀加剧，其货币汇率必然就会下跌，此时该国的货币即为软币。

5. 按外汇的形式，可分为现钞和现汇

现钞是指外币的钞票和铸币或以钞票、铸币存入银行所生成的存款。

现汇是指境外汇入或携入的外汇票据转存境内商业银行的存款。

在现实生活和经济业务中，现汇的价格与现钞的价格是不相同的。

二、汇率标价方法

汇率

（一）汇率的概念

汇率是一国货币同另一国货币兑换的比率。如果把外国货币作为商品的话，那么汇率就是买卖外汇的价格，是以一种货币表示另一种货币的价格，因此也称为汇价。由于国际间的贸易与非贸易往来，各国之间需要办理国际结算，因此一个国家的货币对其他国家的货币，都规定有一个汇率，但其中最重要的是对美元等少数国家货币的汇率。

（二）汇率的标价方法

要确定两种不同货币之间的比价，就要先确定用哪个国家的货币作为基准。由于确定的基准不同，因此便产生了几种不同的外汇汇率标价方法。

1. 直接标价法

直接标价法（Direct Quotation），是以 1 个单位或 100 个单位的外国货

币作为标准，折算为一定数额的本国货币来表示其汇率。在直接标价法下，外国货币为基准货币，数额固定不变，本国货币为标价货币。在直接标价法下，一定单位外币折算的本国货币减少，说明外币汇率已经下跌，即外币贬值或本币升值。我国和国际上大多数国家都采用直接标价法。

【例 1.1】 2019 年 12 月 1 日，在中国的外汇市场上，100 美元＝702.62 人民币；2019 年 12 月 20 日，美元对人民币的汇率为 100 美元＝701.17 人民币。这说明美元贬值，人民币升值。

2. 间接标价法

间接标价法（Indirect Quotation），是以 1 个单位或 100 个单位的本国货币为标准，折算为一定数额的外国货币来表示其汇率。在间接标价法下，本国货币的数额固定不变，汇率的涨跌都以相对的外国货币数额的变化来表示。一定单位的本国货币折算的外币数量增多，说明本国货币汇率上涨，即本币升值或外币贬值；一定单位的本国货币折算的外币数量减少，说明本国货币汇率下跌，即本币贬值或外币升值。在国际外汇市场上，欧元、英镑、澳大利亚元和新西兰元等为间接标价法。

【例 1.2】 2019 年 5 月 31 日，伦敦外汇市场上，100 英镑＝130.32 美元；2019 年 11 月 29 日，100 英镑＝129.32 美元。这说明英镑贬值，美元升值。

工作任务

直接标价法与间接标价法比较

2011 年 3 月 19 日，100 美元＝655.63 元人民币；2019 年 2 月 22 日，100 美元＝701.73 元人民币。请根据以上汇率变化填写表 1－3。

表 1－3　直接标价法和间接标价法下升贬值比较

标价方法	2011 年 3 月 19 日	2019 年 2 月 22 日	本币（升值还是贬值）	外币（升值还是贬值）
直接标价法（中国）	100 美元＝655.63 元人民币	100 美元＝701.73 元人民币		
间接标价法（美国）	100 美元＝655.63 元人民币	100 美元＝701.73 元人民币		

3. 美元标价法和非美元标价法

有时在外汇交易市场上，一笔交易所涉及的两种货币可能没有一种属于本国货币，如英国某银行与德国某银行进行一笔外汇交易，而买卖的对象分别是美元和日元，这时就很难确切地用直接标价法或间接标价法对报价进行规范。目前国际外汇市场已经形成除英镑、澳大利亚元、新西兰元、欧元、南非兰特几种货币外，其余货币都以美元作为基准货币报价的惯例。

在美元标价法下，美元作为基准货币，其他货币是报价货币；在非美元标价法下，非美元货币作为基准货币，美元是报价货币。

外汇市场上，当美元兑瑞士法郎的汇率水平为1.207 4时，即表明1美元=1.207 4瑞士法郎；当澳大利亚元兑美元的汇率水平为0.829 5时，即表明1澳大利亚元=0.829 5美元。

在统一的外汇市场惯例标价法下，市场参与者不必区分是直接标价法还是间接标价法，都按市场惯例进行报价和交易。货币升值或贬值可以通过汇率数额的变化直接表现出来。

知识拓展

外汇报价基本要求

1. 对所有可兑换货币的报价，报价方必须同时报出买、卖两个价。

2. 除特殊标明外，所有货币的汇价都是针对美元的，即采用美元标价法。

3. 根据美元是否为基准货币，分为“单位美元”和“单位镑”两种标价方法。

4. 外汇汇率的标价通常由5位有效数字组成，如1.591 5/25，但报价时采用省略的方式，即只报出汇率小数点后末两位。

资料来源：作者根据相关资料改编。

三、汇率的种类

（一）从汇率制定的角度，分为基本汇率和套算汇率

基准汇率（Basic Rate）是指一国货币对国际上某一关键货币（许多国

家以美元作为关键货币）所确定的比价。因为这种汇率是根据两种货币所代表的价值量直接计算得出的，所以又叫直接汇率，它是确定其他各种外币汇率的基础。

套算汇率（Cross Rate）也叫交叉汇率，是指通过两种不同货币与关键货币的汇率间接地计算出两种不同货币之间的汇率。

（二）从银行买卖外汇的角度，分为买入汇率、卖出汇率和中间汇率

买入汇率（Buying Rate）或买价是外汇银行从客户手中买进外汇时所采用的汇率。卖出汇率（Selling Rate）或卖价是外汇银行卖给客户外汇时所采用的汇率。买入汇率与卖出汇率相差的幅度一般为1‰～5‰，各国不尽相同。外汇银行作为从事货币、信用业务的中间商人，盈利主要体现在买入汇率与卖出汇率的差价上。

外汇的买价、卖价尽管都是从外汇银行交易的角度说的，但标价方法不同，买价和卖价的位置也不同。在直接标价法下，汇率数值的大小与外汇价值的高低呈正相关关系，因此，买价在前，卖价在后。如我国的外汇牌价中，1USD=7.690 1～7.698 4RMB，“7.690 1”代表我国银行买入外汇时采用的汇价，“7.698 4”代表我国银行卖出美元外汇时采用的汇价。相反，在间接标价法下，第一个数字表示卖价，第二个数字才是买价。

中间汇率（Middle Rate）是买入价和卖出价的算术平均数，即中间价=（买入价+卖出价）/2。报刊、电台、电视通常报告的是中间价，它常被用作汇率分析的指标。

此外，银行在对外挂牌公布汇率时，还另注明外币现钞汇率（Bank Notes Rate），这主要是针对一些对外汇实行管制的国家。由于外币现钞在本国不能流通，需要把它们运至国外才能使用，在运输现钞过程中需要花费一定的保险费、运费，因此银行购买外币现钞的价格要略低于购买外汇票据的价格。卖出外币现钞的价格和外汇卖出价有相同也有不同（见表1-4）。

表 1-4　中国银行人民币即期外汇牌价

日期：2020 年 2 月 20 日 星期四　　单位：人民币/100 外币

币种	现汇买入价	现钞买入价	现汇卖出价	现钞卖出价
美元（USD）	696.140 0	690.480 0	699.090 0	699.090 0
港元（HKD）	89.600 0	88.890 0	89.960 0	89.960 0
日元（JPY）	6.326 6	6.130 0	6.373 1	6.382 9
欧元（EUR）	758.980 0	735.400 0	764.580 0	767.040 0
英镑（GBP）	901.020 0	873.610 0	908.260 0	911.370 0
瑞士法郎（CHF）	712.320 0	690.340 0	717.320 0	720.400 0
加拿大元（CAD）	523.750 0	507.210 0	527.610 0	529.410 0
澳大利亚元（AUD）	467.980 0	453.440 0	471.420 0	473.040 0
新加坡元（SGD）	501.270 0	485.800 0	504.790 0	507.310 0
新西兰元（NZD）	449.250 0	435.390 0	452.410 0	458.630 0
韩元（KRW）	0.588 4	0.567 8	0.593 2	0.614 9

资料来源：中国银行网站。

工作任务

中国银行人民币即期外汇牌价摘录表

登录中国银行网站，查找最新的外汇行情，并填写表 1-5：

表 1-5　中国银行人民币即期外汇牌价摘录表

填写日期：　　年　　月　　日

货币名称	现汇买入价	现钞买入价	现汇卖出价	现钞卖出价	中行折算价
美元					
欧元					
英镑					
日元					
韩元					

（三）按外汇交易支付工具和付款时间，分为电汇汇率、信汇汇率和票汇汇率

电汇汇率（Telegraphic Transfer Rate，T/T Rate）是银行以电讯方式买卖外汇时所采用的汇率。由于电汇具有收付迅速安全、交易费用相对较高的特点，一方面，电汇汇率要比信汇汇率、票汇汇率高；另一方面，在当前

信息社会，在国际业务中基本上以电汇业务支付结算，因此电汇汇率是基础汇率，其他汇率都是以电汇汇率为基础来计算的。西方外汇市场上所显示的汇率，多为银行的电汇汇率。

信汇汇率（Mail Transfer Rate，M/T Rate）是指以信函方式通知收付款时采用的汇率。信汇业务具有收付时间慢、安全性低、交易费用低的特点，因此一般来说，信汇汇率相对于电汇汇率要低一些。

票汇汇率（Demand Draft Rate，D/D Rate）是指兑换各种外汇汇票、支票和其他各种票据时所采用的汇率。票汇汇率根据票汇支付期限的不同，又可分为即期票汇汇率和远期票汇汇率。即期票汇汇率（D/D Rate）是银行买卖即期外汇的汇率，较电汇汇率低，大致同信汇汇率相当；远期票汇汇率（On Forward Rate）是银行买卖远期票汇的汇率，由于远期票汇的交付时间比较长，因此其汇率比即期票汇汇率还要低。

（四）按外汇交割期限不同，分为即期汇率和远期汇率

即期汇率（Spot Rate）是指买卖双方成交后，于当时或两个工作日之内进行外汇交割时所采用的汇率；而远期汇率（Forward Rate）是指买卖双方成交后，在约定的日期办理交割时采用的汇率。

（五）按汇率是否适用于不同的来源与用途，分为单一汇率和多种汇率

单一汇率（Single Rate）是指一国货币对某种货币仅有一种汇率，各种收支都按这种汇率结算。

多种汇率（Multiple Rate）是指一国货币对某一外国货币的比价因用途及交易种类的不同而规定有两种或两种以上的汇率，也叫复汇率。

一国实行多种汇率主要出于获得某些特殊的经济利益，比如鼓励出口、限制资本流入等。这种汇率安排方式在发展中国家，尤其是在较落后的发展中国家还具有一定的普遍性，不过由于各国的具体情况不同，采用的复汇率在性质上也有些差异。

（六）按国际货币制度的演变，分为固定汇率和浮动汇率

固定汇率（Fixed Rate）是指一国货币同另一国货币的汇率保持基本固

定，汇率的波动限制在一定幅度以内。固定汇率是在金本位制和布雷顿森林体系下各国货币汇率安排的主要形式。

浮动汇率（Floating Rate）是指一个国家不规定本国货币的固定比价，也没有任何汇率波动幅度的上下限，而是听任汇率随外汇市场的供求关系自由波动。浮动汇率是自 20 世纪 70 年代初布雷顿森林体系崩溃以来各国汇率安排的主要形式。

（七）按外汇市场营业时间，分为开盘汇率和收盘汇率

开盘汇率（Opening Rate）又称开盘价，是外汇银行在一个营业日刚开始营业，进行买卖外汇时使用的汇率。

收盘汇率（Closing Rate）又称收盘价，是外汇银行在一个营业日营业终了时使用的汇率。

工作任务

区分外币与外汇

小王同学的海外亲戚送给小王 100 美元钞票，这是小王第一次见到面值为 100 的美元钞票，他很兴奋地拿给同学看，有的同学说“这可是 100 元外币啊”，有的同学反对道“不对，这可是 100 元外汇啊”，还有的同学说道“外币就是外汇啊”。你认为他们当中的哪一种说法是正确的？外汇与外币有什么区别呢？

经过同学的讨论，小王明白了外汇与外币的区别。2020 年 2 月 22 日小王来到中国银行，打算把这 100 美元兑换成人民币，当时中国银行的外汇牌价见表 1－6：

表 1－6　美元即期外汇牌价

货币名称	现汇买入价	现钞买入价	卖出价	基准价
美元	701.45	695.74	704.42	704. 42

假设你是银行柜员，你能告诉小王，他的 100 美元能够兑换成多少人民币吗？为什么美元的现汇买入价与现钞买入价不同呢？

任务二　汇率确定的基础和影响汇率变化的因素

汇率是两种不同货币的比价。各国货币之所以可比，是因为它们都具有或代表一定的价值量，因此两国货币的价值量是决定其汇率的基础。但在不同的货币制度下，货币所具有或所代表的价值情况不尽相同，因而决定汇率的基础也有差异。

一、金本位制下的外汇汇率

金本位制（Gold Standard）是指一国的本位货币以黄金表示的一种货币制度。典型的金本位制盛行于19世纪中期至20世纪初，它有三大特点：金币可以自由铸造，银行券可以自由兑换黄金，黄金可以自由输出和输入国内外。

在金本位制下，货币所代表的价值量是通过货币的含金量来表示的，两国货币的含金量对比称为铸币平价，铸币平价是决定两国货币汇率的基础。

【例 1.3】 1英镑等于7.322 38克纯金，1美元等于1.504 63克纯金，则英镑对美元的汇率为：

$$1\text{英镑}=\frac{7.322\ 38}{1.504\ 63}=4.866\ 6\text{美元}$$

即1英镑的含金量是1美元含金量的4.866 6倍，因此1英镑等于4.866 6美元。

铸币平价是汇率的决定基础，由其决定的汇率是一种法定的或中心汇率，市场汇率会围绕着铸币平价或中心汇率上下波动。

假如在金本位制下，英国向美国出口商品多于美国向英国出口商品，英国对美国有贸易顺差，那么外汇市场上对英镑的需求增加，英镑对美元汇率上涨，高出其铸币平价（4.866 6）。当外汇汇率进一步上涨，超过一定幅度时，美国进口商便会直接采取向英国运送黄金的方法支付商品货款。同时，从美国向英国输出黄金的运输费、保险费、包装费以及改铸费等约合黄金价值的 0.5%～0.7%，如果按 0.6%计算，支付 1 英镑债务需附加费用0.029 2（=4.866 6×0.6%）美元。那么，当英镑兑美元汇率超过 4.895 8 美元（即铸币平价 4.866 6 美元加黄金运费 0.029 2 美元）时，美国人输出黄金显然比在外汇市场上以高价购买英镑更便宜，外汇市场上就不再有对英镑的购买，而代之以直接用黄金支付。这样，1 英镑＝4.895 8 美元就成了英镑上涨的上限，这一上限即美国的“黄金输出点”（英国的“黄金输入点”）。具体见图 1－1。

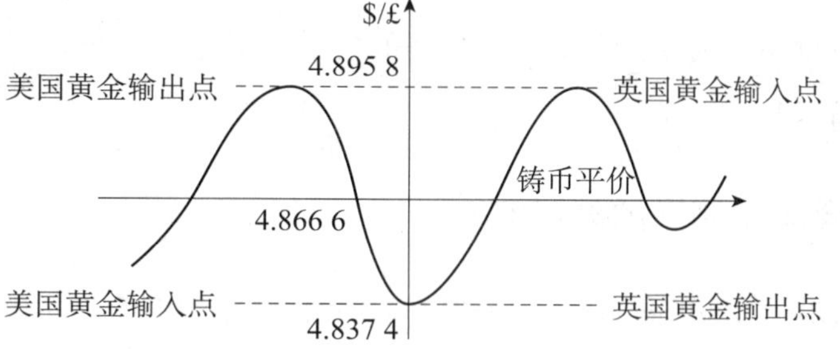

图 1－1　金本位制下的汇率变动

相反，假如美国对英国有贸易顺差，英镑对美元下跌，跌至 4.837 4 美元（即铸币平价 4.866 6 美元减黄金运送费用 0.029 2 美元）以下，持有英镑的美国债权人也就不会再用贬值的英镑在外汇市场上兑换美元，而是将英镑在英国换成黄金运回国内。这样，外汇市场上不再有以高价购买美元的交易，而代之以购买黄金，1 英镑＝4.837 4 美元就成了英镑下跌的下限，这一下限也就是美国的“黄金输入点”（英国的“黄金输出点”）。

知识拓展

国际货币体系演变

现代意义上的外汇交易起始于 1973 年，但最初的萌芽则可追溯到古代中东的外汇交易市场，当时的货币兑换仅局限于金属铸币之间的交换。直到中世纪时的欧洲，随着旅行者人数的增加，金属铸币的弊端不断暴露，一些商人银行家开始设计出汇票，外汇交易也逐渐成形。

在国际货币体系的演变中，金本位制是最早且相对最稳固的一种体系。金本位制的盛行始于 19 世纪中期，止于 1914 年第一次世界大战爆发，其间多数西方国家均采用金本位制。金本位制共有三种实现形式：金币本位制、金块本位制、金汇兑本位制，其中金币本位制最具有金本位制的代表性。各国在流通中使用金币作为货币，金币可以自由冶炼、铸造、交换并在国与国之间流动。在金本位制下，货币汇率由各自的含金量之比，即金平价（Gold Parity）来决定。只要两国的货币含金量不变，则汇率就维持稳定。

1944年，45个同盟国在美国新罕布什尔州的布雷顿森林（Bretton Woods）召开了一次旨在恢复国际货币秩序和支付体系的重要会议——联合国货币与金融会议。会议通过了《国际货币基金协定》等文件，统称布雷顿森林协定，由此开启了布雷顿森林体系时代。根据协议，美元与黄金挂钩（1盎司黄金＝35美元），国际货币基金组织（International Monetary Fund，IMF）成员国货币与美元挂钩，实行可调整的固定汇率制度。各国有义务对外汇市场进行干预，以便使汇率维持在平价上下1%的区间内。

1976年，在牙买加首都金斯顿，国际货币基金组织各成员国达成“牙买加协定”，约定了以下几点内容：使浮动汇率合法化，降低黄金在国际货币体系中的作用，储备资产更加多元化，扩大基金份额以及对发展中国家的资金融通。

资料来源：国际货币体系的发展与演变．(2011-06-12)．https://wenku.baidu.com/view/b863fb1cc5da50e2524d7f3d.html?fr=search.

二、纸币制度下的外汇汇率

在1929—1933年资本主义世界经济危机期间，金本位制彻底崩溃，从此西方国家普遍实行纸币制度。起初纸币是作为金属货币的代表而出现的，因为纸币所代表的金属货币具有价值，所以纸币被称为价值符号。在纸币流通的初期，各国政府都参照过去流通的金属货币的含金量，用法令规定货币的含金量，因此当时的汇率是依据各国纸币法定含金量的对比确定的。

【例 1.4】第二次世界大战后美元的含金量为 0.888 671 克，法国政府规定法郎的含金量为 0.16 克，则美元对法郎的含金量之比为 0.888 671/0.16＝5.554 19，那么美元对法郎的比价为 1 美元＝5.554 19 法郎。

第二次世界大战后至 1973 年 2 月以前的这段时间，由于当时纸币同黄金还有一定的间接联系，因此当时汇率决定的基础是金平价。

由于实行纸币流通的国家普遍存在纸币贬值现象，因此纸币的法定金平价与其实际所代表的金量严重脱节。在这种情况下，纸币的汇率不应由纸币的金平价来决定，而应该由它们各自所代表的价值之比来确定。同时，在现实生活中，各国劳动生产率的差异，以及金融市场一体化，使纸币制度下货币汇率的决定还受诸多因素的影响。

知识拓展

购买力平价学说

购买力平价（Purchasing Power Parity，PPP）理论，即购买力平价学说，是汇率学说中历史较为悠久、适用性较强的汇率决定学说。这一学说的基本思想是：一国需要外币，主要是因为外币在外国市场上可以购买到外国人生产的商品和劳务。货币的价值在于其具有的购买力，因此不同货币之间的兑换比率由不同货币各自具有的购买力的比率来决定。汇率变化则是由两国通货膨胀的差异决定的。

资料来源：作者根据相关资料改编。

三、影响汇率变化的因素

一国汇率的变动要受到许多因素的影响，这些因素既有经济的，也有非经济的，而各个因素之间又有相互联系、相互制约，甚至相互抵消的关系。

影响汇率变动的经济因素

（一）影响汇率变动的经济因素

1. 经济增长率的差异

这是影响汇率波动的最基本因素。在其他条件不变的情况下，一国实际经济增长率相对别国来说上升较高，其国民收入和支出增长也会较快，会使该国增加对外国商品和劳务的需求，对外币的需求趋于增加，导致该国货币的汇率下跌。支出的增长意味着社会投资和消费的增加，有利于促进生产的发展，提高产品的竞争力，刺激出口，增加外汇供给。

所以从长期看，经济增长会引起本币升值。由此看来，经济增长对汇率的影响是复杂的。但一国经济发展态势良好，其市场评价和预期就会趋好，该国货币坚挺。一国经济实力的变化和宏观经济政策的选择，是决定汇率长期发展趋势的根本原因。

2. 国际收支状况

国际收支变化是影响汇率变化最为直接的重要因素。若一国的国际收支为顺差，则其他国家对顺差国的货币需求增加，顺差国货币汇率上升；若为逆差，则逆差国的货币供应增多，逆差国货币汇率下跌。国际收支状况对汇率的影响如图 1－2 所示。

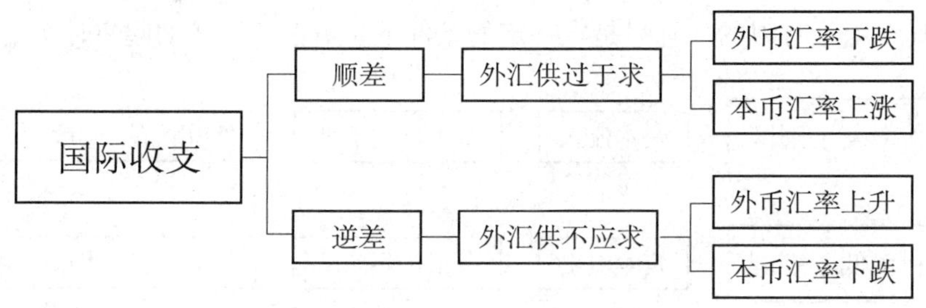

图 1－2　国际收支状况对汇率的影响

3. 通货膨胀率程度

通货膨胀是影响汇率变动的一个长期、主要而又有规律性的因素（如图 1－3 所示）。在一国发生通货膨胀的情况下，该国货币所代表的价值量就会减少，其实际购买力也就下降，进而导致货币对内贬值。在大多数情况下，货币对内贬值也必然会引起货币的对外贬值。当然如果对方国家也发生了通货膨胀，并且幅度恰好一致，两者就会相互抵消，则两国货币间的名义汇率可以不受影响，然而这种情况毕竟少见。一般来说，两国的通货膨胀率是不一样的，通货膨胀率高的国家的货币汇率下跌，通货膨胀率低的国家的货币汇率上升。特别值得注意的是，通货膨胀率对汇率的影响一般要经过一段时间才能显现出来。

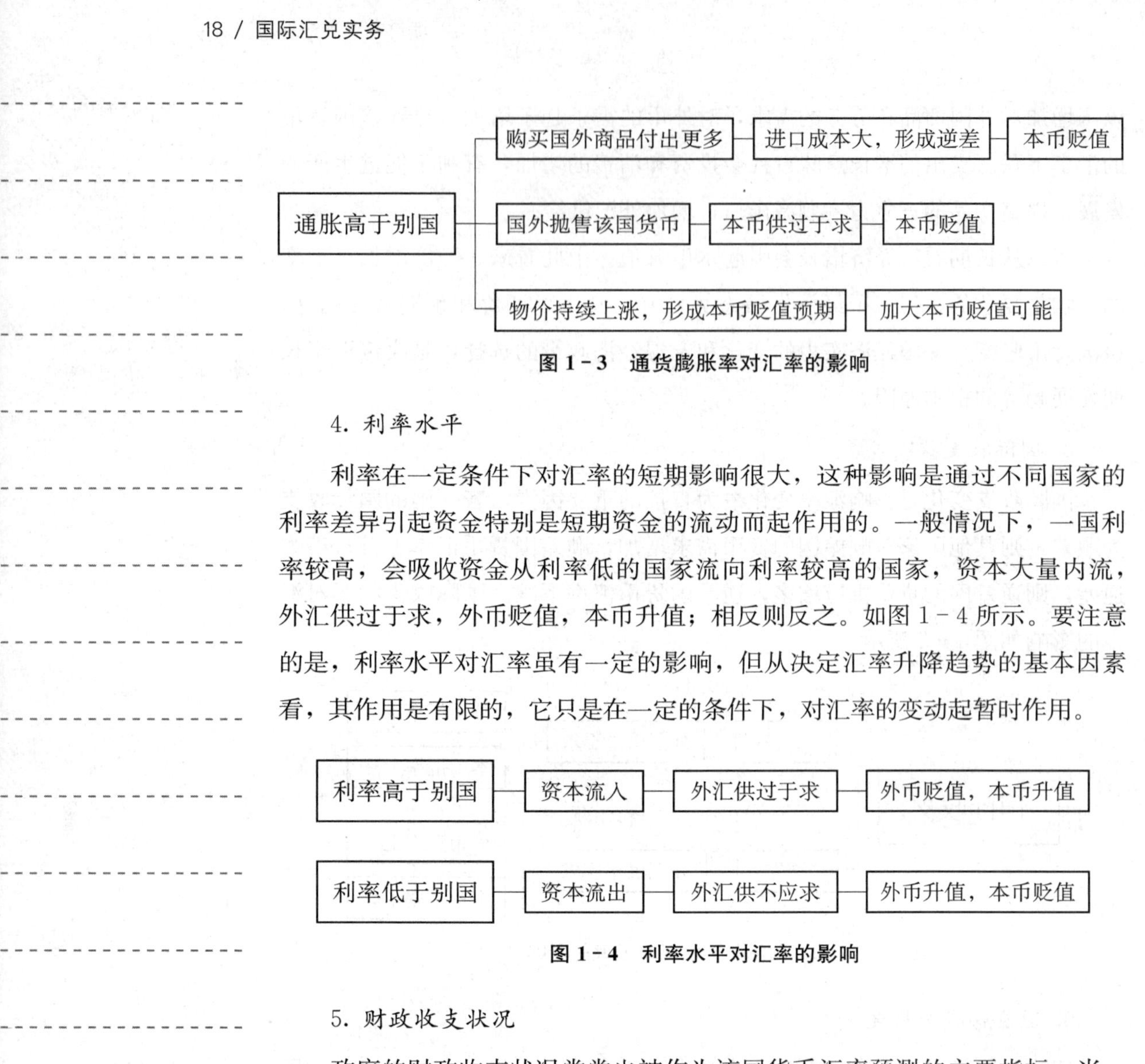

图 1-3　通货膨胀率对汇率的影响

4. 利率水平

利率在一定条件下对汇率的短期影响很大，这种影响是通过不同国家的利率差异引起资金特别是短期资金的流动而起作用的。一般情况下，一国利率较高，会吸收资金从利率低的国家流向利率较高的国家，资本大量内流，外汇供过于求，外币贬值，本币升值；相反则反之。如图 1-4 所示。要注意的是，利率水平对汇率虽有一定的影响，但从决定汇率升降趋势的基本因素看，其作用是有限的，它只是在一定的条件下，对汇率的变动起暂时作用。

图 1-4　利率水平对汇率的影响

5. 财政收支状况

政府的财政收支状况常常也被作为该国货币汇率预测的主要指标。当一国出现财政赤字，其货币汇率是升还是降主要取决于该国政府所选择的弥补财政赤字的措施。一般来说，为弥补财政赤字，一国政府可采取四种措施：(1) 提高税率，增加财政收入；(2) 减少政府公共支出；(3) 发行国债；(4) 增发货币。前面三种可以视为政府实施紧缩性的财政政策，其结果会降低国内居民可支配收入，抑制投资与消费，降低物价，促使出口增加，推动本国货币汇率上升；后面一种可视为扩张性的行为，如果这种纸币发行纯粹是为了弥补财政赤字，其结果必然会导致该国通货膨胀的发生，最终可能会导致该国货币汇率持续下跌。从比较角度来看，一国用发行国债的方式来弥补财政赤字，是一种较好的选择。

6. 外汇储备的多寡

一国中央银行所持有外汇储备充足与否，是该国国际清偿能力与政府干预市场、维持汇率稳定能力大小的反映，也是能否稳住投资者对本国货币信心的一个重要保证。一般情况下，若一国外汇储备充足，则该国货币汇率往往会趋于上升；若外汇储备不足或太少，则该国货币汇率往往会趋于下跌。

知识拓展

10个指标显示俄罗斯经济出现严重危机

2014年12月，油价暴跌加上西方制裁加剧，俄罗斯经济危机一步步加剧，卢布出现崩盘式下跌，俄罗斯中央银行火线加息至17%。油价触动着卢布最敏感的神经，随着国际原油价格的起伏，卢布上下大幅波动，如图1-5所示。

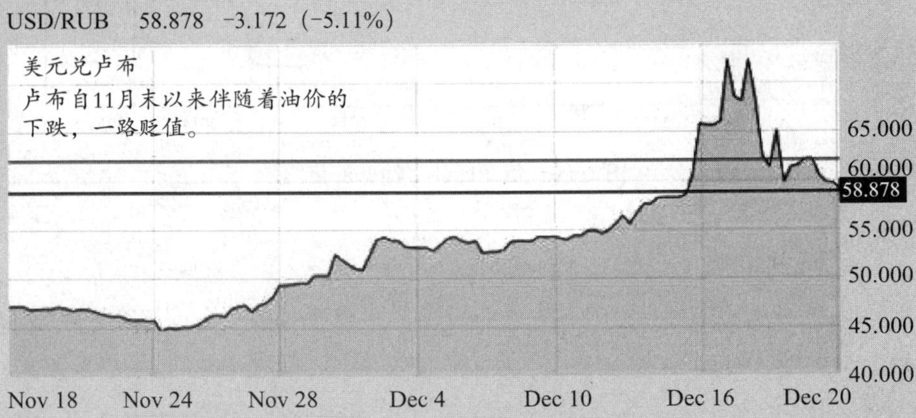

图1-5　卢布波动图

1. 卢布

2014年以来，卢布兑美元已经贬值了近45%，曾一度低至创纪录的80卢布兑1美元。据彭博新闻社报道，卢布是2014年世界170种货币中表现最差的。

2. 利率

2014年12月，俄罗斯中央银行宣布把基准利率从10.5%上调到17%，这是自 1998 年俄罗斯债务违约以来单次最高的利率上调。此前，为保卫卢布和抑制通货膨胀，俄罗斯中央银行已经在 2014 年进行了 5 次升息。

3. 外汇储备

俄罗斯 2014 年的外汇储备约为 4 160 亿美元，和 2013 年相比下降了 21%，如图1-6所示。

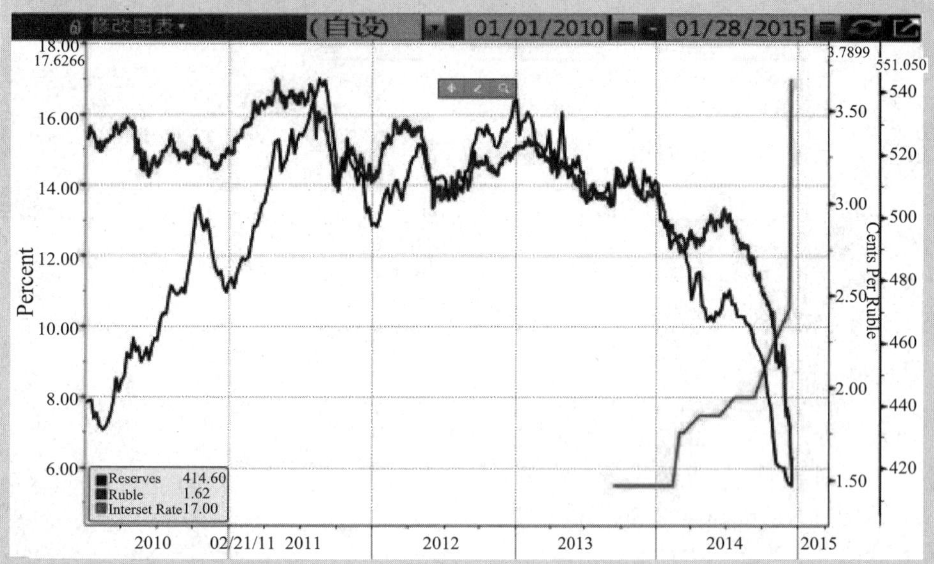

图 1-6 俄罗斯外汇储备变化图

4. 通货膨胀

俄罗斯中央银行于 2014 年预定的通货膨胀率目标是 5%。实际情况是俄罗斯通货膨胀率高达 9.4%，并且还在上升。食品价格的上涨尤其为甚，食品价格 11 月已经上涨了 12.6%。为报复西方制裁，俄罗斯禁止进口西方食品，这是造成这一境况的原因之一。俄罗斯媒体表示，2014 年食品价格的上涨可能会达到 25%。

5. 经济衰退

国际货币基金组织预测，2014 年俄罗斯的经济增长将不复存在。2014 年，俄罗斯的国内生产总值（GDP）增长率可能仅仅只有 0.2%。俄罗斯官员表示，如果 2015 年油价维持在 60 美元一桶的水平，俄罗斯经济可能会收缩 5%。

6. 油价

油价变化如图 1－7 所示。

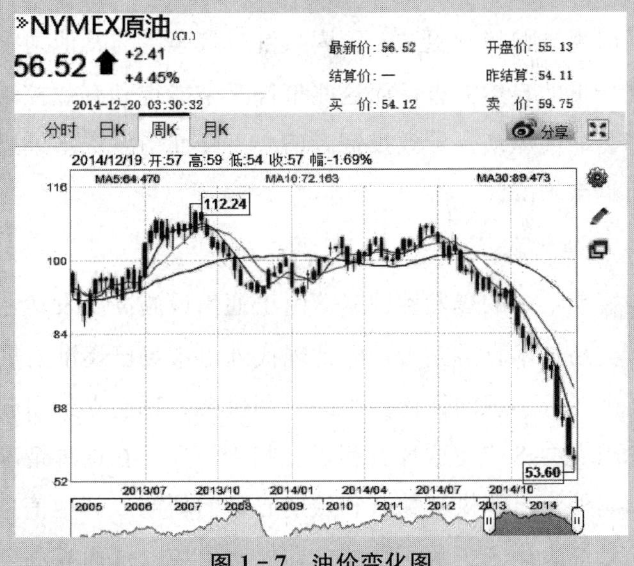

图 1－7　油价变化图

7. 资本外流

俄罗斯中央银行预计，2014 年俄罗斯的外流资本会达到约 1 300 亿美元，2015 年会达到 1 200 亿美元。

8. 外债

俄罗斯政府、银行和公司欠下的外币债务约为 6 780 亿美元，其中，有 1 300 亿美元的债务是俄罗斯 2014 年和 2015 年需要偿还的。

9. 赤字

俄罗斯预计的 2015 年财政赤字率为 2%左右，当然，这得取决于油价。和其他国家相比，俄罗斯的赤字率相对较小，并没有一个沉重的主权债务负担。

10. 财政预算削减

迫近的财政赤字不得不使普京下令 2015 年政府开支削减 5%。而国防和国家安全部门是唯一没有削减预算的机构。

资料来源：10 个指标显示俄罗斯经济严重危机．(2014-12-20)．http://finance.sina.com.cn/stock/usstock/c/20141220/180321126047.shtml.

影响汇率变动的非经济因素

（二）影响汇率变动的非经济因素

1. 政治局势

如果一国出现政权经常更迭，国内叛乱、战争，与其他国家的外交关系恶化以及遇到严重的自然灾害，而这些事件又未能得到有效控制的话，就会导致国内经济萎缩或瘫痪，导致投资者信心下降而引发资本外逃，其结果会导致该国货币汇率下降。

2. 新闻及其他信息

这是影响短期汇率的爆发性因素。由于通信设施高度发达，各国金融市场紧密连接，交易技术日益完善，因此现代外汇市场已逐渐发展成为一个高效率的市场，市场上出现的任何微小的盈利机会，都会立刻引起资金大规模的国际移动，因而会迅速使这种盈利机会归于消失。在这种情况下，谁最先获得有关能影响外汇市场供求关系和预期心理的新闻或其他信息，谁就有可能趁其他市场参加者尚未了解实情就立即做出反应，从而获利。同时要特别注意的是，在预期心理对汇率具有很大影响的情况下，外汇市场对政府所公布的新闻的反应，也不仅仅取决于这些新闻本身是“好消息”还是“坏消息”，更主要取决于它是否在预料之中，或者是“好于”还是“坏于”所预料的情况。总之，信息因素在外汇市场日趋发达的情况下，对汇率变动已具有相当微妙而强烈的影响。

3. 心理预期因素

在外汇市场上，人们买进还是卖出某种货币，同交易者对今后情况的看法有很大关系。当交易者预期某种货币的汇率在今后可能下跌时，他们为了避免损失或获取额外的好处，便会大量地抛出这种货币；而当他们预料某种货币今后可能上涨时，则会大量地买进这种货币。国际上一些外汇专家甚至认为，外汇交易者对某种货币的预期心理现在已是决定这种货币市场汇率变动的最主要因素，因为在这种预期心理的支配下，转瞬之间就会诱发资金的大规模运动。由于外汇交易者预期心理的形成大体上取决于一国的经济增长率、货币供应量、利率、国际收支和外汇储备的状况、政府经济改革、国际政治形势及一些突发事件等很复杂的因素，因此，预期心理不但对汇率的变动有很大影响，而且带有捉摸不定、十分易变的特点。

4. 政府干预因素

汇率波动对一国经济会产生重要影响，目前各国政府（中央银行）为稳定外汇市场、维护经济的健康发展，经常对外汇市场进行干预。干预的途径主要有四种：（1）直接在外汇市场上买进或卖出外汇；（2）调整国内货币政策和财政政策；（3）在国际范围内发表表态性言论以影响市场心理；（4）与其他国家联合，进行直接干预或通过政策协调进行间接干预等。例如，1994年4月西方15国联手干预阻止美元下滑，1995年年初国际社会联手援助墨西哥，1998年7月17日美国与日本联手干预日元，等等。总之，中央银行干预尤其是多国联手干预，在短期内对市场的心理预期和汇率的影响是巨大的，但不能从根本上改变汇率的长期趋势。

工作任务

计算铸币平价

19世纪末，各国家的货币含金量是不同的，比如1英镑的含金量为7.322 38克黄金，1美元的含金量为1.504 63克黄金，1卢布的含金量为0.774 234克黄金，1法郎的含金量为0.290 322 5克黄金，1日元的含金量为0.75克黄金。请根据资料填写下列数据：

1英镑＝7.322 38÷1.504 63＝4.866 6美元

1美元＝________________卢布

1美元＝________________法郎

1英镑＝________________日元

1日元＝________________法郎

分析日元不降反升的原因

2011年3月11日，日本发生了9.0级大地震，地震引发了海啸。小王认为日本的经济将受到重创，按照所学理论，小王做出日元将大幅度贬值的判断。但是据媒体报道，自日本发生特大地震以来，日元汇率一路飙升，3月17日早盘东京外汇市场日元对美元的汇率一度达到约76∶1，刷新了1995年4月创下的战后最高水平。请你分析：为什么地震后的短时间里，日元不降反升呢？

任务三 汇率变化对经济的影响

汇率变动对贸易收支的影响

一、汇率变动对国际收支的影响

（一）汇率变动对贸易收支的影响

一国的货币汇率变动，会使该国进出口商品的价格相应涨落，抑制或促进国内外居民对进出口商品的需求，从而影响进出口商品规模和贸易收支。总体来说，“本币贬值奖出限入”（如图 1－8 所示），即本币贬值有利于出口不利于进口；本币升值，则反之。

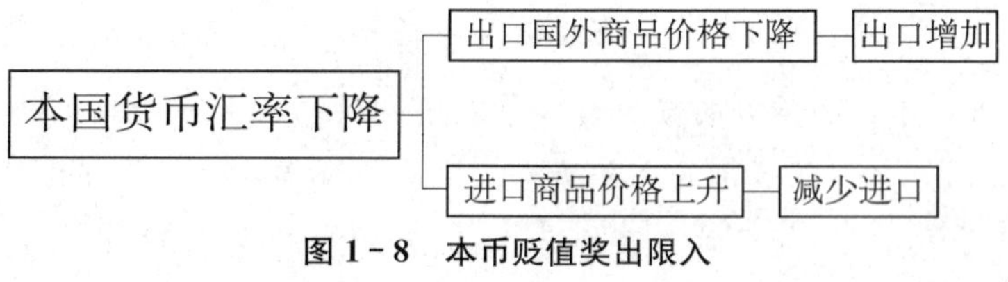

图 1－8　本币贬值奖出限入

【例 1.5】

初始时期汇率：1 美元＝6 元人民币

国内价格：6 元人民币/件；国际价格：1 美元/件

人民币贬值 1 倍：1 美元＝12 元人民币

国内价格：6 元人民币/件；国际价格：0.5 美元/件

工作任务

判断货币升贬值及影响

请根据汇率变化填写表 1－7：

表 1－7　人民币即期汇率升贬值及对进出口影响判断

时间	2019 年 5 月 20 日	2019 年 2 月 22 日	人民币（升值还是贬值）	有利于（进口还是出口）
汇率	100 美元＝689.88 元人民币	100 英镑＝701.73 元人民币		

人民币对外贬值，才形成了国内商品到国际市场的价格下降，自然起到了扩大出口的作用。但是本币贬值起到扩大出口、限制进口的作用不是在任何条件下都可以实现的，主要影响因素有以下几个：

1. 这必须是以本国同时期国内物价不变或者上涨相对缓慢为前提的

同样是上例，如果国内物价也涨了 1 倍，即国内价格为 12 元人民币/件，国际价格为 1 美元/件，就不一定起到“本币贬值奖出限入”的作用。

2. 进出口商品的需求弹性

进出口商品的需求弹性是指由进口商品或出口商品价格的百分比变动引起的对进口或出口商品需求变动的百分比。它反映了进出口商品价格涨跌而导致的进出口需求变化的程度。一般情况下，贬值可使本国商品在国外的价格降低，提高产品的竞争力，从而扩大出口，但只有出口量增加的幅度大于出口价格的下降幅度，贬值才能使该国的出口外汇收入有所增加，即该国的需求弹性大，增加的购买量足以抵销价格的下降。若需求弹性小，增加的购买量不足以抵销价格的下降，那么该国的外汇收入反而会减少。西方经济学家马歇尔和勒纳认为：当一国进出口商品的需求弹性的绝对值之和大于 1，货币贬值才会使得贸易收支得到改善。这就是著名的“马歇尔-勒纳”条件。

对于一些对进口依赖性较强的国家来说，本币贬值会使进口成本上升，但是由于这类国家对进口商品的需求弹性小，因此进口不会减少，那么大量的进口意味着大量的外汇支出。尽管这类国家会由于增加出口而产生一定的贸易盈余，但是高昂的进口成本会抵销出口的盈余，这种现象被称为贬值赋税效应。对进口的依赖性越强，这种贬值赋税效应就越明显。

3. 一国的生产能力

如果一国的供给能力有限，那么即使国外的需求量能够增加，该国也很难增加出口。这一点对发展中国家尤为如此。这是因为多数发展中国家经常受到投资资金短缺的限制，造成其产出量不能对需求量的增加做出快速反应。

4. 出口地区结构及贸易管制

欧元区曾一度希望借欧元汇率下跌来达到刺激经济的目的，但是由于欧元区区内超过七成的贸易是以欧元或欧元区成员国货币作为结算货币的，只有不到三成的出口是到北美洲和亚洲等地区，这就大大削弱了货币汇率下跌刺激出口的作用。另外，一些国家对进口设置了种种贸易壁垒，也会阻碍商品出口的扩大。

5.J 曲线（时滞）效应

在一国货币贬值后，该国的贸易逆差现象仍然要持续一段时间才能扭转，这种现象被称为J曲线（时滞）效应。这是因为本国货币汇率下跌后，由于绝大部分进出口商品是按事先签订的合同交易，因此在按新的汇率计算时，以本币计算的商品出口收汇要减少，而进口商品的外汇支付却保持不变。此外，国外对本国商品需求的增加、本国可供货源的扩大、新客户的发掘和交易谈判等都需要一定的时间，所以出口不会立即扩大。同时在进口方面，各企业已安排的进口计划、国内消费者的习惯也不可能立即改变，因此进口量也不会马上减少。这样在汇率下跌的初期，一国的贸易收支不但不可能立即得到改善，反而可能趋于恶化。经过一段时间后，汇率下跌的效果才能反映出来，贸易收支也才能得到改善，这种先降后升的效果图表示很像字母J，故被称为J曲线效应。

（二）汇率变动对非贸易收支的影响

1. 汇率变动对无形贸易的影响

一国货币汇率下跌，则外国货币兑换本国货币的数量增加，外币的购买力相对提高，本国商品和劳务相对低廉。与此同时，由于本国货币兑换外币的数量减少，则意味着本币购买力相对降低，国外商品和劳务价格也变得昂贵了。这有利于该国旅游与其他劳务收支状况的改善，至于汇率上升，其作用则相反。当然汇率变动的这一作用，必须以货币贬值国国内物价不变或上涨相对缓慢为前提。

2. 汇率变动对单方面转移收支的影响

一国货币汇率下跌，如果国内物价不变或上涨相对缓慢，一般对该国的单方面转移收支会产生不利影响。以侨汇为例，侨汇多是赡家汇款，货币贬值后，旅居国外侨民只需汇回国内少于贬值前的外币，就可以维持国内亲属的生活需要，从而使该国侨汇收入减少。若一国货币对外升值，其结果则相反。

（三）汇率变动对资本流动的影响

1. 对短期资本流动的影响

外汇市场上各种汇率的变动对短期资本流动有很大的影响。当一国货币汇率下跌，该国国内资金持有者和外国投资者为回避汇率变动所蒙受的损失，就会把该国货币兑换成汇率较高的货币，进行资本逃避，导致资本外流；同时，若外国投资者持有以该国货币计价的资产，其价值会下降，因此他们会调走在该国的资金。这些现象不仅使国内投资规模缩减，影响国民经济的发展，而且会恶化该国的国际收支。一国货币升值对短期资本流动的影响与上述相反。

2. 对长期资本流动的影响

一国货币贬值有利于该国长期资本的输入，特别是有利于国外企业到该国进行直接投资。这是因为国外企业现在可以更廉价地在该国进行投资生产。反之，一国货币升值，将会刺激该国企业到国外去投资。

（四）汇率变动对国际储备的影响

1. 货币贬值会影响一国外汇储备规模

本国货币汇率变动，通过资本流的出入和对外贸易的收支影响本国外汇储备的增减。本币贬值，引起国内短期资本外流，从而导致本国国际储备的减少；但贬值同时有利于出口、抑制进口，可使经常项目收入增加，从而增加本国外汇储备。

2. 储备货币的汇率变动会影响一国外汇储备的实际价值

例如，我国的外汇储备中大多是美元，若美元汇率下跌，会使储备货币折算时出现账面损益，若将其中的美元兑现成对美元升值的货币，则会发生实际损失。汇率变化的复杂化，加大了国际储备管理的难度，也影响了外汇储备的增量及其地位。

3. 汇率的频繁波动将影响储备货币的地位

20 世纪 70 年代以后，各国外汇储备逐渐走向多元化。尽管储备货币的选择受多种因素的影响，但储备货币汇率的稳定性是各国选择时首先要考虑的。

汇率变动对国内物价的影响

二、汇率变动对国内经济的影响

（一）汇率变动对国内物价的影响

一国发生通货膨胀会导致该国本币对外贬值，本币贬值又会产生物价上涨的压力。

从出口角度看，本币贬值会出现“奖出限入”的效应，会产生国内需求的增加，造成需求拉上型通货膨胀；同时顺差的结售汇会造成外汇占款，增加货币供应量，加大物价上涨压力。在进口层面，减少进口会造成国内同类产品的价格上升。本币贬值对国内物价的影响如图 1－9 所示。

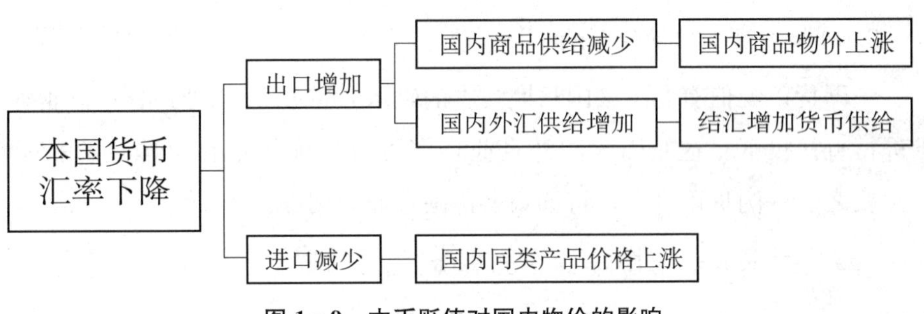

图 1－9　本币贬值对国内物价的影响

（二）汇率变动对国内利率水平的影响

汇率变动对利率的影响是不确定的，其影响主要是通过物价水平和短期资本流动两条途径来体现。

一国货币贬值会在引起国内物价水平上升的情况下，实际利率下降，这种变化对债权人不利，对债务人有利，从而引起借贷资本供求失衡，在这种压力下，名义利率可能上升。

一国货币贬值往往会激发人们产生汇率进一步下降的心理，引起短期资本外逃。国内资本供给减少可能会引起利率上升。但是，如果汇率下降激发起人们对汇率反弹的预期，则又可能导致短期资本流入，国内资本供给增加和利率下降。

本币贬值对国内利率水平的影响如图 1－10 所示。

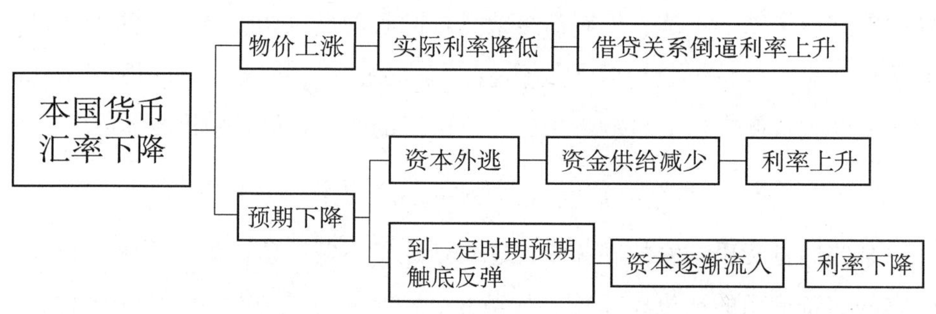

图 1-10　本币贬值对国内利率水平的影响

（三）汇率变动对就业与国民收入的影响

一国货币贬值在一定条件下可以“奖出限入”，带动出口贸易和进口替代行业的发展，资源向这些行业倾斜流动，在现代社会大生产条件下，会带动国内其他行业的发展，进而使整个国民经济发展加快，就业机会增加，国民收入增加。当然如果一国经济已经达到充分就业，货币贬值只会带来物价上涨，而无法促进产量扩大，需要纠正原先的资源配置扭曲行为而提高生产率，即要进行产业结构的调整升级。本币贬值对国内就业和国民收入的影响如图 1-11 所示。

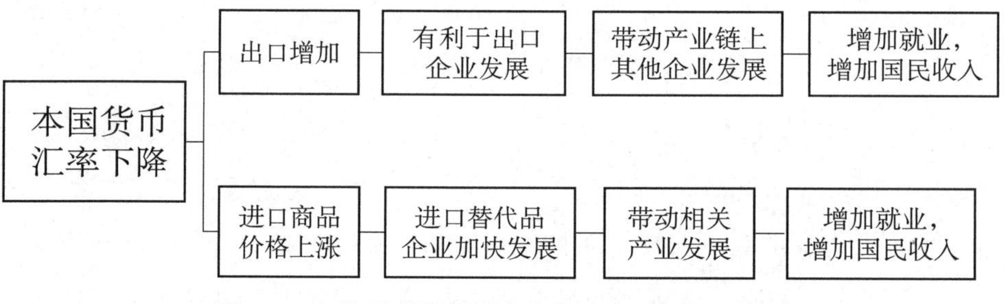

图 1-11　本币贬值对国内就业和国民收入的影响

三、汇率变动对国际经济的影响

（一）汇率不稳定，加深贸易摩擦，影响国际贸易发展

从国内角度来讲，贬值会带来经济效应，促进出口增长，推动经济增长。但从国际角度来看，汇率的变动是双向的，本国货币贬值，就意味着其他国家货币升值，因而会导致他国国际收支状况恶化，经济增长缓慢，由此

会招致其他国家的不满、抵制甚至报复，掀起货币竞相贬值的风潮和加强贸易保护主义，其结果会导致国际经济关系的恶化。因此，一国货币在贬值前，还必须权衡贬值后可能带来的方方面面的影响，最后做出抉择。

（二）汇率不稳定，会促进国际储备货币多元化的形成

某些储备货币国家的国际收支恶化，通货不断贬值，汇率不断下跌，影响它的储备货币的地位和作用，如英镑、美元；而有些国家的情况则相反，其货币在国际结算领域中的地位和作用日益加强，如日元、欧元。因此，汇率的不稳定会促进国际储备货币多元化的形成。

（三）汇率不稳定，加剧投机和金融市场动荡，促进国际金融业务创新

汇率不稳定，促进外汇投机的发展，造成国际金融市场的动荡与混乱。如东南亚金融危机就是由外汇投机造成的。与此同时，汇率的不稳与动荡不定，加剧了国际贸易与国际金融的汇率风险，又进一步促进期权、货币互换等业务的出现，使国际金融业务形式与市场机制不断创新。

工作任务

分析日本主动要求其他国家联合干预日元升值

据报道，七国集团于 2011 年 3 月 18 日联手干预外汇市场，以遏制日本大地震后日元对美元急剧升值势头。据悉，这是欧美应日本要求，10 多年来的首次联合干预。分析人士指出，欧美一改对干预外汇市场惯常持有的谨慎姿态，主要是出于担心日元进一步升值给日本经济及全球经济带来负面影响。

请你根据所学知识分析：为什么日本会主动要求其他国家联合干预日元升值势头？如果日元升值的话，会对日本经济及全球经济产生什么样的不良影响？

任务四 汇率制度

汇率制度（Exchange Rate Regime）是指一国货币当局对本国汇率水平的确定、汇率变动方式等问题所做的一系列安排或规定。第二次世界大战结束后，伴随着布雷顿森林体系的建立与崩溃以及“牙买加体系”的建立与发展，汇率制度也发生了很大的变化。

一、固定汇率制度

固定汇率制度

固定汇率制度（Fixed Exchange Rate System），是指两国货币的比价基本固定，如有波动，也将波幅控制在一定幅度内。

从 19 世纪中期到 1973 年为止，多数国家实行的是固定汇率制度。这 100 多年的时间又可分为两个不同的阶段，即金本位制下的固定汇率制度和布雷顿森林体系下的固定汇率制度。

（一）金本位制下的固定汇率制度

金本位制下的固定汇率制度与金本位制相伴始终。在金本位制下，两国货币的汇率是由两国货币的含金量确定的，由于金币可以自由铸造，纸币可以自由兑换黄金，黄金可以自由输出与输入，因此汇率的波动受黄金输送点的限制，汇率比较稳定。这为当时的国际贸易发展提供了有利的条件。（详细描述见本项目任务二中的铸币平价理论）

（二）布雷顿森林体系下的固定汇率制度

布雷顿森林体系的实质是建立一种以美元为中心的国际货币体系。其基本内容是美元与黄金挂钩，其他国家的货币与美元挂钩，实行固定汇率制度。

1. 美元与黄金挂钩

美元与黄金挂钩，即各国确认 1934 年 1 月美国规定的 35 美元一盎司的黄金官价，每一美元的含金量为 0.888 671 克黄金。各国政府或中央银行可用美元按官价向美国兑换黄金。这样，美元居于等同于黄金的地位，其他国家的货币则不能兑换黄金。在这种制度下，美元成为各国外汇储备中最主要的国际储备货币。

2. 其他国家的货币与美元挂钩

其他国家政府规定各自货币的含金量，通过含金量的比例确定同美元的汇率。会员国也可以不规定货币的含金量，而只规定同美元的汇率。例如，1946 年，1 英镑的含金量为 3.581 34 克纯金，1 美元的含金量为 0.888 671 克纯金，则英镑与美元的含金量（黄金平价）之比为：1 英镑＝3.581 34/0.888 671＝4.03 美元，这便是法定汇率。

3. 实行可调整的固定汇率

《国际货币基金协定》规定，各国货币对美元的汇率，一般只能在法定汇率上下各 1％的幅度内波动。若市场汇率超过法定汇率 1％的波动幅度，则各国政府有义务在外汇市场上进行干预，以维持汇率的稳定。布雷顿森林体系下的汇率制度被称为“可调整的盯住汇率制度”。若会员国法定汇率的变动超过 1％，就必须得到国际货币基金组织的批准。1971 年 12 月，这种即期汇率变动的幅度扩大为上下 2.25％的范围，而决定“平价”的标准，亦由黄金改为特别提款权。

4. 成立国际货币基金组织

建立永久性国际金融机构——国际货币基金组织是布雷顿森林体系的一大特色。

布雷顿森林体系的建立，促进了战后资本主义世界经济的恢复和发展，扩大了各国间的经济交往。尤其是在 20 世纪 50 年代和 60 年代的部分时间里，布雷顿森林体系运行良好，对战后稳定国际金融和发展世界经济确实起到了巨大的作用。但布雷顿森林体系存在着自己无法克服的缺陷。其致命的一点是：它以一国货币（美元）作为主要储备资产，具有内在的不稳定性。这是因为只有靠美国的长期贸易逆差，才能使美元流散到世界各地，使其他国家获得美元供应，但这样一来，必然会影响人们对美元的信心，引起美元危机。而美国如果要保持国际收支平衡，就会断绝国际储备的供应，引起国际清偿能力的不足。这是一个不可克服的矛盾，历史上也称为“特里芬难题”，最终该体系被“牙买加体系”的浮动汇率制度代替。

（三）固定汇率制度对经济的影响

1. 有利影响

固定汇率为国际贸易和投资提供了较为稳定的环境，减少了汇率的风险，便于进出口核算以及国际投资项目的利润评估，从而有利于对外贸易的发展。

2. 不利影响

固定汇率制度对经济的不利影响主要体现在两个方面。一是固定汇率制度下，一国的货币政策很难奏效。例如，为治理通货膨胀采取紧缩政策，提高利率，但却因此吸引了外资的流入，从而达不到紧缩投资的目的。相反，为刺激汇率上升而降低利率，却又造成资金外流。二是固定汇率制度下，为维持固定汇率，一国往往以牺牲国内经济目标为代价。由于一国有维持固定汇率的义务，因此当其他国家的经济出现各种问题而导致汇率波动时，该国就需要进行干预，从而也受到相应的影响。例如，外国出现通货膨胀而导致其汇率下降，本国为维持固定汇率而抛出本币购买该贬值外币，从而增加了本国货币供给，诱发了本国的通货膨胀。总之，固定汇率使各成员国的经济紧密相连，相互影响，一国出现经济动荡，必然波及他国，同时，也使一国很难实行独立的经济政策。

知识拓展

索罗斯做空泰铢过程

大背景：

20 世纪 90 年代中期，东南亚国家不约而同地开始了一场经济大跃进，加快金融自由化步伐，以求驱动经济新一轮的快速增长。然而，东南亚人却忽视了这样一个最基本的事实，即东南亚过去几十年经济发展的主要驱动力是外延投入的增加，而非单位投入产出的增长即内涵增长，因而在如此局限的增长模式基础上竞相放宽金融管制，与世界顶尖金融强手争吃大金融市场的蛋糕，无疑是隐患重重，极易被外力击破。

索罗斯认为，一方面，东南亚国家劳动力素质低下、贸易收支恶化、通货膨胀上扬，正面临经济过热的危险；另一方面，这些国家又因超额生产能力、企业债台高筑以及缺乏高等教育和技术劳工等，将遭遇“成长性的衰退”。由于经济的快速成长，东南亚企业普遍高估房地产供给、制造业的产能和公司人员规模，因此造成了“乐观的错误”推波助澜，火上浇油。

泰国人把大量的金钱用来购买美国国债和美国的房产，但是国家在基础建设和工业上的投资水平却十分低，而房地产价格也一路上升，股票市场同样是一片繁荣。

也就是说，索罗斯认为东南亚的经济发展存在严重的资产泡沫，即资产价格被严重高估了。（其中也蕴含着泰铢的价值被高估了，即泰铢的汇率被高估了。）

另外，泰国的金融管制在东南亚国家中是最为宽松的。（这意味着狙击泰铢的障碍是很小的。）

做空的简化过程：

如果资产价格存在泡沫，那么就有下降的空间。同理，汇率是货币对外的价格，汇率被高估的话也会有下降的空间。

假设开始时汇率是 1∶25，索罗斯从泰国的银行借入大量的泰铢，然后在外汇市场上抛售，买入美元。因为索罗斯是分批大量抛售泰铢，所以很容易就造成外汇市场的恐慌，使大家都认为泰铢出现了问题，有崩溃的危险，通过这种羊群效应放大了对泰铢的抛售量，因此泰铢的汇率就大跌。假设此时跌到了 1∶50，之后索罗斯就能用很少的美元买回当初借入的泰铢，中间的差价就是收益。

同时索罗斯可以在远期市场上跟人对赌，押注泰铢会大幅度贬值（因为他自己会做空泰铢使其贬值），在这个市场上索罗斯又可以大赚一笔。

要注意的是，虽然泰国是固定汇率，但因为索罗斯等人大规模抛售泰铢换取美元，而泰国的美元储备很少，最后泰国中央银行用尽了外汇储备也最终只能放弃了固定汇率，汇率自由浮动后就大幅度下降。

以上说的是很简单的过程，其实过程是很复杂的。比如在衍生品市场上，索罗斯能用很高的杠杆率借到很多泰铢，假如汇率是1美元兑换25泰铢，但是通过衍生品市场1美元能撬动250泰铢甚至是2 000泰铢的数量在市场上抛售，而索罗斯从泰国银行借入泰铢的时候可能只需要很少的抵押。

因为资本市场、股票市场、期货市场、外汇即期市场、远期市场、货币市场、衍生品市场之间环环相扣，节节锁定，所以像索罗斯这样庞大的资金规模能在很多市场上同时获利。

资料来源：索罗斯做空泰铢过程．(2013-12-28)．https://wenku.baidu.com/view/f5f9d6f32cc58bd63186bdc2.html?fr=search.

二、浮动汇率制度

浮动汇率制度

（一）浮动汇率制度的概念

浮动汇率制度（Floating Exchange Rate System），是指一国货币当局不再规定本国货币与外国货币比价和汇率波动的幅度，货币当局也不承担维持汇率波动界限的义务，而听任汇率随外汇市场供求变化自由波动的一种汇率制度。

完全任凭市场供求自发地形成汇率，而不采取任何干预措施的国家很少或几乎没有。各国政府往往都要根据本国的具体情况，或明或暗地对外汇市场进行不同程度的干预。

（二）浮动汇率对经济的影响

1. 有利影响

（1）汇率随外汇市场的供求变化自由浮动，在一定程度上可以自行调节国际收支，使之趋向平衡。当一国国际收支持续顺差，该国货币对外国货币的汇率会呈现上浮趋势，这就会抑制出口，刺激进口，从而使国际收支顺差减缓。

（2）可以防止外汇储备的大量流失和国际游资的冲击。在浮动汇率制度下，汇率没有固定的波动幅度，政府也没有义务干预外汇市场。因此，当本国货币在外汇市场上被大量抛售时，该国政府可以容忍本币汇率下跌，而不必为稳定汇率大量抛售外币、买入本币，这样就可以避免外汇储备的大量流失。相反，当本国货币在外汇市场上被大量抢购时，该国政府可以容忍本币汇率上升，而不必大量抛售本币、购买外币，本币汇率的进一步上升，自然会抑制市场对本币的需求，这样就可以减少国际游资对某一国货币（尤其是硬币）冲击的可能性。

2. 不利影响

（1）汇率动荡不定，增加了国际贸易的风险。在浮动汇率制度下，汇率有暴涨暴跌现象，贸易界普遍产生不安全感。例如：在以外币计价结算的贸易中，出口商要承受外汇汇率下跌而造成收汇后本币收入减少的损失，而进口商则要承受外汇汇率上涨而出现进口成本加大的损失。此外，汇率的剧烈波动使得商品的报价、计价货币的选择、成本的核算变得十分困难，这对国际贸易的发展是不利的。

（2）汇率波动频繁剧烈，助长了外汇市场上的投机活动。在浮动汇率制度下，汇率的波动取决于外汇市场的供求关系，汇率波动频繁，波动幅度大，外汇投机者就有机可乘。有些西方国家的商业银行也常常参与外汇市场上的投机活动，通过预测外汇汇率的变化，在外市场上贱买贵卖，牟取暴利。

（三）固定汇率制度与浮动汇率制度的比较

固定汇率制度与浮动汇率制度的比较见表 1-8。

表 1-8　固定汇率制度与浮动汇率制度的比较

	固定汇率制度	浮动汇率制度
优点	（1）有利于国际贸易和投机活动 （2）防止外汇投机，稳定外汇市场 （3）作为外币约束，防止不正当竞争	（1）反映国际交往真实情况 （2）外部均衡可自动实现，不引起国内经济波动 （3）可自动调节短期资金移动，自动调节国际收支 （4）增强本国货币政策的独立性 （5）避免通货膨胀跨国传播
缺点	（1）容易输入国外通货膨胀 （2）货币政策丧失独立性 （3）容易出现内外均衡冲突	（1）加大不确定性和外汇风险危害 （2）外汇市场动荡，容易引致资金频繁移动和投机行为 （3）容易滥用汇率政策

固定汇率制度和浮动汇率制度的利弊互见，优缺点并存，孰优孰劣是一个难有定论的问题，现存的汇率制度是它们的一种折中。

知识拓展

不可能三角

“不可能三角”是指一个国家不可能同时实现资本的自由流动、货币政策的独立性和汇率的稳定性。也就是说，一个国家只能拥有其中两项，而不能同时拥有三项。如果一个国家既要求资本自由流动，又要求拥有独立的货币政策，那么就难以保持汇率稳定；如果一个国家要求汇率稳定和资本自由流动，就必须放弃独立的货币政策。

根据“不可能三角”，一国在资本的自由流动、货币政策的独立性和汇率的稳定性之间只能选择以下三种政策组合：

第一，保持资本的自由流动和货币政策的独立性，必须牺牲汇率的稳定性，实行浮动汇率制度。比如，巴西、加拿大大体如此，在资本自由流动的条件下，频繁进出的国内外资金将会导致国际收支状况的不稳定。

第二，保持汇率的稳定性和货币政策的独立性，必须限制资本的自由流动，实行资本管制。对于许多发展中国家特别是那些发生金融危机的国家来说，相对稳定的汇率有助于保持对外经济稳定，货币政策的独立性有助于调控国内宏观经济。

第三，保持资本的自由流动和汇率的稳定性，必须放弃货币政策的独立性。比如，阿根廷或2 000年前的许多欧洲国家，在资本自由流动时，在固定汇率制度下，货币政策效果将被引发的资本流动的变化所抵消。

资料来源：不可能三角．(2017-10-24)．https://baike.so.com/doc/6957097-7179530.html.

三、汇率制度新类型

亚洲金融危机后，国际货币基金组织加强了对成员国汇率制度的安排、监督和指导。1999 年，国际货币基金组织从上述的理论分类中衍生出“现实分类”，2009 年修订后，形成十种类型。

1. 无独立法定货币汇率安排

这一汇率制度下，国际货币基金组织成员国以另一国家的货币作为唯一的法定货币在本国流通（即美元化），或者该成员国属于某一个货币（通货）联盟，在该联盟内，各成员国采用同一种法定货币。在这种汇率制度下，货币当局完全放弃了对国内货币政策的控制。

2. 货币局制度

这一汇率制度以法律形式明确承诺本币和某一特定的外币之间以固定的汇率进行兑换，同时要求本币发行机构确保履行自己的法律义务。本国货币的发行需要完全的外汇资产作支撑，并且要求在货币流通中始终满足这一要求。中国香港特别行政区实行这一汇率制度。

3. 传统盯住汇率制度

这一汇率制度下，一国将本国货币按照固定汇率盯住另一货币或一篮子货币，汇率可以围绕中心汇率上下不超过 1%的幅度波动。我国在 2005 年汇率改革以前属于此种。

4. 稳定化安排

稳定化安排又称为类似盯住制度，该制度要求无论是对单一货币还是对货币篮子即期市场汇率的波动幅度，要能够保持在一个 2%的范围内至少 6 个月（除了特定数量的异常或步骤调整），并且不是浮动制度。

5. 爬行盯住

爬行盯住是指汇率按预先宣布的固定范围进行较小的定期调整或对选取的定量指标（诸如与主要贸易伙伴的通货膨胀差或主要贸易伙伴的预期通胀与目标通胀之差）的变化进行定期的调整。在爬行盯住制度下，货币当局每隔一段时间就对本国货币的汇率进行一次小幅度的贬值或升值操作。

6. 类似爬行盯住

该制度要求汇率相对于一个在统计上识别的趋势必须保持在一个 2%的狭窄范围内（除了特定数量的异常值至少 6 个月），并且该汇率制度不能被认为是浮动制度。通常，该制度要求最小的变化率大于一个稳定化安排所允许的变化率。

7. 水平带盯住

该制度要求围绕一个固定的中心汇率将货币的价值维持在至少±1%的某个波动范围内，或者汇率最大值和最小值之间的区间范围超过 2%。中心汇率和带宽是公开的或报知国际货币基金组织。它包括欧洲货币体系汇率机制（ERM）中国家的汇率制度，ERM 在 1999 年 1 月 1 日被 ERMⅡ所取代。

8. 浮动

一个浮动汇率在很大程度上由市场决定，没有一个确定的或可预测的汇率路径。外汇市场干预可以是直接的或间接的，旨在缓和变化率和防止汇率的过度波动，但是以一个特定的汇率水平为目标的政策与浮动制度是不相容的。浮动制度下可以出现或多或少的汇率波动，这取决于影响经济的冲击的大小。

9. 自由浮动

一个浮动汇率可以被归类为自由浮动，如果干预只是偶尔发生，旨在处理无序的市场状况，并且如果当局已经提供信息和数据证明在以前的 6 个月中至多有 3 例干预，那么每例持续不超过 3 个商业日。

10. 其他有管理的安排

这是一个剩余类别，当汇率制度没有满足任何其他类别的标准时被使用。

十种汇率制度比较见表 1－9。

表 1－9　十种汇率制度比较表

大类	汇率制度类型	特点
硬盯住	无独立法定货币汇率安排	其他国家的货币作为唯一的法偿货币在本国流通，或者是货币联盟成员国之间的安排。
	货币局制度	在法律中明确规定本国货币与某一外国可兑换货币保持固定的交换率，并且对本国的货币发行作特殊限制以保证履行这一法定义务。

续前表

大类	汇率制度类型	特点
软盯住	传统盯住汇率制度	盯住单一货币或货币篮子，汇率波动幅度最大不超过中心汇率上下的 1%。
	稳定化安排（类似盯住制度）	盯住单一货币或货币篮子，汇率波动幅度最大不超过中心汇率上下的 2%（官方行为）。
	爬行盯住	该国货币按照某一固定的事先宣布的管理幅度或者根据某些量化指标的变化，定期小幅度调整。
	类似爬行盯住	要求最小的变化率大于一个稳定化安排所允许的变化率。
	水平带盯住	该制度要求围绕一个固定的中心汇率将货币的价值维持在至少 ±1% 的某个波动范围内，或者汇率最大值和最小值之间的区间范围超过 2%。中心汇率和带宽是公开的或报知国际货币基金组织。
浮动安排	浮动	货币当局通过在外汇市场主动干预来影响汇率走势，这种干预既无事先明确的规定承诺，也无事先宣布的路径。
	自由浮动	汇率由市场决定，外汇干预的目的是防止汇率波动过大。
剩余类别	其他有管理的安排（2009 年新增剩余类别）	政府频繁且无规律地干预汇率，使得货币当局的汇率制度不符合任何一种定义。

中国香港的
联系汇率制

知识拓展

中国香港的联系汇率制

联系汇率制源于英联邦成员的货币发行制度。这种制度的最主要特点是将汇率制度的确定与货币发行准备制度加以结合，利用市场机制，互相牵制。

香港特别行政区在回归祖国前，于第二次世界大战后至 1972 年 7 月实行港元盯住英镑的固定汇率制度；1972 年 7 月至 1974 年 11 月实行港元盯住美元的固定汇率制度；1974 年 11 月至 1983 年 10 月实行自由浮动汇率制度；1983 年 10 月开始实行港元与美元的联系汇率制度，一直迄今。

（一）港元联系汇率的内容

香港并没有真正意义上的货币发行局，纸币大部分由 3 家发钞银行即汇丰银行、渣打银行、中国银行（香港）发行。法例规定发钞银行发钞时，需按7.8港元兑1美元的汇率向香港金融管理局提交等值美元，并记入外汇基金的账目，以购买负债证明书，作为所发钞纸币的支持；相反，回收港元纸币时，香港金融管理局会赎回负债证明书，银行则自外汇基金收回等值美元。由政府经香港金融管理局发行的纸币和硬币，则由代理银行负责储存及向公众分发，香港金融管理局与代理银行之间的交易也是按7.8港元兑1美元的汇率以美元结算。

上述联系汇率规定的1美元：7.8港元的固定汇率只适用于发钞银行与外汇基金以及商业银行等与发钞银行之间的发钞准备规定，在香港外汇市场上的港元与美元的交易并不受此约束，汇率变动由市场供求力量决定。

由此可见，香港特区实际存在着两种汇率：一种是发钞银行与外汇基金以及商业银行等与发钞银行之间的发行汇率，也即1美元等于7.8港元的联系汇率；另一种是在外汇市场上受供求关系决定的市场汇率。

（二）联系汇率制的自我维护机制

在市场经济条件下，联系汇率制通过两个内在联系的渠道进行自我调节，迫使外汇市场的汇率不致严重偏离联系汇率（1美元=7.8港元），以保证联系汇率制的稳定性。这两个渠道中，一个为发钞银行与商业银行在外汇市场的套利活动，另一个为货币市场资金的增减与利率的升降。兹将这两条渠道的具体运作过程分析如下：

1. 发钞银行与商业银行的套利活动

当市场汇率（如1美元=8港元）＞联系汇率（1美元=7.8港元）时，即表示港元处于弱势（即美元处于强势），发钞银行把负债证明书退回给外汇基金，以7.8港元=1美元换取美元。得到了美元后，银行以1美元=8港元将美元卖给市场，故每卖一单位美元便可赚到0.2港元。结果市场上的美元供应上升，而港元供应则下降，最后汇率会返回1美元=7.8港元。

当市场汇率（如1美元=7.5港元）＜联系汇率（1美元=7.8港元），即表示港元处于强势（即美元处于弱势），发钞银行会在市场以1美元=

7.5 港元买入美元，然后以 1 美元＝7.8 港元将美元卖给外汇基金以换取负债证明书，故每卖一单位美元给外汇基金便可赚到 0.3 港元。结果市场上的美元供应下降，而港元供应则上升，最后汇率会返回 1 美元＝7.8 港元。

2. 货币市场资金的增减与利率的升降

若外汇市场港元贬值，如 1 美元＝8 港元，则在上述套利动机驱使下，由于商业银行及发钞银行以港元退回外汇基金来赎回美元，因此市场上港元供应必会减少，通货紧缩，港元利率上涨；同时美元及其他外币资金供应量增加，美元汇率开始下跌，逐步接近 1 美元＝7.8 港元的联系汇率水平。

若外汇市场港元升值，如 1 美元＝7.5 港元，则其运作过程与上述情况相反，也会迫使市场汇率接近联系汇率水平。

资料来源：潘海红，黄光明．国际汇兑实务．北京：对外经济贸易大学出版社，2011.

四、人民币汇率制度

人民币汇率制度的演变

（一）人民币汇率制度的演变

改革开放以前，我国实行高度集中的计划经济体制，由于外汇资源短缺，我国一直实行比较严格的外汇管制。1978 年实行改革开放战略以来，我国外汇管理体制改革沿着逐步缩小指令性计划、培育市场机制的方向，有序地由高度集中的外汇管理体制向与社会主义市场经济相适应的外汇管理体制转变。1996 年 12 月，我国实现了人民币经常项目可兑换、对资本项目外汇进行严格管理，初步建立了适应社会主义市场经济的外汇管理体制。2001 年加入世界贸易组织（WTO）以来，我国对外经济迅速发展，国际收支持续较大顺差，改革开放进入一个新阶段。外汇管理主动顺应加入世界贸易组织和融入经济全球化的挑战，进一步深化改革，继续完善经常项目可兑换，稳步推进资本项目可兑换，推进贸易便利化。

（二）现行的人民币汇率制度

人民币汇率形成机制改革坚持主动性、可控性、渐进性的原则。自 2005

年7月21日起，我国开始实行以市场供求为基础、参考一篮子货币进行调节、有管理的浮动汇率制度。人民币汇率不再盯住单一美元，而是按照我国对外经济发展的实际情况，选择若干种主要货币，赋予相应的权重，组成一篮子货币。同时，根据国内外经济金融形势，以市场供求为基础，参考一篮子货币计算人民币多边汇率指数的变化，对人民币汇率进行管理和调节，维护人民币汇率在合理均衡水平上的基本稳定。参考一篮子货币表明外币之间的汇率变化会影响人民币汇率，但参考一篮子货币不等于盯住一篮子货币，还需要将市场供求关系作为另一重要依据，据此形成有管理的浮动汇率。

2005年7月—2008年8月期间，人民币兑美元快速升值，累计升值幅度达到17.4%。2008年8月后因爆发全球金融危机，人民币实际上重新开始盯住美元；2010年6月起，人民币重新进入升值轨道。

2015年8月11日，中国人民银行再次启动汇率制度改革，对中间价报价机制进行了调整，更多参考上一日收盘价和市场供求关系，迈出了人民币汇率市场化的至关重要的一步，被称为“‘8·11’汇改”。

“8·11”汇改以及中国人民银行之后出台的一系列汇率制度政策使得人民币汇率更加市场化，人民币进入稳定的双向浮动区间，这样的制度改革是与中国经济体制改革不断深化相适应的。随着中国经济步入新常态，在经济增速换挡期，过去依赖对外出口的经济发展模式需要重新审视。单一盯住美元的汇率制度与我国在世界范围内广泛的经贸关系不匹配，纳入一篮子货币进一步丰富了人民币的定价机制。在外围环境方面，美联储加息缩表逐步推进、中美贸易摩擦再发、逆周期因子的引入为中国人民银行提供了一定的货币政策空间，可以起到引导市场理性参与的作用。

工作任务

厘清人民币汇率制度改革的内容

查询人民币汇率制度改革的资料，厘清人民币汇率制度改革的内容，撰写文字材料或绘制思维导图。

项目小结

外汇汇率
汇率及其标价方法
外汇的概念及种类
汇率标价方法
汇率的种类
买入价与卖出价
汇率确定的基础和影响汇率变化的因素
确定基础
金本位制下
纸币制度下
影响因素
经济因素
非经济因素
汇率变化对经济的影响
对国际收支
贸易收支
非贸易收支
资本流动
国际储备
对国内经济
对国内物价
对国内利率水平
对就业与国民收入
对国际经济
贸易摩擦
储备货币多元化
金融市场创新
汇率制度
传统汇率制度分类
固定汇率制度
浮动汇率制度
IMF最新实际分类形成的十种汇率制度
人民币汇率制度

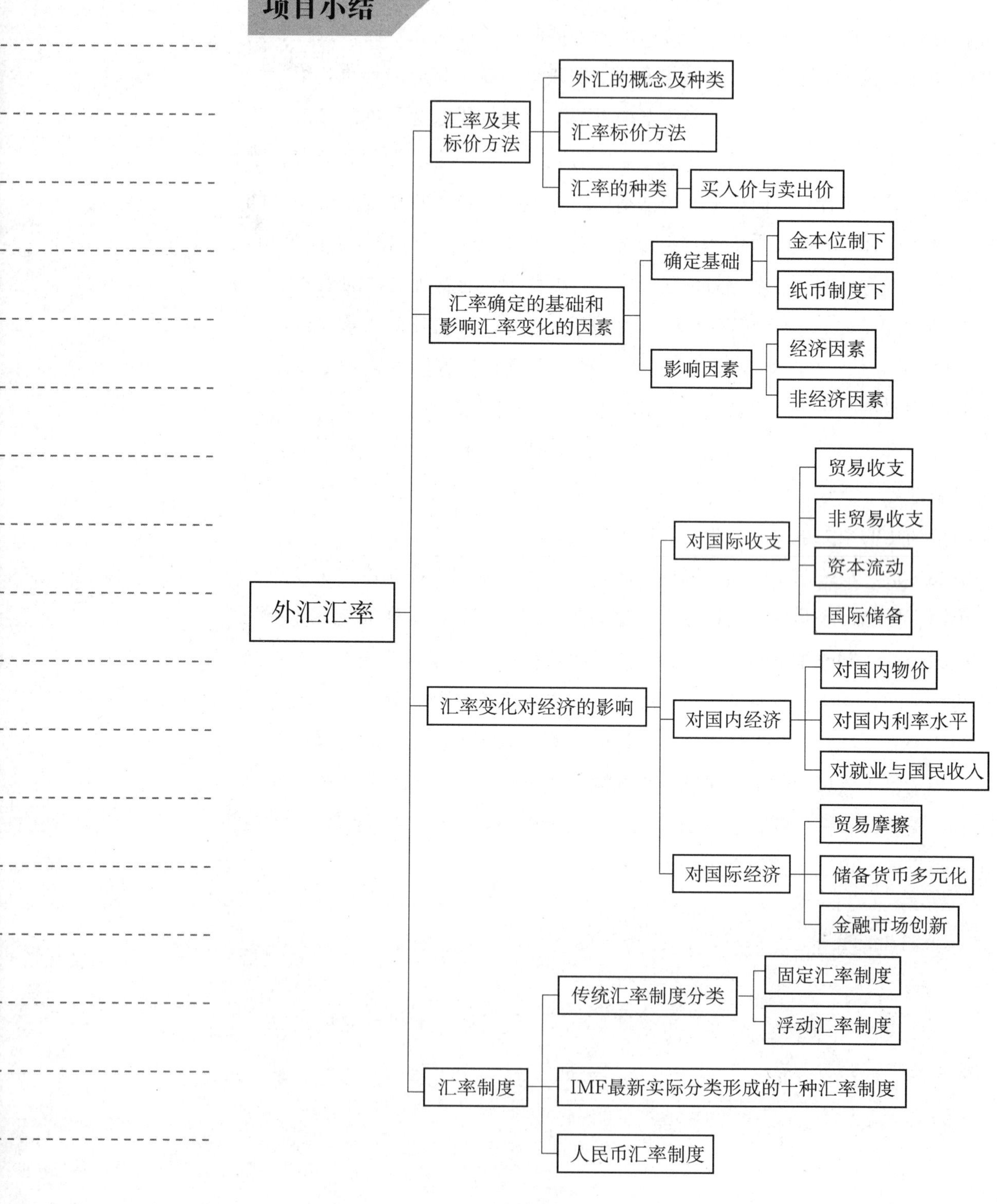

项目二

外汇业务

▶ 知识目标

- 掌握外汇交易市场的基本构成
- 掌握传统外汇业务的交易规则和交易流程
- 掌握传统外汇业务在国际贸易中的运用
- 掌握新型外汇业务的交易规则和交易流程
- 了解新型外汇业务在国际贸易中的运用

▶ 能力目标

- 掌握传统外汇业务的交易流程和核算技能
- 了解新型外汇业务的交易流程和核算技能
- 树立外汇风险意识
- 树立外汇业务与进出口业务高度关联的业务意识

▶ 项目任务

- 传统外汇交易核算
- 新型外汇交易核算

▶ 任务导入

ABC 进出口公司目前面临着支付困惑，该公司进口支付的货币主要有欧元和英镑，而该公司的外汇收入主要以美元为主。该公司在 2019 年 6 月签订了一批进口合同，约合 500 万美元的非美元（欧元、英镑），那时欧元兑美元的汇价在 1.15 美元，英镑兑美元的汇价在 1.25 美元。另外，该公司大约还有 300 万美元的三个月后的外汇收入。

请帮 ABC 进出口公司设计交易和避险方案。

任务一　外汇交易市场构成

一、外汇市场的概念

外汇市场是指外汇交易或外汇买卖的场所。国际贸易中进出口商之间贸易关系和债券债务关系的结算清算、国际间银行进行的外汇头寸轧抵对冲交易，以及各国中央银行的入市干预等活动，都需要通过在外汇市场上的外汇买卖活动来实现。

二、外汇市场的作用

在各国国内及国际经济生活中，外汇市场均占有十分重要的地位，它是各国国内及国际金融市场的四大组成部分之一。在经济生活中，外汇市场主要充当以下角色，发挥着重要作用。

1. 外汇买卖的中介

如同任何商品市场一样，外汇市场为外汇这一特殊商品提供一个集中的交易场所。如果缺乏此类场所，外汇买卖的任一方要寻找另一方就需要花费更多的时间和精力，外汇交易的效率将大为下降。

2. 平衡外汇供求

外汇市场不仅充当了外汇买（需方）卖（供方）双方的中介人，而且通过汇率的变动对外汇的供求起着平衡作用。同其他商品一样，一种外汇的供求不平衡导致其价格（汇率）的相应变动，而价格（汇率）的变动又反过来会影响外汇供求的变动，进而使外汇供求趋于平衡。

3. 干预的渠道

外汇市场还是当今各国政府，特别是发达国家政府调节国际收支乃至整个国民经济的重要渠道。各国政府通过各种手段影响外汇市场供求和外汇汇率的变动，进而达到调节国际收支乃至宏观经济供求和货币供应的目的。

4. 保值及投机场所

外汇市场的另一个功能是为试图避免外汇风险的国际交易者提供一条保值渠道。他们在外汇市场上可从事套期保值、掉期交易等外汇交易以避免外汇风险。同样，外汇市场也为那些期望从汇率波动中获取好处的投机活动提供了可能。

知识拓展

历史上的外汇交易

最早的外汇交易出现在古时候。在“犹太教法典”时期，就已经出现“兑换商”，他们主要帮助别人兑换货币，然后收取佣金或者费用。这些人在城市占据一个小角落，或者在外邦人常出入的寺庙外设摊。

在公元4世纪左右，拜占庭政府控制了一家垄断外汇交易的公司。1472年，意大利创办了一家当铺，出现了世界上第一家真正形式上的“银行”——邦卡蒙台达电子锡耶纳牧山银行（BMPS）——现存世界上最古老的银行，直到现在仍在运营。

在15世纪，为了满足纺织商人的货币兑换需求，美第奇家族（Medici）在国外开设了银行，并开始启用“往来账账本”处理交易。这类账本可以显示外汇账户以及与国外银行有往来的本国货币账户。

17和18世纪，阿姆斯特丹的外汇市场保持活跃。英国和荷兰的代理人和商人有着非常频繁的外汇兑换往来。

19世纪50年代的美国，一家名为Alexander Brown & Sons的公司开始交易外汇，它被视为领先的市场参与者。美国历史上的外汇交易先锋，还包括19世纪80年代获得允许而进行外汇交易的J. M. Do Espirito Santo de Silva。

1880年，以黄金为本位币的货币制度形成，也因此，我们很多人认为这一年是现代外汇的起始年。

从1899年至1913年，外汇储备增长了10.8%，而黄金储备只增长6.3%，这象征着新兴外汇市场逐渐受到重视。

1902年，就在这一年，伦敦共出现了2家外汇经纪商。

1913 年，全球外汇交易几乎一半都是以英镑进行的。这对英国资本市场的形成有非常重要的意义，英国的外汇银行数量从 1860 年的 3 家上涨到 1913 年的 71 家。

尽管当时的英镑几乎统治了外汇交易，但是英国本身在 20 世纪初的几年里却是缺席状态。外汇交易最活跃的中心是巴黎、纽约和柏林。

伦敦及整个大英帝国在 1914 年前都相对沉默。直到 1914 年美国联邦储备系统成立，美国银行系统开始印刷自己的货币——美元。20 世纪 20 年代，一些家族开始成长为外汇行业的重要人物。

1930 年，国际清算银行在瑞士巴塞尔市成立。建立该银行的目的是为那些新独立的国家和面临收支暂时性逆差的国家提供财政支持。

在第二次世界大战后，布雷顿森林协议签署。根据该协议，各国货币对美元的汇率只能在法定汇率上下 1%范围内波动。之后，尼克松总统废除了布雷顿森林协议，固定兑换汇率失效，此后开始迎来浮动汇率系统。1973 年是现代外汇市场真正的历史转折点。在这一年，国家之间的汇率约束、银行交易及受限制的外汇交易时代结束，市场开始进入全面的浮动汇率时代。

资料来源：外汇的发展历史，你知道多少．(2018-10-31)．https://zhidao.baidu.com/question/1773204472951634180.html.

三、外汇市场的参与者

外汇交易惯例

在外汇市场上积极活动的当事人是多种多样的，既有政府、企业等机构投资者，也有个人投资者。仅就金融机构而言，参加的就有商业银行、养老基金、保险公司、投资基金等不同形式的金融组织。其中最主要的参与者包括以下几类：

1. 外汇银行

外汇银行包括专营或兼营外汇业务的本国商业银行、设在本国的外国商业银行的分支机构和其他金融机构。外汇市场上大多数外汇交易是通过外汇银行进行的，因而外汇银行是外汇市场的主要参与者，是外汇市场的主体。

在外汇市场上，外汇银行主要从事两类外汇交易：一方面，它在外汇市场上起到了外汇交易中介人的作用，即从出售外汇的顾客手中购入外汇，再转手出售给需要购买外汇的顾客，从中获取差价；另一方面，它为了调控自己在从事外汇业务中产生的外汇头寸，也自主地买进或卖出外汇。在外汇市场上，通常只有外汇银行才是外汇价格——汇率的制定者和提供者。

2. 外汇经纪人

外汇经纪人是指介于外汇银行之间或外汇银行与客户之间，为买卖双方接洽外汇业务并收取佣金的中介人。外汇经纪人并不以自有资金在外汇市场上从事外汇买卖，而是凭借与各外汇银行和客户的密切联系，利用现代化的通信工具及其对外汇行市的灵敏信息，促成买卖双方成交，从中收取佣金，不承担任何风险。

外汇交易量十分庞大而且瞬息万变，要求外汇交易者能随时掌握最新消息，迅速达成交易，这对业务广泛的外汇银行来说也是难以做到的，因而外汇银行之间的外汇交易往往会通过外汇经纪人达成。外汇经纪人在世界许多外汇市场上都设有分支机构，他们的存在使得银行可以更加迅速地达成交易。不过，随着现代通信网络的发展以及银行间竞争的加剧，银行在国外主要外汇市场上进行买卖时一般不通过经纪人，而是直接同其他银行打交道。

3. 客户

客户是指参与外汇交易的公司和个人等，如进出口商、投资者、留学生、旅游者、投机商等，他们出于交易、保值或投机的目的，通过外汇银行进行买卖，以期获得或出售外汇，其中以进出口商为主。他们是外汇市场的最终供应者和需求者，外汇市场说到底是为他们服务的，外汇市场的供求趋势和汇率走势最终也是由他们决定的。但客户通常并不能提出自己的外汇报价，而只能接受银行提出的外汇报价，并按照报价和银行进行外汇交易。他们不是价格的提供者和维持者，而是价格的接受者。

4. 中央银行

在外汇市场上，各国中央银行也是重要的参加者。它主要代表政府对外汇市场进行干预。具体地说，中央银行主要充当两个角色：一是充当外汇市场的管理者，通过制定和运用法规、条例等，对外汇市场进行监督、控制和引导，使外汇市场上的交易有序进行，并能最大限度地符合本国经济政策的需要；二是直接参与外汇市场上的交易活动，主要是根据国家政策需要买进或卖出外汇，以影响外汇汇率走向。中央银行的这种外汇买卖活动，实际上充当了外汇市场最后交易者的角色，即因汇率不能充分调整（即达不到市场均衡汇率的水平）而导致的外汇供求差额会由中央银行买进或售出外汇的方法来平衡。

由于外汇市场上的参与者有以上四类，因此外汇市场上的交易按主体划分就有三个层次。

（1）外汇银行与顾客之间。这一层次的市场被称为“零售市场”，该市场上每笔交易金额一般较小。

（2）外汇银行同业之间的交易，这一层次的市场是“批发市场”，其每笔交易金额通常较大。零售市场和批发市场这两个市场是密切相关的一个整体，其中银行间市场是外汇市场的基础，它决定了零售市场上的外汇来源及其价格。

（3）外汇银行与中央银行之间的交易。

工作任务

外汇市场参与者比较表

外汇市场参与者比较见表 2－1。

表 2－1　外汇市场参与者比较

角色	地位	主要业务	对价格的影响	交易目的
外汇银行				
外汇经纪人				
中央银行				
客户				

四、外汇市场的类型

根据不同标准或不同研究目的，外汇市场可以有很多分类。但主要的分类有以下几种。

（一）按外汇交易方式划分

根据不同的外汇交易方式，外汇市场可以划分为场内外汇交易市场和场外外汇交易市场。

1. 场内外汇交易市场

场内外汇交易市场是指外汇交易所，是一个有形的外汇交易市场，即有特定的外汇交易场所。场内外汇交易市场有固定的交易时间，参与交易的有关各方按照规定的时间，在交易所内进行集中性的外汇交易。这样的外汇市场大都位于世界各国的金融中心。

2. 场外外汇交易市场

场外外汇交易市场是指无特定交易场所、无形的外汇交易市场。参加交易的有关各方主要通过电话、电报、电传等通信工具进行交易。

有形的外汇市场是早期外汇市场的主要形态，但其功能有限，仅能做部分当地现货交易。随着金融一体化和现代通信技术的发展，无形的外汇市场迅速扩大，已经成为当今外汇市场的主要形态。目前，除了个别欧洲大陆国家（如法国等）的一部分外汇交易还在外汇交易所进行外，世界各国的外汇交易均通过现代通信网络进行。

（二）按业务种类划分

根据不同的业务种类，外汇市场可以划分为即期外汇交易市场和远期外汇交易市场。

1. 即期外汇交易市场

即期外汇交易市场是从事现汇买卖活动的场所，即在 1～2 个营业日内进行交割的外汇交易市场。参与者主要是通过现代化的通信设施在不同外汇市场或同一外汇市场的不同银行之间进行交易。

2. 远期外汇交易市场

远期外汇交易市场是从事期汇买卖活动的场所，即参与者通过约定时间或期限，并约定价格进行外汇交易的场所。远期外汇交易主要是通过经纪人居间办理接洽，其交易的参与者主要是在国际贸易和国际资本流动过程中的进出口商和投资者，其交易的目的是规避汇率风险或进行外汇保值增值。

（三）按外汇交易主体划分

根据不同的外汇交易主体，外汇市场可以划分为银行间外汇交易市场，以及银行与客户间外汇交易市场。

1. 银行间外汇交易市场

银行间外汇交易市场是指以金融性外汇交易为主的市场。参与者主要是各类银行，其交易的目的主要是轧平资金头寸或通过外汇投机而盈利。这一市场的交易量占外汇交易的绝大部分。

头寸（Position）为银行业务术语，是银行对营运资金的称谓。银行头寸当天要进行轧差。当收入款项大于支出款项时，称为“多头寸”；反之，称为“缺头寸”。轧头寸是指银行对其营运资金进行调整，使其收入和支出达到平衡的行为。

在外汇买卖中，当外汇买入大于外汇卖出时，称为“长头寸”。长头寸持有者要承担汇率下跌的风险，因为如果未来汇率下跌，则长头寸持有者将遭受买贵的损失。反之，称为“短头寸”。短头寸持有者要承担汇率上升的风险，因为如果未来汇率上升，则短头寸持有者将承担卖贱的风险。轧平外汇头寸是指外汇银行对外汇买卖业务进行调整，使其买卖数额达到大致平衡的行为，即所谓抛长补短，将长头寸卖出、短头寸买进。为了保证其资金安全，银行必须保持外汇买卖在数额上的大体平衡。

2. 银行与客户间外汇交易市场

银行与客户间外汇交易市场是指以商业性外汇交易为主的市场。交易主要是在银行与跨国公司、地方进出口商、政府和个人之间进行。其交易的目的主要是进行债券与债务关系的结算和清算、进行外汇保值避险、干预外汇市场，以及从事外汇投资、投机等。

此外，根据地理分布来划分，目前世界上交易量大且具有国际重要影响的外汇市场或交易中心主要分布在纽约、伦敦、法兰克福、巴黎、苏黎世、东京、米兰、阿姆斯特丹、蒙特利尔等地。

知识拓展

中国外汇交易中心暨全国银行间同业拆借中心

中国外汇交易中心暨全国银行间同业拆借中心（简称“交易中心”），为中国人民银行直属事业单位，主要职能是：提供银行间外汇交易、人民币同业拆借、债券交易系统并组织市场交易；办理外汇交易的资金清算、交割，提供人民币同业拆借及债券交易的清算提示服务；提供网上票据报价系统；提供外汇市场、债券市场和货币市场的信息服务；开展经中国人民银行批准的其他业务。

交易中心总部设在上海，备份中心建在北京，目前在广州、深圳、天津、济南、大连、南京、厦门、青岛、武汉、重庆、成都、珠海、汕头、福州、宁波、西安、沈阳、海口18个中心城市设有分中心。交易中心是国家外汇体制改革的产物，成立于1994年4月。

根据中国人民银行、国家外汇管理局发展市场的战略部署，交易中心贯彻“多种技术手段，多种交易方式，满足不同层次市场需要”的业务工作方针，于1994年4月推出外汇交易系统，1996年1月启用人民币信用拆借系统，1997年6月开办银行间债券交易业务，1999年9月推出交易信息系统，2000年6月开通“中国货币”网站，2001年7月试办本币声讯中介业务，2001年10月创办《中国货币市场》杂志，2002年6月开办外币拆借中介业务，2003年6月开通“中国票据”网，推出中国票据报价系统，2005年5月上线银行间外币买卖业务，2005年6月开通银行间债券远期交易，2005年8月推出人民币/外币远期交易。交易中心以电子交易和声讯经纪等多种方式，为银行间外汇市场、人民币拆借市场、债券市场和票据市场，提供交易、清算、信息和监管等服务，在保证人民币汇率稳定、传导央行货币政策、服务金融机构和监管市场运行等方面发挥了重要的作用。

目前交易中心开展的外汇交易服务有：人民币/外币即期交易、外币/外币即期交易、人民币/外币远期交易、人民币同业拆借、人民币债券交易。

资料来源：中国外汇交易中心暨全国银行间同业拆借中心．(2019-11-03)．https://baike.baidu.com/item/中国外汇交易中心暨全国银行间同业拆借中心．

五、外汇市场交易时间、交易规则与交易系统

（一）交易时间

随着现代通信设施的发展，遍及全世界的电话、电报、电传、互联网等线路已经形成庞大的网络，使全球各地区的外汇市场能够按世界时区的差异相互衔接，出现了全球性的、星期一至星期五 24 小时不间断的外汇交易。以下是世界主要外汇市场开收盘时间（北京时间）：

新西兰惠灵顿外汇市场：04:00—12:00

澳大利亚外汇市场：06:00—14:00

日本东京外汇市场：08:00—14:30

新加坡外汇市场：09:00—16:00

英国伦敦外汇市场：15:30—00:30

美国纽约外汇市场：21:00—04:00

（二）交易规则

2019 年 12 月 6 日，中国外汇交易中心颁发了《银行间人民币外汇市场交易规则》，对交易市场的基本规则做出了基本要求，对交易模型、交易模式、交易方式、成交、确认、交割等做出了具体翔实的规定。

（三）交易系统

外汇市场是一个非常敏感的市场，需要外汇交易人员拥有广泛而快捷的信息，并能迅速做出反应，才有可能赢得先机。

为了满足全球外汇交易者的需求，一些机构推出了一批通信与信息工具，主要包括：路透交易系统、德励财经终端、美联社终端、环球银行间金融电讯协会（Society for World-wide Interbank Financial Telecommunication，SWIFT）、美国银行间清算支付系统（Clearing House Interbank Payment System，CHIPS）等。

以中国外汇交易中心为例，为了适应银行间外汇市场的不断发展以及业务创新的需要，顺应人民币国际化的发展趋势，2017 年中国外汇交易中心推出了新一代交易平台，即 CFETS FX2017。CFETS FX2017 在借鉴国际外汇

市场经验的基础上，完善了交易平台的相关功能，为市场主体提供更安全、更高效、更便捷的交易平台，以及丰富、灵活的交易前、中、后台辅助与扩展功能。CFETS FX2017 外汇交易系统支持多种交易模式和多种外汇产品，分为三个交易子模块，分别为外汇即远掉交易模块、外汇衍生品及拆借交易模块，以及 C-Trade 交易模块。

2017 年 8 月 28 日，中国外汇交易中心首先上线了 CFETS FX2017 外汇衍生品及拆借交易模块，将外汇期权和外币拆借相关功能从 CFETS FX2009 交易系统中剥离，迁移至新平台。2017 年 12 月 4 日，中国外汇交易中心在 CFETS FX2017 推出基于双边授信的即期撮合交易。2018 年 2 月 5 日，中国外汇交易中心将外汇即期（竞价和询价）、远期、掉期、货币掉期、C-Trade 和黄金询价整合入 CFETS FX2017 统一终端，对系统功能进行了进一步的优化和升级，CFETS FX2009 系统同步下线。

知识拓展

世界主要外汇市场

1. 伦敦外汇市场

伦敦外汇市场的参与者是经营外汇业务的银行、外国银行的分行、外汇经纪商，以及其他金融机构和英国中央银行——英格兰银行。在这个市场上，最大的交易是英镑/美元的交易。伦敦外汇市场的交易时间是北京时间 17:00—次日 1:00。

2. 纽约外汇市场

纽约外汇市场的参与者是在美国的大商业银行和外国银行的分行，以及一些专业的外汇经纪商。纽约外汇市场不仅是美国国内的外汇交易中心，也是重要的国际性外汇市场。这个市场的交易时间是北京时间 22:00—次日 5:00。由于纽约外汇市场和伦敦外汇市场的交易时间有一段重合，因此在这段时间里，市场的交易最为活跃，交易量最大，行情波动的比例也大。

3. 东京外汇市场

东京外汇市场的交易者是外汇银行、外汇经纪商、非银行客户和日本银行。这个市场的交易时间是北京时间 8:00—14:30。东京外汇市场的交易品种比较单一，主要是美元/日元、欧元/日元。在交易中，一般行情比较平淡，但是大家在日后的交易中，一定要注意日本出口商的投机作用，有时由于日本出口商的投机，日元在外汇市场上出现大幅的波动。例如：2002 年 10 月 23 日星期三，美元/日元在东京市场受到打压，迅速从 1 美元＝125.26 日元下跌到 1 美元＝124.00 日元水平。

4. 欧洲大陆的外汇交易市场

欧洲大陆的外汇交易市场由瑞士苏黎世市场、巴黎市场、法兰克福市场和一些欧元区成员国的小规模的市场组成，主要是德国的法兰克福市场。现在这个市场的交易量已经使其成为世界第三大交易市场。交易时间是北京时间 14:30—23:00。在交易中，这个市场比东京市场活跃，汇价的变动也很大。

5. 香港外汇市场

香港外汇市场是 20 世纪 70 年代发展起来的国际性外汇市场。香港外汇市场的参与者是主要的商业银行和财务公司。香港外汇市场中港币实行联系汇率制，主要交易的品种有美电交易。索罗斯在攻击香港时，就在美电交易中搏斗了好几个回合。（美电是行业术语，指美元兑港币和美元兑其他货币的交易。）

6. 大洋洲的两个市场

大洋洲的两个市场是惠灵顿外汇市场和悉尼外汇市场。惠灵顿外汇市场是全球每天最早开市的市场，交易时间是北京时间 4:00—13:00。两个小时之后，悉尼外汇市场开市，收市也晚两个小时。这两个市场主要交易本国货币和美元的交易，澳元是美元集团的货币。

7. 我国的外汇市场

我国的外汇市场叫作中国外汇交易中心。它是在中国人民银行领导下的独立核算、非营利的事业法人。交易中心实行会员制，会员包括中资银行、外资银行，以及其他非银行性机构。外资银行只能代理，不能自营外汇买卖。1994 年，我国进行了外汇体制改革，外汇市场在各个方面已经接近外国的外汇市场，但是人民币不能自由兑换。

资料来源：作者根据相关资料改编。

任务二 即期外汇业务

即期外汇业务

一、即期外汇业务概述

(一) 即期外汇交易的概念

即期外汇交易又称现汇交易，是指买卖双方成交后，在两个营业日内办理交割的外汇交易，即是指交易双方以约定的外汇币种、金额、汇率，在成交日后第二个营业日及以内交割的外汇交易。即期外汇交易包括人民币外汇即期交易和外币对即期交易。

即期外汇交易时间示意图如图 2－1 所示。

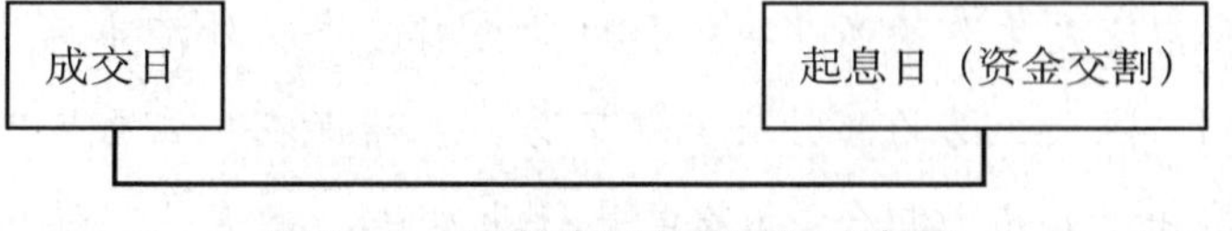

图 2－1　即期外汇交易时间示意图

即期外汇交易是外汇市场上最常见、最普遍的交易方式，约占外汇交易总额的 2/3。即期外汇交易的汇率（即期汇率）构成了所有外汇汇率的基础，其他外汇交易的汇率都是在此基础上计算出来的。

(二) 即期外汇交易交割时间确定

为了更好地理解即期外汇交易，必须明确以下几点：

1. 成交与交割

在外汇交易中，成交是指确定外汇买卖协议，该协议规定了外汇交易的买方、卖方，以及外汇买卖的币种、数量、价格和交割标准。成交仅指确定买卖关系，并不发生实际收付行为。交割是指成交后，买卖双方实际收付货币的行为，交易双方分别按照对方的要求将卖出的货币解入对方指定的银行账户。交割发生的那一天称为“交割日”。即期外汇交易的交割日根据不同的市场习惯不同，主要有三种类型，即标准日交割、隔日交割和当日交割。

2. 交割时间的确定

在国际外汇市场上，即期外汇的交割日是两个营业日，遇到节假日顺延。除了周末外，在圣诞节和新年期间，有些国家常常有不同的银行休假安排，一笔即期交易的交割日可能长达四五天，以适用于两个国家同时满足两个营业日的要求；如果在此期间恰逢周末，则时间可能会更长。

目前国际外汇市场上大多数的即期外汇交易是在成交后的第二个营业日交割。“第二个营业日”是如何确定的呢？一般应在两个国家的银行都营业的日子，如果遇到任何一方银行是非营业日，则向后顺延至下一个营业日，遇周末则顺延至下周，但顺延不能跨月。例如，某年 6 月 6 日在伦敦外汇市场成交了一笔英镑对美元的标准日交割的即期外汇交易，则其交割日应为 6 月 8 日，若 6 月 8 日恰逢英国或美国银行的非营业日，则向后顺延，直到两国银行的同时营业日；如果双方是 6 月 28 日（星期四）成交，则交割日应为 6 月 30 日（星期六），6 月 30 日为非营业日，但交割日不能顺延至 7 月，所以应往前推到 6 月 29 日（星期五）。

（三）即期外汇交易的种类

1. 商业性即期外汇交易

它是与进出口贸易相关联的，主要是进出口商为了支付或收取货款而与银行发生的即期外汇买卖。

2. 金融性即期外汇业务

它是与金融市场上的业务相联系的，主要是银行为了平衡外汇头寸、调剂资金余缺以及谋求较高的外汇利润而进行的银行与银行间的即期外汇买卖。它是即期外汇交易的主体。

二、即期外汇交易的结算方式

即期外汇交易的结算方式有信汇、票汇和电汇三种。一般来说，采用信汇和票汇较少，大部分交易都采用电汇的方式。

1977 年 9 月，环球银行间金融电讯协会（SWIFT）正式启用，这是一个国际间的计算和联络网，专门用来处理国际间银行转账和结算业务。目前大多数国际性大银行都已加入该系统，这使得国际间银行的转账极其迅速和安全。银行同业间各种货币的结算即是利用 SWIFT 电讯系统，通过交易双方的代理行或分支行进行的，最终都是以有关交易货币的银行存款增减或划拨为标志的。

知识拓展

中国银行国际结算业务资费标准

中国银行国际结算业务资费标准见表 2－2。

表 2－2　中国银行国际结算业务资费标准

服务项目	收费标准
汇出境外汇款	
电汇	汇款金额的 1‰，最低 50 元/笔，最高 1 000 元/笔，另加收电讯费
票汇、信汇	汇款金额的 1‰，最低 100 元/笔，最高 1 200 元/笔，另加收邮费（如有）

资料来源：国际结算业务资费标准．（2008-07-01）．https://www.bankofchina.com/cb-service/cb3/cb33/200807/t20080701_852.html?keywords=国际结算业务资费标准．

三、即期外汇交易的报价与程序

（一）即期外汇交易的报价

即期外汇交易的报价应注意以下几点：

（1）采取“双向报价”的原则，即同时报出银行买入外汇的价格和卖出外汇的价格。

（2）除特殊标明外，所有货币的汇率都是针对美元的，即采用以美元为中心的报价方法。

（3）银行报价的完整形式应该是五位数，即报出汇率的整数和小数点后 4 位数字，报出的买卖价中，数额较小的出现在前面，数额较大的出现在后面。例如，某日香港市场上美元报价为：USD1＝KHD7.812 3～7.851 4。当然也有的外汇市场在报价时往往只写后面数额较大的价格的简略形式，即 USD1＝HKD7.812 3/514。

（4）各银行的外汇交易员在进行同业外汇买卖时，通常只取后两位数字，这是因为他们熟悉市场行情，且市场汇价中频繁变动的又主要是最后两位数字。

(5) 交易用语规范化。例如，在银行同业交易中，“One Dollar”表示100万美元，交易额通常是100万美元的整数倍，低于100万美元的交易应事先说明。又如，“Six Yours”，表示“我卖给您600万美元”，“Three Mine”表示“我买入300万美元”。在银行同业交易中，只需要简单地用一个词“我的（Mine）”或“您的（Yours）”，就可以完成一笔交易，这样的用词与基准货币有关。

（二）即期外汇交易的程序

即期外汇交易可以分为商业性即期外汇交易和金融性即期外汇交易，具体的交易程序分为询价、报价、成交、证实和交割五个环节。

1. 商业性即期外汇交易

即期外汇交易的办理程序、要求有进出口贸易合同、在银行开证并在银行开立相应的外币账户、账户中有足够支付的金额，或者携带以银行为收款人的转账支票，直接将卖出货币转入银行。

知识拓展

中国银行即期外汇交易

(Foreign Exchange Spot Deal)

产品说明

即期外汇交易业务是指交易双方按当天外汇市场的即期汇率成交，并在交易日后第二个工作日（T+2）交割外汇交易。

产品特点

1. 客户委托银行买入一种货币，卖出另一种货币，实现不同外币之间的转换。

2. 直接报价，无须通过人民币搭桥折算，更加贴近市场报价水平，为客户节约交易成本。

币种

美元、欧元、港币、英镑及其他主要货币。

适用客户

1. 适用于有外币买卖需求的客户，用于公司进出口贸易结算、支付信用保证金等。

2. 客户需在银行开立外币账户。

办理流程

1. 签订协议：申请者在与中国银行叙做即期外汇交易以前，需保证账户中存有足够卖出货币的余额，并提交“办理外汇买卖申请书”。

2. 询价：申请者通过书面委托形式确定即期外汇交易的细节，以此向中国银行询价。

3. 成交：交易一旦达成，中国银行以书面形式向申请者发送交易证实。

4. 结算：在交割日进行实际交割。

温馨提示

1. 如遇起息日不是银行的营业日或是节假日的情况，则顺延起息日同客户交割。

2. 我行也可以按客户的要求，进行当天成交、当天起息和当天成交、第二天起息的外汇交易。

资料来源：即期外汇交易．(2008-07-07)．https://www.boc.cn/cbservice/cb4/cb41/200807/t20080707_907.html.

工作任务

情景再现——即期结汇

请四位同学分别扮演出口商（中国）、中国银行（合肥分行）、中国银行（纽约分行）、进口商（美国）进行即期外汇业务交易。

2. 金融性即期外汇交易

下面以询价方和报价行实际外汇交易过程为例，对金融性即期外汇交易进行说明。

询价方：Hi FRDS A Bank HONGKONG Calling Spot JPY 2，PLS.

（嗨，香港 A 银行询价，请报即期日元 200 万美元的汇价。）

报价行：105.20/30.

（价格是 105.20/30。）

询价方：Yours USD 2.

（我卖给您 200 万美元。）

报价行：OK，Done. I buy USD 2 Mio AG JPY At 105.20，value 25/8/19.

（成交，我买入 200 万美元，卖出日元的价格是 105.20，交割日为 2019 年 8 月 25 日。）

Our USD PLS to KKY A/C120563，ChipsUID0578. TKS for the deal.

（我买入的美元请付至纽约 KKY 银行，账号是 120563，ChipsUID0578，多谢您与我交易。）

询价方：Our JPY PLS to SANWA BK TOKYO，A/C378546. TKS N BL.

（我买入的日元请付至东京三和银行，账号是 378546，谢谢，再见。）

四、即期外汇交易的盈亏计算

在外汇交易中，所处的盈亏状况如何是由对某种货币买入量与卖出量的不平衡造成的。如果对某种货币的买入量比卖出量多，则称为超买，俗称多头寸；如果对某种货币的卖出量比买入量多，则称为超卖，俗称缺头寸。

【例 2.1】某银行外汇交易员在一天之内进行了如下几笔交易，假如都是澳元兑美元（AUD/USD）的买卖：

买入澳元 200 万，汇率为 0.753 0；

买入澳元 300 万，汇率为 0.752 0；

卖出澳元 200 万，汇率为 0.756 0；

卖出澳元 100 万，汇率为 0.755 0；

买入澳元 400 万，汇率为 0.754 0；

买入澳元 300 万，汇率为 0.755 0；

卖出澳元 300 万，汇率为 0.757 0；

卖出澳元 400 万，汇率为 0.759 0。

澳元兑美元的收盘价为 0.757 0/80。

外汇买卖头寸表见表 2-3。

表 2-3　外汇买卖头寸表　　单位：万元

澳元		汇率 (AUD/USD)	美元	
买入	卖出		买入	卖出
200		0.753 0		150.6
300		0.752 0		225.6
	200	0.756 0	151.2	
	100	0.755 0	75.5	
400		0.754 0		301.6
300		0.755 0		226.5
	300	0.757 0	227.1	
	400	0.759 0	303.6	
1 200	1 000		757.4	904.3

请问：该外汇交易员在收盘时的实际头寸是多少？头寸的盈亏状况如何？

分析：

(1) 收盘时该交易员的外汇头寸为：澳元多头 200 万（买入量减去卖出量，即：1 200万－1 000 万＝200 万）；美元空头 146.9 万（卖出量减去买入量，即：904.3 万－757.4 万＝146.9 万）。

(2) 收盘时的市场汇率：

AUD/USD＝0.757 0/80（假设有其他行主动找你行买入澳元，卖出美元。）

在此汇率下，澳元 200 万多头相当于美元 151.6 万，即：200 万×0.758 0＝151.6 万。

(3) 因此，以美元计价，银行的盈利为：151.6 万－146.9 万＝4.7 万（美元）。

工作任务

即期外汇交易的盈亏计算

某日假设客户做如下几笔美元兑日元交易：

买入美元 100 万，汇率为 100；

买入美元 200 万，汇率为 100.10；

卖出美元 200 万，汇率为 98.80；

卖出美元 100 万，汇率为 99.90；

买入美元 100 万，汇率为 99.60。

假设收盘汇率为 99.20/30，则该客户在收盘时的头寸为（请填写完整表 2-4）：

表 2-4　外汇买卖头寸表　　单位：万元

美元		汇率	日元	
买入	卖出		买入	卖出
200		100		10 000

请以日元计算盈亏。

任务三 远期外汇业务

远期外汇业务交易规则

一、远期外汇业务概述

（一）远期外汇交易的概念

远期外汇交易又称期汇交易，是指买卖双方预先签订远期合约，规定交割的币种、金额、汇率、时间和地点等条件，然后按约定的汇率和时间（成交后两个营业日以上）进行交割的外汇交易。

远期外汇交易时间示意图如图 2－2 所示。

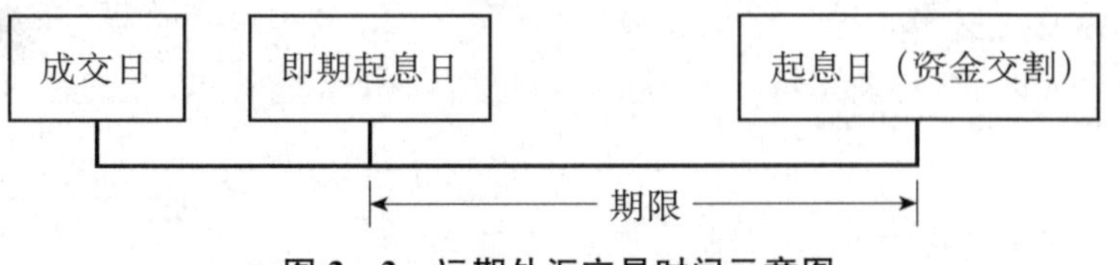

图 2－2 远期外汇交易时间示意图

由此可知，凡交割日在成交后两个营业日以上的外汇交易都属于远期外汇交易。远期外汇交易的交割期限有的短至几天，有的长达几年，但通常为 1 个月、2 个月、3 个月、6 个月和 1 年。1 年以上的交易称为超远期外汇交易。远期外汇交易所使用的汇率就是各种不同交割期限的远期汇率，期限越长，远期汇率的买卖差价就越大。

（二）远期外汇交易的产生

远期外汇交易是在即期外汇交易基础上产生的一种外汇交易业务，本质上是生产经营国际化的结果，是为了避免外汇风险而产生的。随着国际经贸活动的发展，人们之间债权债务关系的形成与偿付之间不可避免地要出现一段时间的间隔，这段时间如果支付货币的币值发生变化，就会给交易一方带来额外的损失。远期外汇交易正是通过买卖未来到期收入或支出的外汇，预先把汇率确定下来，从而能够避免到期偿付的债权或债务因汇率变动而带来的损失和风险。

当然，远期外汇交易保值也是一把双刃剑，在避免由汇率波动带来损失的同时，也就放弃了由汇率波动带来的收益。

（三）远期外汇交易与即期外汇交易的区别

1. 交割日期不同

这是区分即期外汇交易和远期外汇交易的最主要标准。即期外汇交易的交割日期为成交后两个营业日以内，远期外汇交易的交割日期为成交后两个营业日以上。远期外汇交易交割日的确定遵循“日对日、月对月、节假日顺延和不跨月”的基本规则。

【例 2.2】 远期外汇交易的成交如果是 2 月 8 日，则即期标准交割日为 2 月 10 日，远期标准交割日则为 3 月 10 日、4 月 10 日等；如果是 5 月 28 日，则即期标准交割日是 5 月 30 日，2 个月远期对应的 7 月 30 日、7 月 31 日均为休息日，则退回 7 月 29 日，不跨月。

2. 使用汇率不同

即期汇率是成交当时的汇率，它受各种因素的影响而随时发生变化；远期汇率是签订合同时事先确定的汇率，一旦签订合同，汇率就固定下来，不随其他条件的变化而变化，又称合同或协定汇率。

3. 主要作用不同

即期外汇交易的主要作用是满足交易性的需要，而远期外汇交易的主要作用是回避外汇风险和保值。

4. 交割方式不同

即期外汇交易交割时必须足额交割，远期外汇交易交割时不一定要足额交割，可以进行差额交割。

知识拓展

中国银行远期外汇买卖

（Foreign Exchange Forward Deal）

产品说明

远期外汇买卖是指买卖双方按外汇合同约定的汇率，在约定的期限（成交日后第二个工作日以后的某一日期）进行交割的外汇交易。

产品特点

1. 客户委托银行在指定的交割日以合同约定的汇率，买入一种货币，卖出另一种货币，实现不同外币之间的转换。

2. 高息货币远期价低于即期价，低息货币远期价高于即期价；客户可以在交易日将未来交割日的汇率水平确定下来，将汇率风险完全锁定。

适用客户

1. 适用于将来某天有外币之间买卖需求的客户，用于公司进出口贸易结算、支付信用证保证金等。

2. 客户需在银行开立有外币账户。

申请条件

客户需在我行存有保证金或具备授信额度。

办理流程

1. 签订协议：申请者在与中国银行叙做远期外汇交易以前，需与中国银行签订《中国银行间市场金融衍生产品交易主协议》和《中国银行间市场金融衍生产品交易补充协议（企业客户版）》。

2. 保证金落实：通过国际结算部门落实授信或相应保证金。

3. 询价：申请者通过书面委托形式确定远期外汇交易的细节，以此向中国银行询价。

4. 成交：交易一旦达成，中国银行以书面形式向申请者发送交易证实。

5. 结算：在交割日进行实际交割。申请者可根据需要，在到期日前要求银行对该交易进行平盘或要求银行对该交易进行一次展期。

业务示例

某进出口贸易公司主要出口对象在日本和拉美，收到的货币以日元和巴西雷亚尔为主。2011 年 10 月，以上货币的价格波动剧烈，给公司造成很大风险。根据公司实际情况，中国银行建议企业通过远期外汇交易进行保值，锁定风险。具体操作是将预计三个月后收到的一笔 14.5 亿日元按照当前远期市场行情，以 1 美元兑 76.6 日元的汇率卖出，买得约1 895.42 万美元，从此高枕无忧，不再为市场汇率波动担心。

资料来源：远期外汇买卖．（2008-07-07）．https://www.bankofchina.com/cbservice/cb4/cb41/200807/t20080707_909.html?keywords=.

二、远期汇率的报价方法

远期汇率通常有两种报价方法，即完整汇率报价法和远期差价报价法。

（一）完整汇率报价法

完整汇率报价法是指完整地报出不同期限的远期外汇交易的买入价和卖出价。这种报价一目了然，通常运用于银行对顾客的远期外汇报价。中国银行远期结售汇牌价见表 2-5。

表 2-5　中国银行远期结售汇牌价

货币名称	货币代码	交易期限	买入价	卖出价	中间价	汇率日期
英镑	GBP	一周	875.565 789	887.161 889	881.363 839	2020-04-30
英镑	GBP	一个月	875.486 002	887.540 902	881.513 452	2020-04-30
英镑	GBP	两个月	877.014 681	889.096 081	883.055 381	2020-04-30
英镑	GBP	三个月	877.744 693	889.988 393	883.866 543	2020-04-30
英镑	GBP	四个月	878.676 087	890.958 787	884.817 437	2020-04-30
英镑	GBP	五个月	879.540 003	891.530 103	885.535 053	2020-04-30
英镑	GBP	六个月	879.950 014	892.304 214	886.127 114	2020-04-30
英镑	GBP	七个月	880.837 516	893.247 816	887.042 666	2020-04-30
英镑	GBP	八个月	881.742 787	894.102 987	887.922 887	2020-04-30
英镑	GBP	九个月	882.204 96	895.330 26	888.767 61	2020-04-30
英镑	GBP	十个月	883.387 261	896.130 761	889.759 011	2020-04-30
英镑	GBP	十一个月	884.075 502	896.881 902	890.478 702	2020-04-30
英镑	GBP	一年	884.579 79	897.656 29	891.118 04	2020-04-30

注：

1. 每 100 外币兑换人民币。

2. 以上人民币牌价系当日市场开盘价，仅作参考。我行交易报价随市场波动而变化，如需交易，价格以我行当时报价为准。

资料来源：https://www.boc.cn/sourcedb/ffx/.

（二）远期差价报价法

远期汇率以即期汇率为基础，但又不同于即期汇率，二者之间的差价称为远期差价，实际报价中经常通过远期差额来间接表示远期汇率。例如，人民币外汇远期报价见表 2-6。

点数报价法下远期汇率的计算

表 2-6　人民币外汇远期报价
(2020-01-23)

货币对	1 周	1 月	3 月	6 月	9 月	1 年
USD/CNY	12.50/13.00	56.00/56.00	162.00/162.50	289.00/289.00	425.00/425.00	571.00/576.00
EUR/CNY	46.82/47.21	199.11/199.34	625.06/625.54	1 182.20/1 183.28	1 751.90/1751.99	2 325.18/2 337.37
100JPY/CNY	34.41/34.62	146.93/147.27	476.97/477.05	900.17/901.04	1 340.44/1 341.00	1 788.91/1 799.85
HKD/CNY	0.97/1.10	4.56/4.72	13.39/13.43	24.21/24.59	37.46/37.47	50.65/51.03
GBP/CNY	36.09/36.14	154.51/154.62	477.80/478.39	895.89/896.74	1 318.56/1 321.72	1 731.08/1 775.34
AUD/CNY	14.87/14.97	67.17/67.21	210.31/210.55	398.31/398.46	580.67/583.82	748.56/764.00

资料来源：http://www.chinamoney.com.cn/chinese/mkdatapfx/.

计算的基本规则见表 2-7。

表 2-7　计算的基本规则

远期点数	远期汇率计算	基础货币	标价货币
前小后大	即期汇率＋点数	升水	贴水
前大后小	即期汇率－点数	贴水	升水

例如：远期汇率远期差价报价行情见表 2-8。

表 2-8　远期汇率远期差价报价行情

	即期汇率	1 个月远期汇率	2 个月远期汇率	3 个月远期汇率
远期差价报价		5/10	15/5	8/24
完整报价	1.696 5/1.697 5	1.697 0/1.698 5	1.695 0/1.697 0	1.697 3/1.699 9
银行买卖差价	0.001 0	0.001 5	0.002 0	0.002 6

从以上举例中我们可以发现一条重要规律，即不论在哪种标价法下，也不论是哪种货币的升水或贴水，凡是远期差价（升贴水点数）为前小后大，就用“即期汇率加上远期差价”的公式计算远期汇率，反之用减法计算。检验计算是否正确，可以看结果是否符合“远期汇价的买卖差价大于现汇的买卖差价”这一原则。

远期外汇保值业务操作

三、远期外汇交易的应用

虽然远期外汇交易的产生是源于避险需要，但是随着这种交易方式的发展，人们发现远期交易既可以实现保值的目的，也可以实现投资的目的。

（一）进出口商和外币资金借贷者为避免交易遭受外汇风险而进行远期交易

1. 出口收汇的远期外汇操作

出口商或债权人采取先行出售期汇的做法，其目的是防备外汇汇率下跌而使其收入减少，因此提前卖出其到期才能收回的外汇。

【例 2.3】 2019 年 2 月中旬纽约外汇市场行情为：

即期汇率 GBP/USD＝1.334 9/62

2 个月的远期点数为 40/20

一位美国出口商签订向英国出口价值 10 万英镑的协议，预计 2 个月后收款。假设美国出口商担心英镑贬值，2 个月后汇率变成 GBP/USD＝1.287 9/92，如果不考虑交易费用，则：

（1）美国出口商不采取任何防范风险的措施，则 2 个月后收到的英镑可以折合多少美元？

（2）美国出口商如何运用远期外汇进行套期保值呢？

分析：

（1）不采取任何措施，收到 10 万英镑按照到期时的即期汇率 GBP/USD＝1.287 9/92 兑换，则获得 10×1.287 9＝12.879（万美元）。

（2）采取保值措施，在签订商品合同的同时，美国出口商与当地外汇银行签订一份卖出 2 个月远期英镑的合约，锁定价格。2 个月后的远期价格为：

GBP/USD＝(1.334 9－0.004 0)/(1.336 2－0.002 0)＝1.330 9/42

则到期换回美元为 10×1.330 9＝13.309（万美元）。

当然，如果到期英镑没有贬值，则美国出口商也失去获得额外收益的可能性。因此远期外汇交易保值是一把双刃剑，在避免汇率波动风险的同时，也放弃了由汇率波动带来的收益的可能性。

2. 进口付汇的远期外汇操作

进口商或债务人采取先行买进期汇的做法，其目的是防备因外汇汇率上升而引起的购汇成本增加。

【例 2.4】 美国一位进口商从德国进口一批价值约 10 万欧元的货物，10

月 15 日签订进口合同，合同期限为 2 个月，12 月 15 日付款提货。纽约外汇市场 10 月 15 日的即期汇率为 USD/EUR＝0.891 8/42，2 个月的远期点数为 17/15，12 月 15 日的即期汇率行情为 USD/EUR＝0.895 6/73。

（1）进口商不采取任何保值措施，2 个月后要付多少美元？

（2）该进口商如何运用远期外汇进行套期保值？

分析：

（1）不采取保值措施，到期支付美元为：

100 000/0.895 6＝111 656.99（美元）

（2）采取保值措施，在 10 月 15 日与银行签订远期买入 10 万欧元合约，远期汇率为：

USD/EUR＝(0.891 8－0.001 7)/(0.894 2－0.001 5)＝0.890 1/27

合同选择的价格为 0.890 1，则锁定成本为：100 000/0.890 1＝112 346.93（美元），节约了 689.94 美元。

（二）外汇银行为了平衡其远期外汇头寸而进行远期交易

进出口远期交易的对象是银行，在它们平衡了自己的远期外汇头寸的同时，其交易对手银行也就难免会在某种货币上出现远期头寸的不平衡，这实际上是将汇率风险转移到银行身上。为了避免风险，银行也要设法平衡其远期头寸，方法就是在外汇市场上卖出远期多头寸、买入远期缺头寸。

【例 2.5】纽约某银行存在外汇敞口头寸，3 个月期欧元超买（多头）1 000万，6 个月期英镑超卖（空头）500 万，合约规定的远期汇率分别是 EUR/USD＝1.300 0，GBP/USD＝1.700 0。假设 3 个月期欧元兑美元交割日的即期汇率为 EUR/USD＝1.200 0，6 个月期英镑交割日的即期汇率为 1.800 0，若该行听任外汇敞口头寸存在，则这两笔交易的状况如何？

分析：

（1）在 3 个月期欧元履约时，该行卖出欧元，收入 1 300（＝1 000×1.3）万美元。若不进行远期交易，为平衡头寸，该行按即期卖出 1 000 万欧元，买进 1 200 万美元，亏损 100 万美元。

（2）在履行 6 个月期英镑合约时，该行买入 500 万英镑，支付 850 万美元；若不进行远期交易，则支付 900 万美元，损失 50 万美元。

因此银行为躲避外汇风险，可以将超卖部分的远期外汇买进，针对上例6个月期英镑超卖500英镑，买进6个月期英镑500万；将超买部分的远期外汇卖出，3个月期欧元超买1 000万，卖出3个月期欧元1 000万。这样银行就规避了外汇风险。

（三）外汇市场上的投机者为了获取投机利润而进行远期交易

汇率变动给外汇投机创造了条件，可以利用汇率变动获取利润。

【例2.6】先卖后买。在东京外汇市场上，某日即期汇率为USD/JPY=160.30/40，投机商预测3个月后美元贬值。于是投机商向银行签订了远期合约卖出100万美元，远期汇率为USD/JPY=158.50/65，到期折合15 850万日元。3个月后USD/JPY即期汇率为150.30/40，此时在市场买入100万美元，花费15 040万日元，在不考虑费用的前提下，该投机商盈利810万日元。若3个月后美元升值，则该投机商亏损。

【例2.7】先买后卖。在东京外汇市场上6个月远期汇率USD/JPY=104，某投机商预测6个月后汇率上升，于是与银行签订远期合约，买入100万6个月远期美元，到期支付1.04亿日元。若预测准确，6个月到期汇率为USD/JPY=124，该投机商将从银行执行远期合约获得的100万美元卖出获得1.24亿日元，在不考虑其他费用的前提下，可获利2 000万日元。若该投机商预测不准确，则会蒙受损失。

知识拓展

远期外汇交易应该注意的问题

1. 远期外汇交易合同的签订

进行远期外汇交易的双方必须签订远期外汇交易合同，合同必须详细写明买卖者的姓名、商号、外汇币种、金额、远期汇率、远期期限、交割日。

远期外汇买卖交易的期限通常为1个月、2个月、3个月、6个月、9个月和12个月以及不规则起息日（如10天等）。

远期外汇交易既可以是外汇与本币的交易，也可以是外币与外币的交易。一种货币能否参与远期市场的交易主要取决于该种货币能否自由兑换、本国是否存在严格的金融管制以及所在国家的经济实力是否强大等。目前大多数货币都可以通过远期合约进行交易。

在买卖远期外汇时，一般还要求有一定的保证物和保证金，以防止汇率异常变化而对方不履约，给银行造成损失。

2. 远期外汇交易合同的履行

远期外汇交易合同签订后，对远期外汇交易双方都具有法律效力。双方必须按期履行，不能任意违约。如有一方在交割前要求取消合同，由此受到损失的一方，可以向对方索取补偿金，数额相当于受到损失金额的赔偿费。

资料来源：作者根据相关资料改编。

任务四　掉期外汇业务

一、掉期外汇业务概述

（一）掉期外汇交易的概念

掉期外汇交易是指将货币相同、金额相等，而方向相反、交割期限不同的两笔或两笔以上的外汇交易结合起来进行，也就是在买进某种外汇时，同时卖出金额相等的这种货币，但买进和卖出的交割日期不同。

掉期外汇交易一方面可以避免大部分外汇风险，另一方面可以利用不同交割期的汇率差异，通过贱买贵卖赚取利润。

知识拓展

中国银行外汇货币掉期

（Foreign Exchange Swap）

产品说明

外汇货币掉期交易是指在即期买入一种货币、卖出另一种货币的同时，远期再卖出这种货币、买入另一种货币。也就是说，一笔掉期交易是由一笔即期和一笔远期交易组合而成的。

产品特点

1. 外汇即期和远期交易的结合，锁定了汇率风险，使客户能在不承担汇率变动风险的情况下，匹配两种外币资产的现金流，满足企业经营的需要。

2. 交易货币品种：可自由兑换的各类货币，以美元、欧元、英镑、日元为主。

利率

人民币掉期业务以银行间拆放利率为基准，根据市场状况进行调节。

交易期限

提供一年内标准或非标准期限的外汇掉期报价，也可代理客户对外叙做一年期以上的外汇掉期交易。

担保

客户叙做即期以外的外汇买卖应缴纳一定比例的保证金。

适用客户

有外汇收支的境内机构。

办理流程

1. 申请：客户向我行业务部门申请办理外汇掉期业务，需提交申请书及符合规定的相应凭证。

2. 审核：业务部门根据有关外汇管理规定，对客户申请书和相应凭证进行真实性、合规性审核。

3. 询价：审核符合规定的，业务部门向资金部门询价。

4. 受理：客户关系部门需落实客户交易保证金或扣减授信额度。中国银行相关部门在交易申请书上签字盖章，交易生效。中国银行结算部门向客户寄送交易证实书。交割日，客户按时与我行办理交割。

资料来源：外汇货币掉期．（2008-07-08）．https://www.bankofchina.com/cbservice/cb4/cb41/200807/t20080708_915.html?keywords=掉期业务．

（二）掉期外汇交易的类型

掉期外汇交易按照期限划分，可以分为三种类型。

1. 一日掉期

一日掉期是指两笔数额相同、交割日相差一天、方向相反的外汇掉期。分三种可能的安排：第一，今日对次日掉期，即把第一个交割日安排在成交的当天，并将第二个反向交割日安排在次日；第二，是较为常见的明日对后日掉期，即把第一个交割日安排在明天，第二个反向交割日安排在后天；第三，即期对次日掉期，即把第一个交割日安排在即期交割日（后天），第二个交割日安排在即期交割日的次日。

一日掉期主要用于银行同业的隔夜资金拆借，其目的在于避免进行短期资金拆借时因剩余头寸或短缺头寸的存在而遭受汇率变动的风险。

2. 即期对远期掉期

即期对远期掉期是指在买进一笔即期外汇的同时，卖出同一笔远期外汇，或是在卖出即期外汇的同时，买进同一笔远期外汇。

3. 远期对远期掉期

远期对远期掉期是指在买进交割期限较短的远期外汇的同时卖出同等数量的交割期限较长的同种远期外汇，即"买短卖长"；或是在卖出交割期限较短的远期外汇的同时，买进同一笔交割期限较长的远期外汇，即"卖短买长"。

知识拓展

我国外汇掉期交易的历史沿革

外汇掉期是交易双方约定以货币 A 交换一定数量的货币 B，并以约定价格在未来的约定日期用货币 A 反向交换同样数量的货币 B。外汇掉期形式灵活多样，但本质上都是利率产品。20 世纪 80 年代以来，外汇掉期市场迅猛发展，全球外汇掉期日均交易量从 1989 年的 1 900 亿美元增长到 2004 年的 9 440 亿美元。从 1995 年起，全球外汇掉期交易的日交易量已超过外汇即期交易和远期交易，至 2004 年，分别为外汇即期交易和远期交易日交易量的 1.5 倍和 4.5 倍。2005 年 8 月 2 日，中国人民银行下发《关于扩大外汇指定银行对客户远期结售汇业务和开办人民币与外币掉期业务有关问题的通知》，允许符合条件的商业银行开办人民币与外币掉期业务。

资料来源：外汇掉期．(2020-04-29)．https://baike.so.com/doc/6213761-6427033.html.

二、掉期外汇交易业务运用

（一）即期对远期的掉期外汇交易

即期对远期的掉期外汇交易是指在买进或卖出一笔即期外汇的同时，卖出或买进同一币种和同等金额的远期外汇。

【**例 2.8**】我国某公司在 5 月底筹措到一笔 50 亿日元资金，期限为 3 年。

该公司预测日元会坚挺，美元将疲软，而该公司用汇和创汇都是美元。如果还款时，日元升值，该公司必将承受巨大的汇率损失，增加额外的成本。于是该公司跟银行做掉期外汇交易，即期卖出50亿日元，换成美元，买进50亿的远期日元，把50亿日元债务兑换成美元债务。

【例2.9】已知外汇市场行情为：

即期汇率：GBP/USD＝1.304 5/80

2个月远期汇率：GBP/USD＝1.302 0/40

一家美国投资公司需要10万英镑现汇进行投资，预计2个月后收回投资，试分析该公司如何运用掉期外汇交易防范风险。

分析：

该公司在买进10万即期英镑的同时，卖出一笔10万英镑的远期外汇。买进时需要支付130 800美元，卖出10万英镑2个月远期可收回130 200美元，锁定了交易的成本600美元。

如果该公司不做掉期外汇交易，到期时即期汇率为GBP/USD＝1.296 0/80，则换回美元129 800，损失1 000美元。

（二）远期对远期的掉期外汇交易

远期对远期的掉期外汇交易是指针对不同交割期限的远期外汇，双方做货币、金额相同而方向相反的两笔交易。

【例2.10】已知新加坡某进口商根据合同进口一批货物，一个月后需要支付货款10万美元，他将这批货物转口外销，预计3个月后收回以美元计价结算的货款。

新加坡市场美元行情如下：

1个月美元远期汇率 USD1＝SGD1.379 7～1.386 7

3个月美元远期汇率 USD1＝SGD1.365 5～1.369 0

为了避免美元汇率波动的风险，该商人打算做掉期外汇交易，试分析如何做。

分析：

第一步，买进1个月远期美元10万，应支付13.867万新加坡元。

第二步，卖出3个月远期美元10万，应收取13.655万新加坡元。付出掉期成本13.867－13.655＝0.212万新加坡元。此后无论美元如何变动，该商人均无汇率风险，还可以根据美元的有利行情具体操作而获利。

进出口商经常出现不同期限的外汇应收款和应付款并存情况，他们通常利用掉期业务进行套期保值。

【例 2.11】 某公司 2 个月后将收到 100 万英镑的应收款，同时 4 个月后应向外支付 100 万英镑。该公司为了固定成本、避免外汇风险，并利用有利的汇率机会套期图利，而从事掉期业务。

假定市场汇率行情如下：

2 个月期 GBP1＝USD1.302 0～1.304 0

4 个月期 GBP1＝USD1.282 0～1.286 0

试分析该公司如何做掉期业务。

分析：

“买长卖短”，即买入 4 个月远期 100 万英镑，付出 128.60（＝100×1.286 0）万美元；卖出 2 个月远期 100 英镑，获得 130.20（＝100×1.302 0）万美元，盈利 1.6（＝130.20－128.60）万美元。本次交易不仅规避了风险，而且获得了相应的利润。

工作任务

外汇掉期业务操作

某美国贸易公司在 1 个月后将收进 100 万欧元，而在 3 个月后又向外支付 100 万欧元。假设市场利率情况如下：1 个月远期汇率为 EUR/USD＝1.236 8/80，3 个月远期汇率为 EUR/USD＝1.222 9/42。请问：该公司如何规避外汇风险？成本或盈利是多少？

知识拓展

我国外汇掉期市场

相较国外，我国外汇掉期市场起步较晚。2005 年 8 月，中国人民银行才允许外汇指定银行开办人民币兑外币掉期业务。

我国通常习惯将外汇市场划分为代客市场和银行间市场两部分，前者的参与者主要是银行等具备代客外汇交易资格的金融机构与非金融企业和个人，后者则主要包含商业银行和部分非银行以及境外金融机构。尽管即期加掉期可完美复制远期，但市场参与者结构上可以看到明显的分化——代客市场更青睐远期，而银行间市场则以掉期为主导。正因为如此，在合约期限上，境内外汇掉期主要以短期限为主，其中用于调整外币流动性的隔夜和次日合约占多数；3 个月至 1 年期的掉期主要用于自营交易和代客远掉期结售汇头寸平盘；而长于 1 年期的合约则非常少。总体而言，我国企业直接利用外汇掉期（包括货币掉期）对冲汇率、利率风险的数量仍较少。

资料来源：外汇掉期市场“ABC”.（2018-12-31）. http://www.sohu.com/a/285850363_240534.

任务五　套汇与套利业务

一、套汇业务

外汇套汇业务

（一）套汇的概念

套汇是指投资者利用外汇市场上某些货币存在的汇率差异进行贱买贵卖，从中获取利润的行为。

（二）套汇业务的类型

套汇分为地点套汇和时间套汇两种。虽然地点套汇发生的可能性较小，但操作相对简单，而且操作原理和时间套汇相同，因此，下面将逐一介绍。

1. 地点套汇

地点套汇是指套汇者利用不同地点的外汇市场之间存在的汇率差异，同时在不同地点进行外汇买卖以赚取利润的行为。地点套汇又分为直接套汇和间接套汇两种。

（1）直接套汇，又称两角套汇，是指套汇者利用两个不同地点的外汇市场上两种货币之间存在的汇率差异，在一个市场上低价买进，在另一个市场上高价卖出，从中获利的行为。

【例 2.12】假定某日，在伦敦外汇市场上，GBP/USD＝1.626 0/70，在纽约外汇市场上，GBP/USD＝1.628 0/90。如何进行直接套汇？

分析：

套汇操作：由已知条件可知，同一时间，英镑在伦敦市场上的价格比在纽约市场上的价格低，根据贱买贵卖的原则，套汇者在伦敦市场上以 GBP/USD＝1.627 0 的汇率买入英镑卖出美元，同时在纽约市场上以 GBP/USD＝1.628 0 的汇率卖出英镑买入美元。这样，套汇者在进行直接套汇买卖以后，每 1 英镑可以赚取 0.001 美元的利润（不计算套汇成本）。

套汇的结果是：伦敦外汇市场上的英镑汇率上升，美元汇率下降；纽约外汇市场上的英镑汇率下降，美元汇率上升。最终两个市场的汇率趋于一致，套汇自动终止。

（2）间接套汇，又称三角套汇，是指套汇者利用三个不同地点的外汇市场上的三种货币之间的汇率差异，同时在三个市场上贱买贵卖，从中赚取利润的行为。间接套汇的操作步骤为：

①判断机会：

采取同一标价法下买价连乘积来判断有无套汇机会。

②判断路线：

若买价连乘积大于1，就从三个同一标价法下的市场的等式左边开始进行寻找，手中有什么货币就从这个货币的市场开始进行买卖操作。相反，若买价的连乘积小于1，就从三个同一标价法下的市场的等式右边开始寻找，手中有什么货币就从这个货币的市场开始进行买卖操作。

③判断收益：

当买价连乘积大于1时，收益＝手中货币×（买价连乘积－1）。

当买价连乘积小于1时，收益＝手中货币×（卖价倒数连乘积－1）。

【例2.13】假定某日，在香港外汇市场上，USD/HKD＝7.812 3～7.851 4（直接标价法）；在纽约外汇市场上，GBP/USD＝1.332 0～1.338 7（直接标价法）；在伦敦外汇市场上，GBP/HKD＝10.614 6～10.721 1（间接标价法）。如何进行间接套汇？

分析：

①判断机会：

判断同一标价法下的买价连乘积：

$$7.812\,3\times1.332\,0\times(1/10.721\,1)=0.970\,6\neq1$$

所以有套汇的机会。

②判断路线：

买价连乘积小于1，从同一标价法下的市场的等式右边开始寻找，手中有什么货币就从该货币的市场开始，所以从香港市场上开始，先卖出港币换取美元，再到纽约市场上，用美元换取英镑，最后到伦敦市场上，卖出英镑换取港币，完成套汇。

③判断收益：

因为买价连乘积小于 1，所以：

套汇收益＝1 亿（HKD）×［（1/7.851 4）×（1/1.338 7）×10.614 6－1］

＝1 亿（HKD）×0.009 9

＝990 000（HKD）

2. 时间套汇

时间套汇是利用不同外汇市场的交割期限所造成的汇率差异而进行的套汇活动。这里简单介绍时间套汇的操作。

（1）即期—远期。

【例 2.14】某日，香港外汇市场外汇行情为：

即期汇率：EUR1＝HKD8.207 0/90

1 个月远期汇率：EUR1＝HKD7.205 0/70

试分析如何进行套汇操作。

分析：

因为欧元的远期汇率小于即期汇率，所以买入欧元远期，卖出港币远期（买入 1 欧元需要卖出 7.207 0 港元）；卖出欧元即期，买入港元即期（卖出 1 欧元即期可获得 8.207 0 港元）。经过套汇，每 7.207 0 港元净赚 1 港元。

（2）远期—远期。

【例 2.15】某日，香港外汇市场外汇行情为：

1 个月远期汇率：EUR1＝HKD8.207 0/90

2 个月远期汇率：EUR1＝HKD7.205 0/70

试分析如何进行套汇操作。

分析：

因为欧元的 2 个月远期汇率小于 1 个月远期汇率，所以买入欧元 2 个月远期，卖出欧元 1 个月远期。经过套汇，每 7.207 0 港元净赚 1 港元。

二、套利业务

（一）套利的概念

套利是指利用两国短期利率的差异，将资金从低利率国家转移到高利率国家，从中赚取利息差额的行为。

（二）套利业务的类型

套利按套利者套利时是否反向做一笔远期交易，可以分为以下两种类型。

1. 非抛补套利

非抛补套利

非抛补套利是指套利者在将资金从低利率国向高利率国转移时，不同时做一笔反向的远期交易以回避风险的行为。这种套利行为具有投机性，投机者要承担高利率货币贬值的风险。

【例 2.16】 某一时期，美国金融市场上的 6 个月定期存款年利率为 8%，英国金融市场上的 6 个月定期存款年利率为 6%。一英国套利者以年利率 6%借入 100 万英镑，打算到美国进行 6 个月的投资。若现汇汇率为 GBP1＝USD1.624 5/65，试计算到期时现汇汇率分别为不变、GBP1＝USD1.654 5/65 和 GBP1＝USD1.614 5/65 时，该套利者的收益。

分析：

（1）首先，该英国投资者在现汇市场上将 100 万英镑换成美元，可换取 162.45 万美元，然后投资于美国货币市场。6 个月后，可获取本利和为 162.45 万美元×（1＋8%×6/12）＝168.95 万美元。

（2）若 6 个月后现汇汇率不变，则该套利者将 168.95 万美元可兑换成 103.87（＝168.95/1.626 5）万英镑，扣除借款成本 100 万英镑×（1＋6%×6/12）＝103 万英镑，净赚 8 700 英镑。

（3）若到期时现汇汇率为 GBP1＝USD1.654 5/65，则该套利者将 168.95 万美元可兑换成 101.99（＝168.95/1.656 5）万英镑，扣除借款成本 103 万英镑，套利者净赔 1.01 万英镑。

（4）若到期时现汇汇率为 GBP1＝USD1.614 5/65，则该套利者将 168.95 万美元可兑换成 104.52（＝168.95/1.616 5）万英镑，扣除借款成本 103 万英镑，套利者净赚 1.52 万英镑。其中，8 700 英镑是利差收益，6 500（＝15 200－8 700）英镑来自汇率变动的收益。

由此例可知，非抛补套利的结果是不确定的，这主要依赖于投资到期时的现汇汇率，因此风险较大。

2. 抛补套利

抛补套利

抛补套利是指套利者在将资金从低利率国向高利率国转移的同时，在外汇市场上做一笔反方向的远期交易（即卖出高利率货币的远期）以避免风险的行为。抛补套利实际上是一种掉期交易，因此是无风险获利。

【例 2.17】在例 2.16 中，英国投资者在现汇市场上卖出 100 万英镑买入美元的同时，卖出 6 个月期的美元期汇。假设 6 个月的远期报价为 10/20，试计算到期时远期汇率为 GBP1＝USD1.625 5/85 时，该套利者的收益。

分析：

（1）首先，该英国投资者在现汇市场上将 100 万英镑换成美元，可换取 162.45 万美元，然后投资于美国货币市场。6 个月后，可获取本利和为 162.45 万美元×（1＋8%×6/12）＝168.95 万美元。

（2）同时卖出远期美元，按照 1.628 5 的价格锁定在 103.75 万英镑。

（3）到期收回美元本利和后执行远期外汇买入美元合约，得到 103.75 万英镑。

（4）借款成本为 100 万英镑×（1＋6%×6/12）＝103 万英镑。

（5）收益为 103.75 万英镑－103 万英镑＝0.75 万英镑。

工作任务

抛补套利的条件

根据例 2.16，请计算：

1. 两国年利率差：

美元年利率为（　　），英镑年利率为（　　），两国年利率差为（　　）。

2. 两国汇差：

年升贴水率＝升贴水/即期汇率÷月数×12×100%

0.002 0/1.624 5÷6×12×100%＝0.246%（　　）（两个利率差）

3. 本题有利可图，说明汇率变动的浮动小于利率变动的浮动。

因此，抛补套利的条件是两国年利率差（　　）高利率货币年贴水率或者低利率货币年升水率。

任务六 外汇期货交易

一、外汇期货交易的概念

外汇期货交易是指交易双方在有组织的交易市场上通过公开竞价的方式，买卖在未来某一日期以既定的汇率交割一定数额货币的标准化期货合约的外汇交易。在不同的交易所，交易的货币种类不同，有的都是外币，如新加坡国际金融交易所（Singapore International Monetary Exchange，SIMEX）；有的既有外币，也有本币，如伦敦国际金融期货交易所（London International Financial Futures Exchange，LIFFE），因此，外汇期货交易也称为外币期货交易或货币期货交易。

世界上第一张外汇期货合约是 1972 年 5 月 16 日由美国芝加哥商业交易所的分部——国际货币市场（International Monetary Market，IMM）推出的。自 IMM 推出第一份外汇期货合约后，这项新型衍生工具的交易便迅猛发展起来。目前，世界上主要的金融中心都相继引进了外汇期货交易，全世界共有数十个金融期货市场，其中比较著名和成功的除了 IMM、LIFFE 和 SIMEX 外，还有东京国际金融期货交易所、法国国际期货交易所等。

知识拓展

我国期货交易所

我国共有四大期货交易所：大商所（大连商品交易所）、上期所（上海期货交易所）、郑商所（郑州商品交易所）、中金所（中国金融期货交易所）。其中，前三个商品期货交易所是会员制的，由参与期货交易的会员组成；中金所是公司制的，不过五大股东包括上述三个期货交易所，即是由上海期货交易所、郑州商品交易所、大连商品交易所、上海证券交易所和深圳证券交易所共同发起设立的。

上海期货交易所交易的主要期货品种包括：黄金、白银、铜（沪铜）、铝（沪铝）、天然橡胶（橡胶）。

大连商品交易所交易的主要期货品种包括：黄大豆一号（豆一）、黄大豆二号（豆二）、豆粕、棕榈油（棕榈）、焦炭。

郑州商品交易所交易的主要期货品种包括：优质强筋小麦（强麦）、普通小麦（普麦）、白糖、棉花、甲醇。

中国金融期货交易所交易的主要期货品种包括：沪深300指数（IF）、5年期国债期货。

目前在中金所进行的是外汇期货仿真交易，但美国芝加哥期货交易所、我国香港交易所、巴西等地均有人民币外汇期货。

二、外汇期货交易的特征

1. 交易的对象是期货合约

外汇期货交易的对象是期货合约而非实际商品，是“见钱不见物”的，交易者并不清楚对手是谁，交易合同也是标准化的。

2. 外汇期货合约标准化

期货合约的标准化，使其易于转让和流通。外汇期货合约的具体内容包括交易币种、交易单位、报价方法、最小变动单位、购买数量限制、交易时间、交割月份、最后交易日、交割地点等。芝加哥商品交易所的国际货币市场（IMM）约占全球外汇期货交易量的90%以上。下面我们列出IMM的部分外汇期货合约，见表2-9。

表2-9　美国国际货币市场（IMM）部分外汇期货合约

	英镑	瑞士法郎	日元	加拿大元
交易单位	GBP25 000	CHF125 000	JP¥12 500 000	CAD100 000
报价方法	美元/英镑	美元/瑞士法郎	美元/日元	美元/加元
最小变动单位	0.000 5	0.000 1	0.000 001	0.000 1
最小变动值	12.5美元	12.5美元	12.5美元	10美元
每日涨跌幅	无限制	无限制	无限制	无限制
购买数量限制	6 000张	6 000张	6 000张	6 000张

续前表

	英镑	瑞士法郎	日元	加拿大元
保证金				
初始保证金	USD2 800	USD2 000	USD2 100	USD900
维持保证金	USD2 000	USD1 500	USD1 700	USD70
交易时间（美国中部标准时间）	7:30AM—1:24PM	7:30AM—1:16PM	7:30AM—1:30PM	7:30AM—1:22PM
交割月份	3月、6月、9月、12月			
最后交易日	交割月份的第三个星期三之前的第二个营业日的上午9:16			
交割日期	交割月份的第三个星期三			
交割地点	结算所指定的货币发行国			

资料来源：刘玉操．国际金融实务．3版．大连：东北财经大学出版社，2010.

知识拓展

期货的报价方法

外汇期货仿真交易新合约上市通知

2020-01-15

各会员单位：

澳元兑美元期货仿真交易AF2004合约定于2020年1月16日上市交易，AF2004合约的挂盘基准价为74.81美元/100澳元。

欧元兑美元期货仿真交易EF2004合约定于2020年1月16日上市交易，EF2004合约的挂盘基准价为92.45美元/100欧元。

特此通知。

中国金融期货交易所

2020年1月15日

结合美国国际货币市场（IMM）部分外汇期货合约和我国仿真交易报价，报价的方法是美元/期货交易货币，意思是1个期货交易货币等于多少美元。

3. 外汇期货交易实行保证金制

期货交易所的所有成员都必须缴纳保证金，不同的期货交易规定不同的保证金，一般是合约的5%～10%，即所谓“以小博大”。清算所每天清算盈余（逐日盯市），获利可提取利润，亏损时保证金降到一定额度要立即补充，否则将被强制平仓。

【**例 2.18**】某年 3 月 11 日，某期货交易者买入 10 份当年 9 月某日的瑞士法郎期货合同，购买汇率为 CHF＝USD 0.855 1，初始保证金为USD 21 000，维持额度为 80%。该交易者当日损益、累计损益、保证金额及追加见表 2 - 10。

表 2 - 10　期货保证金盈亏分析　　单位：美元

日期	收盘价	当日损益	累计损益	保证金额	保证金追加（支取）情况
3 月 11 日	0.854 1	−1 250	−1 250	19 750	—
3 月 12 日	0.852 5	−2 000	−3 250	17 750	—
3 月 13 日	0.851 1	−1 750	−5 000	16 000	追加 5 000
3 月 14 日	0.853 0	+2 375	−2 625	23 375	可提取 2 375
3 月 15 日	0.853 7	+875	−1 750	24 250	可提取 3 250

保证金制虽然使外汇期货交易可以有效防范违约风险，但同时也刺激了投机性交易。

4. 价格波动限制

日价格波动限制规定一个营业日内期货合约波动的最高幅度，一旦期货合约价格波动达到或超过这一限度，交易即自动停止（涨停跌停制度）。例如，IMM 规定英镑的最大波动单位是 500 个基点，即 0.050 0 美元。

5. 平仓机制

外汇期货提供一种平仓机制，即交易双方可根据价格变化在交割日前买入或卖出一个方向相反的合约，作为反向对冲交易轧平头寸，而不需要到期按约定汇率进行最后交割。期货合约的市场流动性很高，绝大多数（占全部外汇期货交易的 97%以上）都是到期日之前通过对冲交易的方式平仓。

6. 会员制

外汇期货交易实行会员制，非会员要进行外汇买卖必须通过经纪人，所以要向经纪人缴纳佣金。

知识拓展

外汇期货交易与远期外汇交易的区别

外汇期货交易与远期外汇交易的区别见表 2-11。

表 2-11　外汇期货交易与远期外汇交易的区别

比较项目	外汇期货交易	远期外汇交易
合同关系	买方或卖方与期货市场的结算所签约，与结算所发生直接合同关系	买卖双方签约，产生合同责任关系
合同规模	买卖标准化、格式化的期货合同	合约内容由双方协商确定
成交方式	在有形外汇交易市场上，委托经纪人公开喊价成交	主要在无形市场上，通过电话、电报、电传方式，按照牌价成交
是否交割	到期可做反向交易，不必进行实际交割	到期必须交割
保证金	实行保证金制	一般不收取保证金
报 价	买方报买价，卖方报卖价	买卖双方都要分别报出买、卖两个价

三、外汇期货交易的运用

外汇期货交易主要是为了规避汇率风险，或者是投机目的。

1. 买入套期保值

【例 2.19】 假设在 IMM 市场上，某年 4 月 12 日，美国进口商从英国进口价值 50 万英镑的货物，2 个月后付款。签约后的汇率为 GBP1＝USD1.608 0，若两个月后（6 月 12 日）汇率变为 GBP1＝USD1.618 0。问：

（1）若美国进口商不采取保值措施，两个月后支付货款损失多少美元？

（2）美国进口商如何利用期货市场进行套期保值？

分析：

（1）进口商不采取保值措施，两个月后应支付货款为：50×1.618 0＝80.9（万美元）；若按签约日的汇率计算，应支付：50×1.608 0＝80.4（万美元）。因此，美国进口商损失了 5 000 美元。

（2）美国进口商可以利用期货市场进行套期保值，具体操作见表 2-12。

表 2－12　期货市场买入套期保值操作表

现货市场	期货市场
4 月 12 日即期汇率 GBP1＝USD1.608 0，支付 50 万英镑，需要 50×1.608 0＝80.4（万美元）。	4 月 12 日在 IMM 期货市场买入 20 份（因为每份合约的交易单位为 25 000 英镑）6 月期英镑期货合约，价格为 GBP1＝1.610 0 USD，支付 50×1.61＝80.5（万美元）。
6 月 12 日即期汇率 GBP1＝USD1.618 0，支付 50 万英镑，需要 50×1.618 0＝80.9（万美元）。	再于 6 月 12 日以价格 1.620 0 将 20 份合约卖出，收到 50×1.62＝81（万美元）。
损失 80.9－80.4＝0.5（万美元）。	盈利 81－80.5＝0.5（万美元）。
结果：完全弥补亏损。	

工作任务

买入套期保值

例 2.19 如果发生相反变化，现货市场 2 个月后为 GBP1＝USD1.598 0，期货市场 GBP1＝USD1.600 0。请计算盈亏，并填写表 2－13。

表 2－13　期货市场买入套期保值操作表

现货市场	期货市场
4 月 12 日即期汇率 GBP1＝USD1.608 0，支付 50 万英镑，需要 50×1.608 0＝80.4（万美元）。	4 月 12 日在 IMM 期货市场买入 20 份（因为每份合约的交易单位为 25 000 英镑）6 月期英镑期货合约，价格为 GBP1＝1.610 0USD，支付 50×1.61＝80.5（万美元）。
6 月 12 日即期汇率 GBP1＝USD1.598 0，支付 50 万英镑，需要____万美元。	再于 6 月 12 日以价格 1.610 0 将 20 份合约卖出，收到____万美元。
盈利/损失＝	盈利/损失 ＝
结果：	

从上述计算中，可以得出以下几点说明：

第一，在实际交易中，两个市场的交易金额不一定相等。因为期货市场的交易金额是标准化的，所以现货市场的交易金额不一定正好为期货合约金额的整数倍。

第二，两个市场的价格走势一样，但差额不一定相等。

第三，当预测错误时，则由现货市场的盈利弥补期货市场的亏损。

2. 卖出套期保值

【例 2.20】 某年 2 月 5 日，美国一公司预计 1 个月后将收到 20 万瑞士法郎，到时需将瑞士法郎换成美元。该美国公司担心 1 个月后瑞士法郎贬值，问：该美国公司应如何利用期货市场进行套期保值？

分析：

该美国公司可于 2 月 5 日在 IMM 市场上卖出 2 份（总计 25 万）3 月期瑞士法郎期货合约，价格为 USD0.604 6/CHF，再于 3 月 5 日以价格 USD0.599 2/CHF 将 2 份瑞士法郎期货合约买入。若 2 月 5 日的汇率为 USD/CHF＝1.651 0，3 月 5 日的汇率为 USD/CHF＝1.665 0，则两个市场的盈亏见表 2－14。

表 2－14　期货市场卖出套期保值操作表

现货市场	期货市场
2 月 5 日的汇率为 USD/CHF＝1.651 0，现在换汇，可以得到 20/1.6510＝12.113 9（万美元）。	2 月 5 日在 IMM 市场上卖出 2 份（总计 25 万）3 月期瑞士法郎期货合约，价格为 USD0.604 6/CHF，获得 25×0.604 6＝15.115（万美元）。
3 月 5 日的汇率为 USD/CHF＝1.665 0，20 万瑞士法郎换汇可以得到 20/1.665 0＝12.012 0（万美元）。	再于 3 月 5 日以价格 USD0.599 2/CHF 将 2 份瑞士法郎期货合约买入，支付 25×0.599 2＝14.98（万美元）。
损失＝12.113 9－12.012 0＝0.101 9（万美元）	盈利＝15.115－14.98＝0.135 0（万美元）。
盈利＝0.135 0－0.101 9＝0.033 1（万美元）	

3. 投机

（1）多头（买空）：**投机者预测期货价格上升，先买后卖。**

【例 2.21】 某年 4 月 3 日，期货价格为 USD0.627 7/CAD，费用为 USD 0.02/CAD，某投机者预测 2 个月后加元上升，于是买入 10 份（每份合约为 10 万加元）6 月期加元期货合约，若某日价格变为 USD0.689 0/CAD，则将 10 份合约卖出。获利：10×100 000×（0.689 0－0.627 7－0.02×2）＝21 300（美元）。

（2）空头（卖空）：**投机者预测期货价格下降，先卖后买。**

【例 2.22】 某年 4 月 3 日，期货价格为 USD0.689 0/CAD，费用为 USD0.02/CAD，某投机者预测 2 个月后加元下降，于是卖出 10 份（每份合约为 10 万加元）6 月期加元期货合约，若某日价格变为 USD0.627 7/CAD，则再买入 10 份 6 月期合约，获利：10×100 000×（0.689 0－0.627 7－0.02×2）＝21 300（美元）。

以上所举的都是投机者赚钱的案例，如果投机者预测错误，则要赔钱。

任务七 外汇期权交易

一、外汇期权的概念

外汇期权业务是赋予期权合约的买方在合约到期日或之前，以约定的价格买进或卖出一定数量的某种货币资产的权利而非义务的外汇交易，也称货币期权交易。买方为获得这一权利，必须缴纳一定的费用，这笔费用称作“期权费”（如保险费、权利金等）。约定价格称作履约价格（合同价格、协定价格等）。

期权又称为选择权，它赋予买方未来买入或卖出某种货币的权利。当合同汇率对买方有利时，他有权按合同汇率买入或卖出某种货币（这时我们称他执行了期权），而卖方有义务应买方的要求按约定汇率卖出或买入这种货币。反之，如果未来市场汇率对买方有利（即合同汇率对买方不利），则买方可以不执行期权（或称放弃期权），让其到期自动作废，但要损失期权费。

外汇期权交易最早由美国费城证券交易所于 1982 年 12 月率先推出。

二、外汇期权业务的特征

1. 期权既可在场内交易，也可在场外交易

场内期权交易的方式与期货交易基本一致。期权卖方必须缴纳一定的保证金，而期权买方只需缴纳期权费，不必缴纳保证金。期权场外交易的比例较大，它没有合约标准和保证金要求，在合约开始时，场外交易期权的卖方不必支付保证金，而期权买方则通常必须支付全部的期权费。

2. 期权费不能收回

无论是执行期权还是放弃期权，期权买方所交付的期权费均不能收回。

3. 灵活性强

买方根据市场行情的变化，可以选择执行或不执行期权，灵活性强。

4. 买卖双方享有的权利和义务不一样

买方享有履约的权利，卖方负有履约的义务。

工作任务

期货和期权的区别

试比较期货和期权的区别，并填写表 2-15。

表 2-15　期货和期权的区别

区别点	期货	期权
标的物		
买卖双方的权利和义务		
交易场所		
费用		
损益		

三、期权类型

1. 根据买方对价格的预测划分，可分为买权（买入期权）和卖权（卖出期权）

买权（Call Option）是指买方将来有权买入某种货币资产的期权。卖权（Put Option）是指买方将来有权卖出某种货币资产的期权。无论是卖权还是买权，都有买方和卖方，见表 2-16。

表 2-16　买权与卖权的买卖方

	买权	卖权
买方	有权按约定价格买入某种货币资产	有权按约定价格卖出某种货币资产
卖方	有义务应买方要求卖出某种货币资产	有义务应买方要求卖出某种货币资产

对一种货币的买进就意味着对另一种货币的卖出。例如，一项期权的内容是 USD CALL GBP PUT，称为美元买权、英镑卖权，表明期权的买方有权从卖方处买入美元，同时卖出英镑。

2. 根据执行权利的日期划分，可分为欧式期权和美式期权

欧式期权是指只能在到期日行使的期权。美式期权是指可以在到期日或

之前的任何一天行使的期权。

美式期权与欧式期权最早根源于美洲和欧洲的期权交易所不同的交易方式。现在地理位置已经不相关了，但名称却保留下来。美式期权比欧式期权灵活，所以费用也较高。不同的交易所和合约类型有不同的规定，同一合约往往同时存在美式期权和欧式期权，所以确认是很重要的。一般而言，许多场内交易期权都是美式期权，大部分场外交易期权是欧式期权。

3. 根据组织形式划分，可分为场内期权和场外期权

场内期权是指在交易所内进行交易的期权，其合约标准化并通过结算所进行结算，与期货交易类似。场外期权是指在交易所外由交易双方协商交易的期权，其合约非标准化，交易金额、期限等均由交易双方根据需要商定，较为灵活。场外期权交易的卖方通常是大银行或大证券商，买方通常是要求防范风险或做投机买卖的一般客户。

4. 根据交易标的划分，可分为现货期权和期货期权

现货期权赋予合约的买方以确定价格买卖某种货币现货的权利。期货期权是期货和期权的一种组合，它赋予合约的买方以确定价格买卖某种期货合约的权利。

知识拓展

中国工商银行外汇期权业务介绍

一、业务简述

外汇期权，是指客户在期初向中国工商银行（简称“工行”）支付一定费用后获得的一项权利，即客户有权在未来约定的日期按照客户与工行事先约定的交割汇率和金额从工行买进或卖出指定的外币，同时客户也有权不执行上述交易合约。

工行使用的期权方式为欧式期权，目前有看涨期权和看跌期权供客户选择。

二、适用对象

该产品适用于以套期保值为目的、需要规避汇率不利变动风险的境

内外法人客户。

三、功能特点

客户可通过该产品规避汇率波动的市场风险，锁定客户购汇成本。客户在汇率朝不利方向变动时得到保障，在汇率朝有利方向变动时不会错失盈利机会，具有灵活选择性。同时客户的风险有限，若有损失仅限于期权费。

四、特色优势

1. 有竞争力的产品报价：工行拥有专业且经验丰富的交易、产品设计和量化分析团队，具备灵活的定价机制和较强的同业竞争力，能够提供较优的产品报价。

2. 个性化的产品设计：工行在产品设计上能够灵活多变，可根据客户需求按照币种、期限、交割汇率和金额等要素进行灵活设定，满足客户个性化需求。

3. 持续的动态管理：工行可以定期提供产品评估报告，结合市场行情和客户需求提供后续的动态管理服务。

五、产品价格

工行在综合考虑市场因素后向客户进行报价，并根据市场变化实时更新。

六、服务渠道和时间

符合准入条件的法人客户可以在工行对公业务办理时间内向具有衍生产品业务经营权的支行或二级分行申请办理。

七、申办流程

1. 客户评估：客户首先接受工行尽职调查。工行将根据客户经营性质、金融衍生交易经验、内部管理控制等对其进行综合评估，对客户提交的“客户评估表”进行仔细研究。

2. 签署总协议：客户申请办理外汇期权业务，须与工行签订相关协议。

3. 签署确认书：工行向客户进行风险提示，提示内容包括现金流分析、市值及影响因素、最大现金流等。客户对风险提示内容进行书面确认并签署确认书。

4. 支付期权费：客户须在交易期初向工行缴纳期权费。

八、名词解释

外汇期权若按期权行使方式来分，在国际上通常有三种：

1. 欧式期权：是指期权买入方必须在期权到期日当天才能行使选择权的期权。

2. 美式期权：是指期权买入方可以在成交后有效期内任何一天行使选择权的期权。

3. 百慕大期权：是指可以在期权到期日前所规定的某些日期行使选择权的期权。

九、风险提示

客户可能面临因汇率波动产生浮动盈亏、不同币种利率的波动导致产生浮动盈亏的市场风险。同时客户应完全理解协议文本的各项规定，独立做出决策；因不可抗力及意外事件导致的任何损失，工行不承担任何责任。

十、业务案例（略）

十一、特别提示

办理此类交易本金的最小金额为100万美元（或等值外币）。

资料来源：http://www.icbc.com.cn/ICBC/金融市场专区/产品服务/公司与机构产品/代客风险管理类/外汇期权/.

四、外汇期权交易的作用及案例

外汇期权主要具有回避风险和投机两种功能。

（一）买入看涨期权（主要适用于进口商或借款人）

【例2.23】 美国某进口商需在6个月后支付62.5万瑞士法郎，因为担心6个月后瑞士法郎升值，所以以协定价格USD0.605 7/CHF买入10份（每份6.25万）瑞士法郎的看涨期权，期权费为USD0.02/CHF。试说明当6个月后市场汇率分别为大于、小于和等于合同汇率时，美国进口商的具体操作和成本。

分析：

(1) 若6个月后市场汇率大于合同汇率0.605 7，则执行期权。总费用为：

总费用＝62.5×（0.605 7＋0.02）＝39.1（万美元）

(2) 若6个月后市场汇率小于合同汇率0.605 7，比如为0.602 1，则放弃期权。总费用为：

总费用＝62.5×（0.602 1＋0.02）＝38.88（万美元）

(3) 若6个月后市场汇率等于合同汇率0.605 7，则随意（可执行期权，也可不执行期权）。总费用为：

总费用＝62.5×（0.605 7＋0.02）＝39.1（万美元）

通过期权交易，美国进口商将最大成本锁定在39.1万美元。当市场汇率下降时，进口商的最大亏损为期权费；当市场汇率上升时，进口商可获得执行期权的收益。

（二）买入看跌期权（主要适用于出口商或贷款人）

【例2.24】 日本某公司将于3个月后收回一项贷款，金额为100万美元，因为担心3个月后美元贬值，所以买入美元的看跌期权。协定价格为USD1＝JPY130，期权费为USD1＝JPY0.03。试计算：当市场汇率分别为130、140、110和129.98时，该公司的盈亏状况。

分析：

(1) 当市场汇率＝130时，可以执行期权，也可以不执行期权。

期权市场卖出100万美元的总收入为：100×（130－0.03）＝129 97（万日元）。

现货市场卖出美元总收入：100×130＝13 000（万日元）。

两笔交易的利润＝12 997－13 000＝－3（万日元）；亏损即为期权费。

(2) 当市场汇率＝140，大于合同汇率130时，不执行期权。期权市场不交易。

现货市场卖出美元总收入：100×（140－0.03）＝13 997（万日元）。

期权费正常支付：100×0.03＝3（万日元）。

不执行期权的收益＝13 997－13 000＝997（万日元）。

（3）当市场汇率＝110，小于合同汇率 130 时，执行期权。

期权市场卖出美元总收入为 100×（130－0.03）＝12 997（万日元）。

执行期权收益为：100×（130－110－0.03）＝1 997（万日元）。

工作任务

期权交易是否执行的选择

1. 当市场利率＝129.98 时，期权交易是否执行？利润是多少？
2. 请计算平衡点。
3. 在期权交易中：

（1）买权方收益＿＿＿＿＿＿＿＿；亏损＿＿＿＿＿＿＿＿。

（2）卖权方收益＿＿＿＿＿＿＿＿；亏损＿＿＿＿＿＿＿＿。

项目小结

外汇业务
即期外汇业务
概念
交割规则
交易程序
交易应用
远期外汇业务
概念
即期与远期区分
远期报价计算
交易应用
掉期外汇业务
概念
种类
应用
套汇业务
地点套汇
两角套汇
三角套汇
时间套汇
套利业务
非抛补套利
抛补套利
外汇期货交易
概念
特征
应用
外汇期权交易
概念
特征
类型
应用

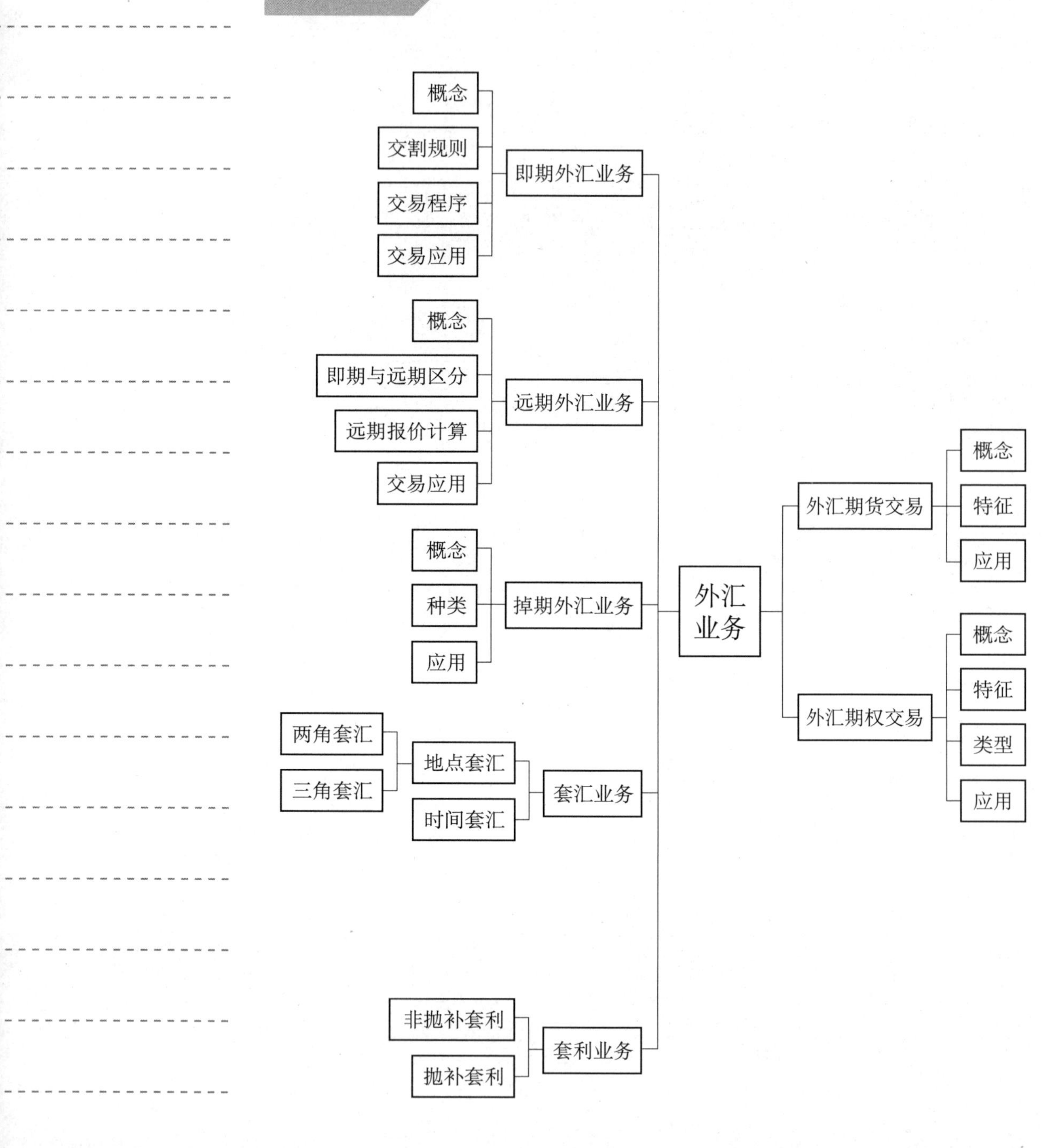

项目三

进出口报价与结算

▶ 知识目标

- 掌握进出口报价的基本原则
- 掌握挂牌货币的折算方法
- 掌握国际结算的方式和业务流程
- 了解不同结算方式的风险和防范措施

▶ 能力目标

- 掌握即期汇率和远期汇率下进出口报价的技巧
- 选择合适的国际结算方式并树立风险意识
- 树立成本意识
- 培养严谨细致的职业精神

▶ 项目任务

- 交叉汇率计算
- 进出口报价
- 结算方式的选择和风险防范

▶ 任务导入

ABC进出口公司在“一带一路”政策引导下，拓展了新客户。近日，一客户要求将美元报价改为泰铢报价，请协助报价。同时，该公司刚接触新客户，应该选择哪种结算方式，请给出建议。

任务一　交叉汇率计算

在许多外汇市场上公布的主要是发达国家货币与本币的比价，而其他一些国家的货币与本币的比价并未公布，需要进行汇率的套算。

一、单位货币折算

单位货币的买入汇率为计价货币的卖出汇率，单位货币的卖出汇率为计价货币的买入汇率，因此，单位货币和计价货币转换关系应遵循的原则是：

$$\text{计价货币}=\frac{1}{\text{单位货币卖出汇率}}\Big/\frac{1}{\text{单位货币买入汇率}}$$

例如，某日，美元/港元的汇率为：USD1＝HKD7.797 0～7.816 0。

折算出单位港元的美元价格为：

HKD1＝USD1/7.816 0～1/7.797 0＝USD0.127 9～0.128 3

从折算结果来看，在直接标价法条件下，买入价在前，卖出价在后，而在间接标价法下，卖出价在前，买入价在后。但无论是直接标价法下，还是间接标价法下，其数字的排列都是前一个数字数额小，后一个数字数额大，这样才能保证银行经营外汇买卖的正常利润。

二、即期交叉汇率的折算

交叉汇率套算

在实际业务中，并不是所有外汇都挂牌公布相互汇率，这样的情况就需要利用已知的汇率进行折算。

计算交叉汇率的方法有三种：一是两种货币都采用直接标价法；二是两种货币都采用间接标价法；三是一种货币采用直接标价法，另一种货币采用间接标价法。

（1）当两种货币都采用直接标价法时，两种汇率必须交叉相除，如下：

USD/CHF	0.982 0～0.986 0
USD/HKD	7.787 5～7.789 5
交叉相除	
交叉汇率 CHF/HKD	7.787 5/0.986 0～7.789 5/0.982 0 即 7.898 0～7.932 3

（2）当两种货币都采用间接标价法时，两种汇率必须交叉相除，如下：

EUR/USD	1.083 0～1.087 0
AUD/USD	0.671 3～0.675 8
交叉相除	
交叉汇率 EUR/AUD	1.083 0/0.675 8～1.087 0/0.671 3 即 1.613 3～1.619 2

（3）当一种货币采用直接标价法，另一种货币采用间接标价法时，两种汇率必须垂直相乘，如下：

GBP/USD	1.304 5～1.308 0
USD/JPY	109.74～109.94
垂直相乘	
交叉汇率 GBP/JPY	1.304 5×109.74～1.308 0×109.94 即 143.16～143.80

从以上计算可以得出简单规则，即：相同货币在同侧，交叉相除；相同货币在两侧，对应相乘。

工作任务

练一练

1. 某日市场汇率如下：

USD1＝HKD7.752 8/628　　USD1＝JPY109.68/98

HKD1＝JPY ______/______　　JPY10 000＝HKD ______/______

2. 某日市场汇率如下：

GBP1＝USD1.449 0/95　　AUD1＝USD0.720 8/42

GBP1＝AUD ______/______　　AUD1＝GBP ______/______

3. 某日市场汇率如下：

USD1=JPY109.68/98 GBP1=USD1.449 0/95

GBP1=JPY ______/______　　JPY10 000=GBP ______/______

三、远期汇率的套算

远期汇率的套算是先求出远期汇率，再进行套算。

【例 3.1】 若 USD/JPY＝109.58/59，3 个月远期差额为 15/17；若 USD/CHF=0.977 2/73，3 个月远期差额为 152/155。

计算：CHF/JPY 的 3 个月远期汇率为多少？

分析：

（1）计算 3 个月 USD/JPY、USD/CHF 远期汇率：

USD/JPY=(109.58+0.15)/(109.59+0.17)=109.73/76

USD/CHF=(0.977 2+0.015 2)/(0.977 3+0.015 5)=0.992 4/28

（2）CHF/JPY 的 3 个月远期汇率为：

CHF/JPY ＝（109.73/0.992 8）/（109.76/0.992 4）

=110.525 8/110.600 6

练一练

假设：USD/EUR=0.923 4/70，3 个月远期差额为 102/145。

（1）USD/JPY=102.70/80，3 个月远期差额为 20/50。求：3 个月远期 EUR/JPY=________?

（2）AUD/USD=0.671 3/46，3 个月远期差额为 30/10。求：3 个月远期 AUD/EUR=________?

（3）GBP/USD=1.449 0/95，3 个月远期差额为 45/28。求：3 个月远期 GBP/EUR=________?

任务二 进出口报价

进出口业务中，往往会出现进口商要求出口商按照本币报价，也报出外币标示的商品价格，或者要求报出进出口国以外的第三国货币价格，那么如何报价呢？总体原则是有理、有利、有节。要正确运用买入卖出价进行折算，要权衡汇率变化趋势，要公平正义而不能漫天要价。

即期汇率下进出口报价

一、合理运用汇率的买入价与卖出价

1. 本币折外币时应用买入价

如果出口商底价为本币，而需要改为外币报价，则以买入价进行折算。因为出口商原为收取本币，现改为收取外币，所以收到货款后需要将外币卖给银行换回本币。而在出口商卖出外汇时，银行为买入外汇，因此用买入价进行折算。

【例 3.2】 假设港商出口产品底价为 100 000 港元，应客户要求改为以美元报价，则应以买入价折算该出口商品的美元报价。

如果交易当天香港外汇市场美元/港元的比价为 USD1＝HKD7.797 0～7.816 0，则该出口商品的美元报价为 100 000÷7.797 0＝128 25.45（美元）。否则，以卖出价折算为 100 000÷7.816 0＝127 94.27（美元），出口商的出口收入将遭受损失。

2. 外币折本币时应用卖出价

如果出口商品底价为外币，而要改成本币报价，则应用卖价来计算。因为出口商原为收取外币，现改为收取本币，所以收到货款时，需要将本币卖给银行换回外币，而出口商以本币换外汇的过程即为银行卖出外汇的交易过程，因此用卖出价。

【例 3.3】 假设港商出口产品底价为 100 美元，应客户要求改为港元报价，则应以卖出价折算该出口商的港元报价。

如果交易当天香港外汇市场美元/港元的比价为 USD1＝HKD7.797 0～

7.816 0，则该出口商品的港元报价为 7.816 0×100＝781.6（港元）。否则，以买入价折算为 7.797 0×100＝779.7（港元），出口商的出口收入将受到损失。

3. 按市场牌价进行汇率折算时视外汇市场所在地货币为本币

在不同标价法条件下，无论买入价和卖出价的位置如何排列，遇到两种外币互相折算时，都应视外汇市场所在地的货币为本币。然后，按照以上原则，本币折外币用买入价，外币折本币用卖出价。

【例 3.4】假设港商出口产品底价为 100 美元，应客户要求改为以英镑报价。如果按照纽约外汇市场的外汇牌价折算，应视美元为本币；而如果按照伦敦外汇市场外汇牌价折算，则应视英镑为本币。然后，按照本币折外币用买入价、外币折本币用卖出价的原则进行折算。无论按照哪个外汇市场的外汇牌价进行折算，同一笔交易都会出现大致相同的结果。

（1）假设当时纽约外汇市场外汇牌价为 GBP1＝USD1.653 2～1.655 8。在纽约外汇市场上，英镑/美元的比价采用直接标价法，买入价在前，卖出价在后。按此牌价计算该出口商品的英镑报价，本币折外币应用买入价，即报价为 GBP100÷1.653 2＝GBP60.49。

（2）假设同日伦敦外汇市场外汇牌价为 GBP1＝USD1.653 2～1.655 8。在伦敦外汇市场上，英镑/美元的比价采用间接标价法，卖出价在前，买入价在后，按此牌价计算该出口商品的英镑报价，外币折本币应用卖出价，即报价为 GBP100÷1.653 2＝GBP60.49。

从以上的计算中，我们可以总结出两条报价的原则：一是“本币报价折成外币时用买入价，外币报价折成本币时用卖出价，折算后进出口商所得收益不变”；二是“为确保所得收益不变，在报价中遵循乘大除小”的原则。

二、远期交割要考虑采用远期汇率报价

远期汇率下进出口报价

远期付款时，进出口商不仅要承担货价变化的风险，也要承担汇率变化的风险。为了避免汇率风险，可以根据远期升贴水点数进行计算，将汇率的损失加在货价上。具体计算时即先计算出远期汇率，然后按照远期汇率进行报价。

【例 3.5】 假设某企业出口产品，原来以美元报价，单价为 2 000 美元，3 个月后付款。现应进口商要求，改为瑞士法郎报价。

假设交易当日纽约外汇市场 USD1＝CHF1.003 0/1.004 0，3 个月远期升贴水点数为 135/140。

（1）远期汇率为：USD1＝CHF（1.003 0＋0.013 5）/（1.004 0＋0.014 0）＝CHF1.016 5/1.018 0。

（2）因为这个报价市场为纽约，美元为本币，报价依据“本币折成外币时用买入价”的原则，而纽约市场报价为间接标价法，所以报价为 2 000×1.018 0＝2 036（瑞士法郎）。

工作任务

练一练

某公司向美国出口设备，按即期汇率报价 2 000 美元，美国进口商要求以加元报价，3 个月后交货结算。已知：即期汇率为 USD1＝CAD1.325 2/75，3 个月差额为 200/300。请问：该公司如何报价？

三、根据汇率变动调整报价

实际业务中，我们可以判断汇率变动的趋势，在报价中进行调整。

【例 3.6】 某企业出口某商品，在国际上畅销。2018 年 12 月人民币底价为每吨 37 000 元，该企业拟提高售价，于是 2019 年 6 月将人民币底价调到 37 500 元。如果不考虑汇率变动，该企业的做法无可厚非。如果汇率发生下列变化：

出口时 USD1＝CNY6.870 0，到 2019 年 6 月 USD1＝CNY7.020 0。

2018 年 12 月报美元价格时：37 000÷6.87＝5 385.74（美元）。

2019 年 6 月报美元价格时：37 500÷7.02＝5 341.88（美元）。

显然，该企业虽然提高了底价，提价 1.35%，但汇价变动 2.18%，产生损失。该企业的人民币报价最少报 37 807.89（＝5 385.74×7.02）元，才能达到提价目的。

任务三　国际结算方式

众所周知，国际结算通常分为三大支付或结算方式，即汇款、托收和信用证。其中，汇款可以细分为预先付款、延期付款和赊账销售等，托收可以细分为即期（付款交单）托收、远期（付款交单）托收和承兑（交单）托收，信用证可以细分为备用信用证、保兑信用证、对开信用证、循环信用证、背对背信用证、红条款信用证等。不同的支付方式意味着不同的银行费用、风险程度和办理程序。因此，进出口双方如何选择合适的国际结算方式，对保护其特定国际贸易方式的安全与效益至关重要。

一、汇款

出口结算流程

（一）汇款方式

汇款又称汇付，是指银行（汇出行）应付款人的要求，使用一定的结算工具（票据），以一定方式将款项通过国外联行或代理行（汇出行），交付收款人（债权人）的结算方式。汇款方式可分为电汇、信汇和票汇三种。

进口结算流程

1. 电汇

电汇（Telegraphic Transfer，T/T）是汇出行应汇款人的申请，通过加押电传（Telex）或 SWIFT 方式，指示或授权汇入行解付一定金额给收款人的汇款方式。电汇业务中最关键的环节是解付行判断汇出行指示或授权的真伪，即解付行必须正确鉴别所收到的电讯付款指示是否是电文上所称的那家银行发出的。电汇以电报、电传作为结算工具，安全迅速，费用也较高。由于电报、电传的传递方向与资金的流向是相同的，因此电汇属于顺汇。

境外汇款申请书示例见表 3－1。

表 3-1

境外汇款申请书
APPLICATION FOR FUNDS TRANSFERS (OVERSEAS)

致：
TO:

日期 Date 2020/7/1

☑电汇 T/T ☐票汇 D/D ☐信汇 M/T	发电等级 Priority	☑普通 Normal ☐加急 Urgent

申报号码 BOP Reporting No.	3 4 * * * * * * * * * * * * 0 7 0 1 A 0 0 2		
20 银行业务编号 Bank Transac. Ref.No	TT*****200000241	收电行/付款行 Receiver/Drawn on	
32A 汇款币种及金额 Currency & Interbank Settlement Amount	USD8,713.82	金额大写 Amount in Words	美元捌仟柒佰壹拾叁元捌拾贰分
其中 现汇金额 Amount in FX	8,713.82	账号 Account No./Credit Card No.	181******321
其中 购汇金额 Amount of Purchase		账号 Account No./Credit Card No.	
其中 其他金额 Amount of Others		账号 Account No./Credit Card No.	
50a 汇款人名称及地址 Remitter's Name & Address	XINHUA AGRICULTURAL INSURANCE NO.168 WEST CHANGJIANG ROAD,SHUSHAN DISTRICT HEEI ANHUI CN		
☑对公 组织机构代码 Unit Code 6 * * * * * * * — *	☐对私	个人身份证件号码 Individual ID NO. ☐中国居民个人 Resident Individual ☐中国非居民个人 Non-Resident Individual	
54/56a 收款银行之代理行名称及地址 Correspondent of Beneficiary's Bank Name & Address	样 本		
57a 收款人开户银行名称及地址 Beneficiary's Bank Name & Address	收款人开户银行在其代理行账号 Bene's Bank A/C No.		
59a 收款人名称及地址 Beneficiary's Name & Address	收款人账号 Bene's A/C No. 013491390300008 GUY CAPPENTER AND COMPANY LTD., 26TH FLOOR,CENTRAL PLAZA,18 HARBOUR ROAD, WANCHAI,HONG KONG HK		
70 汇款附言 Remittance Information	只限140个字位 Not Exceeding 140 Characters	71A 国内外费用承担 All Bank's Charges If Any Are To Be Borne By	☑汇款人 OUR ☐收款人 BEN ☐共同 SHA

收款人常驻国家（地区）名称及代码 Resident Country/Region Name & Code	中国香港				3 4 4
请选择：☐预付货款 Advance Payment ☐货到付款 Payment Against Delivery ☐退款 Refund ☐其他 Others					
交易编码 BOP Transac. Code	2 2 5 0 3 0	相应币种及金额 Currency & Amount	USD81713.82	交易附言 Transac. Remark	再保险支出
本笔款项是否为保税货物项下付款	☐是 ☐否	合同号	H6UG00079-1	发票号	AXM0000201900133
外汇局批件号/备案表号/业务编号					

银行专用栏 For Bank Use Only		申请人签章 Applicant's Signature	银行签章 Bank's Signature
购汇汇率 Rate @		请按照贵行背页所列条款代办以上汇款并进行申报 Please Effect The Upwards Remittance, Subject To The Conditions Overleaf:	
等值人民币 RMB Equivalent			
手续费 Commission			
电报费 Cable Charges			
合计 Total Charges			
支付费用方式 In Payment of the Remittance	☐现金 by Cash ☐支票 by Check ☐账户 from Account	申请人姓名 Name of Applicant 电话 Phone No. 0551-6******0	核准人签字 Authorized Person 日期 Date
核印 Sig. Ver.		经办 Maker	复核 Checker

填写前请仔细阅读各联背面条款及填报说明
Please read the conditions and instructions overleaf before filling in this application.

第一联 银行留存联

电汇的业务流程如图 3－1 所示。

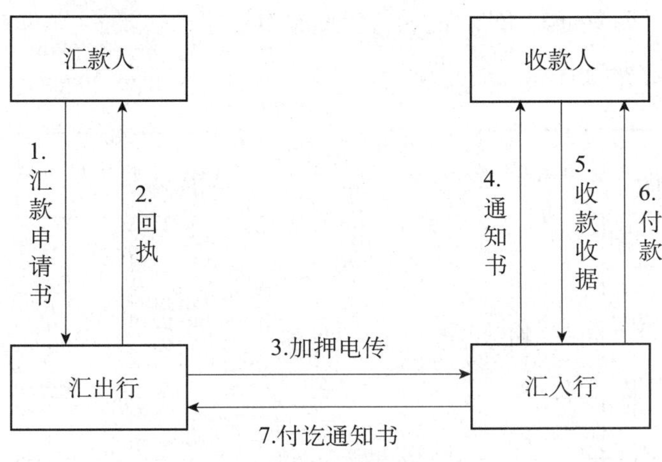

图 3－1　电汇的业务流程

2. 信汇

信汇（Mail Transfer，M/T）是指汇款人向当地银行交付本国货币，由银行开具付款委托书，通过邮寄给国外分行或代理行，办理付出外汇业务。

信汇的业务流程如图 3－2 所示。

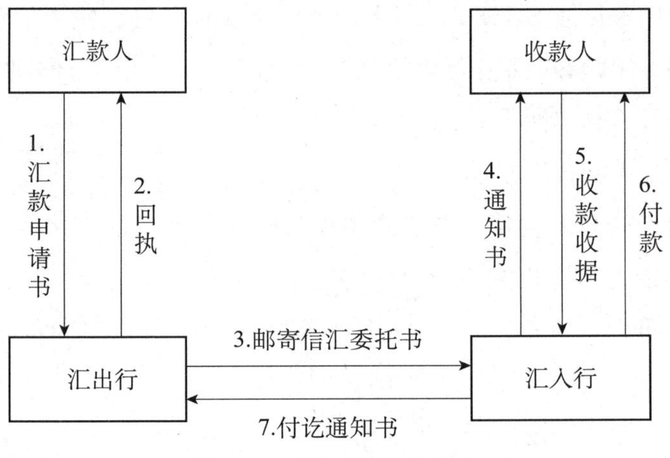

图 3－2　信汇的业务流程

3. 票汇

票汇（Demand Draft，D/D）是汇出行应汇款人的申请，代汇款人开立以其分行或代理行为解付行的银行即期汇票支付一定金额给收款人的一种汇款方式。票汇是进口人向进口地银行购买银行汇票寄给出口人，出口人凭此向汇票上指定的银行取款的一种方式。汇出银行在开出银行汇票的同时，对汇入行寄发“付款通知书”，汇入行凭此验对汇票后付款。

票汇的业务流程如图 3-3 所示。

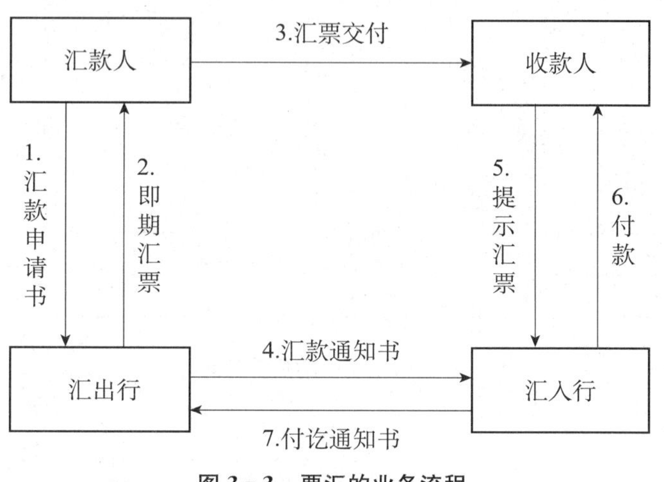

图 3-3 票汇的业务流程

4. 三种方式的比较

(1) 使用结算工具的比较。

电汇使用电传或 SWIFT，用密押证实真实性；信汇使用信汇委托书或支付授权书，用印鉴或签字证实真实性；票汇方式使用银行即期汇票，用印鉴或签字证实其真实性。

(2) 汇款人的费用比较。

电汇收费较高，表现为电汇使用现代化通信手段的直接成本较高，以及因银行不能占用客户资金而使用的汇率较高；信汇与票汇费用较电汇更低，因银行可以占用客户一个邮程的资金，所使用的汇率也较电汇汇率优惠。

(3) 安全性的比较。

电汇因大多使用银行间的直接通信（如使用 SWIFT 方式汇款），减少了中间环节，安全性高；信汇必须通过银行和邮政系统来实现；票汇虽然有灵活的优点，但是有汇票丢失或毁损的风险，且背书转让带来一连串的债权债务关系，容易陷入票据纠纷，尤其当汇票遗失以后，挂失或止付的手续比较麻烦。

（4）汇款速度的比较。

电汇是一种最快捷的汇款方式，因为电汇的优先级别高，一般当天处理，使汇款能短时迅速到达对方（甚至及时到达），它是目前广泛使用的汇款方式，尽管费用较高，但可用缩短资金在途时间的利息抵补；信汇方式由于资金在途时间长，操作手续多，故日趋落后，有的银行已很少使用，甚至不用；票汇是由汇款人邮寄给收款人，或者收款人携带至付款行所在地提示要求付款，比较灵活、简便，适合邮购或支付各种费用，其使用量仅次于电汇。

（二）汇款方式的风险与防范

在汇款结算业务中，进出口双方由于缺乏对另一方的有效制约，与其他结算方式相比安全性最差、风险最大，因此对于其中存在的风险必须有充分的认识，从而加以防范。

1. 出口商面临的风险与防范

（1）出口商面临的风险主要有以下三方面：

第一，信用风险。信用风险是指进口商在收到货物后，迟付或不付货款的风险。当今的国际市场是买方市场，出口商通常先发货，待进口商收到货物后，再将货款通过汇款的方式汇交给出口商。这种结算方式相当于由出口商向进口商提供了信用和资金融通。进口商没有承担任何风险，而出口商则面临进口商不付货款的风险。

第二，技术风险。技术风险是指由于汇出行设计汇款路线不合理或者因汇出行不能使解付行收到或及时收到内容完整准确的付款委托书而导致出口商承担迟收汇款的风险。其具体情况有两种。其一，汇出行设计的汇款路线不合理而造成迟收。汇出行在办理汇款业务时，可能选择的转汇行和解付行效率不高，或者设计的汇款路线不合理，造成汇款路线过于曲折和复杂，增加了不必要的中间环节，从而增加汇款在途时间，也增加了出错机会，最终导致出口商迟收汇款。其二，汇出行不能使解付行收到或及时收到内容完整准确的付款委托书而导致迟收汇款。例如，解付行不能收到或不能及时收到付款委托书；汇出行发出的电汇或信汇委托书，由于其格式、内容有误而使解付行无法解付款项；汇出行张冠李戴，误发付款委托书，使转汇行、解付行无法及时收到付款委托书而造成迟付。

第三，汇率风险。汇率风险是指由于汇率波动导致出口商收到的本币减少的风险。这是在出口商选择以外币作为交易的计价货币时存在的风险。

（2）出口商的防范措施。

出口商可以采取以下措施来防范所面临的风险：

首先，进行国际交易前，要对进口商的资信进行调查，最好事先要求进口商开出由可靠银行出具的履约保函。

其次，出口商应尽量分批出运货物，降低风险。

再次，针对由于汇出行发出的信汇或电汇委托书有误而导致迟付这种情况，出口商应加强与进口商、转汇行和解付行的联系，及时查询，保证按时收汇。

最后，充分利用各种金融工具如外汇期货等对冲汇率风险。

2. 进口商面临的风险与防范

进口商在国际汇款业务中面临的主要风险是指在采取预付货款的情况下，进口商面临的对方不予发货或迟发货或对方以次充好的风险。另外，在国际交易采用以外币计价的时候，进口商同样面临汇率风险。进口商可以采取以下防范措施：

首先，对出口商的资信进行调查。

其次，预付部分货款，以降低风险。

再次，要求出口商事先开出由银行出具的履约保函，万一日后对方不交货或迟交货或以次充好不合要求，即可依据银行保函索取赔偿。

最后，充分利用各种金融工具以规避汇率风险。

知识拓展

案例分析

我国大连A公司2009年向美国C公司出口工艺品。贸易谈判时，美国C公司坚持要以T/T付款，称这样节约费用，对双方有利。考虑今后双方长期的贸易合作，我国A公司答应了对方的要求。在完成第一单货物装运后，A公司立即给C公司发传真，C公司很快将货款1.5万美元汇给A公司。

1个月后，C公司要求再次发货并仍以T/T付款，A公司同意后2个月内连续4次发货，总值达10万美元。其间，A公司一直都没有收到汇款，待4批货物全部出运以后，才向C公司催收。C公司以各种理由拖延，半年以后失去联系。A公司进行海外调查后得知，C公司已经破产。

分析：

本案例是通过电汇进行结算，并且是货到付款的一笔贸易。在货到付款的情况下，出口商利用汇款方式收款本来就面临着很大的收款风险，加上出口商没有采取任何措施进行防范，导致最后钱货两空。出口商的具体失误如下：第一，对进口商并不了解，第一次交易就接受了货到付款方式；第二，没有及时催收货款，连续发货4次以后才开始索款；第三，应急措施不及时，在进口商不付款的情况下没有进一步采取有效措施，如向法院起诉等。

资料来源：百度文库高校版．(2013-12-31)．https://eduai.baidu.com/view/00956e25a2161479171128e7.

二、托收

（一）托收方式

托收（Collection）是出口方委托本地银行根据其要求通过进口地银行向进口方提示单据、收取货款的结算方式。贸易项下托收的一般流程是出口方先行发货，然后备妥包括运输单据（通常是运输提单）在内的货运单据并开出汇票，把全套跟单汇票交出口地银行（托收行），委托其通过进口地的分行或代理行（代收行）向进口方收取货款。

托收可以分为光票托收和跟单托收，如出口商仅开具汇票而不附商业单据，称为光票托收，而附有商业单据的托收称为跟单托收。

1. 光票托收

光票托收（Clean Collection）是指不附带商业单据（主要指货运单据）的托收，主要有汇票、支票、旅行支票和本票的托收。光票托收的汇票，在期限上也应有即期和远期两种，但在实际业务中，由于一般金额都不太大，因此即期付款的汇票较多。

光票托收流程如图 3－4 所示。

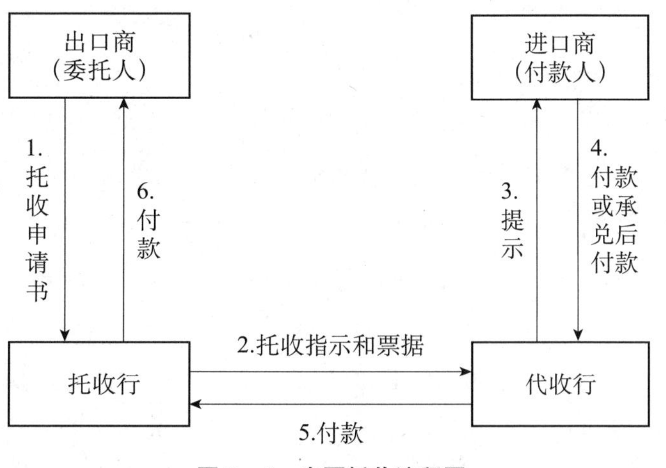

图 3－4　光票托收流程图

2. 跟单托收

跟单托收（Documentary Collection）是指附有商业单据的托收。卖方开具托收汇票，连同商业单据（主要指货物装运单据）一起委托给托收行。跟单托收也包括不使用汇票的情况，有时为了避免印花税，不开汇票而只拿商业单据委托银行代收。

跟单托收根据交单方式可分为即期付款交单、远期付款交单和承兑交单。

（1）即期付款交单（Document Against Payment at Sight，D/P at Sight），是指出口方按合同规定日期发货后，开具即期汇票（或不开汇票）连同全套货运单据，委托银行向进口方提示，进口方见票（和单据）后立即付款。银行在其付清货款后交出货运单据。即期付款交单流程如图 3－5 所示。

（2）远期付款交单（Document against Payment after Sight，D/P after Sight），是指出口方按合同规定日期发货后，开具远期汇票连同全套货运单据，委托银行向进口方提示，进口方审单无误后在汇票上承兑，于汇票到期日付清货款，然后从银行处取得货运单据。远期付款交单流程如图 3－6 所示。

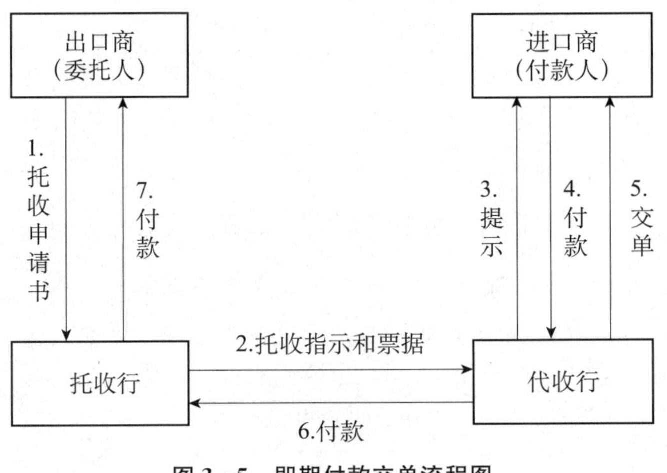

图 3－5　即期付款交单流程图

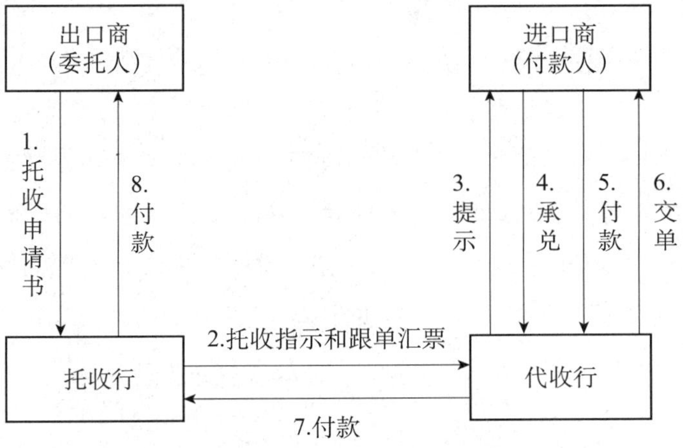

图 3－6　远期付款交单流程图

知识拓展

案例分析

问题：香港 C 银行寄来一套进口代收项下的单据，面函指示如下：

INSTRUCTIONS AND PAYMENT DETAILS:

＋RELEASE DOCUMENTS AGAINST PAYMENT AT 60 DAYS SIGHT

＋PLEASE PRESENT DRAFT TO DRAWEE FOR ACCEPTANCE

AND RELEASE DOCUMENTS TO THEM ONLY UPON PAYMENT AS PER URC522 ART7 (C)

+KINDLY KEEP THE ACCEPTED DRAFT WITH THE RELATIVE DOCUMENTS IN YOUR CUSTODY PENDING PAYMENT AND ADVISE US BY AUTHENTICATED SWIFT OF THE MATURITY.

根据该指示，代收行在收到单据后应先将汇票提示给付款人承兑并通知托收行到期日，同时须保管单据和已承兑汇票直至付款人付款后才能交付单据。这样的托收指示是否合理并遵循国际惯例，D/P 远期业务又该不该先行承兑呢?

分析：

1. 不符合 URC522 规则

URC522 ART7 a 款规定付款交单方式下不应包含远期汇票；b 款规定若托收中含远期汇票，托收指示应说明具体交单条件是 D/A 还是 D/P，若无此交单条件，代收行将按 D/P 处理，对晚交单引起的后果不负责；c 款规定对带有远期汇票的 D/P 远期托收，只能按付款交单处理，并未要求对远期汇票需先行承兑。综合上述条款来看：(1) ICC不提倡使用 D/P 远期方式；(2) ICC 虽未禁止 D/P 远期业务，但也不建议 D/P 远期业务使用远期汇票；(3) 通读 URC522，仅有 D/P 与 D/A 两种放单形式，并不存在先承兑再付款放单的操作形式。因此，本案托收指示不符合 URC522 规则。

2. 不符合交易公平原则

根据票据法，付款人一经承兑就成为汇票的主债务人，承担到期付款的责任，如到期不付款，自有票据法约束。进口商在尚未获得单据之前就需要承担债务，而出口商不仅取得票据法的保护，还取得货权的保护，这有悖于买卖双方的权益均衡原则。从交易公平原则来说，既然承担了债务责任，便应取得相应的权利，即取得相应的商业单据。因此，如果要求承兑则应交付单据，但这与承兑不放单、付款才能放单的指示又明显相矛盾，违背付款交单的本质和初衷。显然，要求先承兑的指示会引起一定的内在矛盾，承兑后不交付单据的行为不符合交易公平原则。

3. 指示不完整存在潜在争议

该托收指示仅要求先行承兑，但对已承兑后不付款的情况未有明确指示。付款人已经承兑但拒绝到期付款赎单时应如何处理已承兑的汇票并不清晰，代收行若按此指示操作，会存在一定的风险隐患。根据国际惯例，若付款人最终未付款赎单，代收行应根据托收行要求退回单据和汇票，但付款人已经承兑汇票，形成了一笔债务却未取得货物，如果退回汇票，付款人是应该承担票据债务责任的，因此代收行如何处理已承兑的汇票将成为很棘手的问题，处理不当的话，甚至可能卷入纠纷中。

综上所述，本案托收指示未遵循国际惯例，有悖于交易公平原则，指示也不完整，存在潜在争议，既不合理也不规范。

(3) 承兑交单（Document Against Acceptance，D/A），是指出口方发运货物后开具远期汇票，连同货运单据委托银行办理托收，并明确指示银行，进口人在汇票上承兑后即可领取全套货运单据待汇票到期日再付清货款。承兑交单流程如图3－7所示。

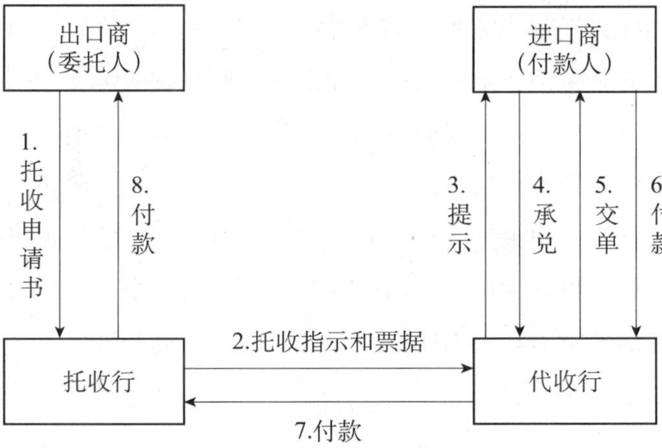

出口商（委托人）
进口商（付款人）
1.托收申请书
8.付款
3.提示
4.承兑
5.交单
6.付款
2.托收指示和票据
托收行
代收行
7.付款

图3－7　承兑交单流程图

以上三种交单方式中，承兑交单风险最大，因为承兑交单对于出口商来说在收到货款之前已经失去了对货物所有权的控制，将完全要依靠进口商的信用来收取货款了。承兑交单的风险损失有：货款的损失、出口商的卖方贷款利息（如果有）、运输费用、办理各种单证的费用、银行费用等。付款交单风险较小，因为付款交单条件下，只要进口商未付款，物权凭证仍掌握在代收行手中，仍属于出口商所有。但是这并不等于付款交单没有风险损失。如果进口商不来付款赎单，则出口商仍要负担以下诸多损失：出口商的卖方贷款利息（如果有），双程运输费用（如果将货物运回本国处理），在进口国港口存仓、保险、支付代理人的费用（如果货物寻求当地处理）以及货物临时处理而带来的价格损失、银行费用等。当然，假如托收委托书允许远期付款交单凭信托收据借单，则风险损失如同承兑交单。

（二）托收方式的风险与防范

1. 光票托收的风险

光票托收是出口商将从国外收到的清算票据（银行汇票、本票、支票）委托银行向境外收款的结算业务。在实务中，由于存在票据伪造或变造等风险，银行一般不愿对这类国外清算票据办理贴现，因此，持票人只能委托银行向国外付款人要求付款，即在收到国外清算票据后，在票据背面背书（盖财务章并经有关人员签字）后，可委托银行向外托收。

光票是商业信誉，能否收妥托收款项有赖于付款人的信誉。若付款人的信誉欠佳，委托人就不能顺利收妥款项。另外，国际票据诈骗的日益增多，给票据的收汇安全带来严重的隐患。如果在光票托收的过程中遭到退票，那么委托人非但收不到款项，反而将承担托收费用和退汇费用，这便是光票托收项下委托人需要承担的风险。

如果在国际贸易中采用光票托收方式，出口商只是委托银行收回出口货物的价款，进口商提货的单据由出口商直接邮寄，则银行对进口商支付货款的行为没有任何约束力，因而所蕴含的收汇风险是很大的。

2. 跟单托收的风险

跟单托收这一结算方式对进口商比较有利，费用低，风险小，资金负担小，甚至可以取得卖方的资金融通。当然，进口商在跟单托收业务中也不是没有一点风险，比如在凭单付款交易中，进口商按照合同规定检验了单据并对出口商付款或承兑后，存在着单据提到的货物与合同规定的不符或者根本是假货等情况而遭受损失。

相对而言，跟单托收业务中，出口商承担的风险更大，出口商可能会面临：（1）进口商倒闭或无力付款；（2）进口商故意挑剔，拒绝付款或拒绝承兑；（3）行市下跌，进口商借故违约拒绝付款或承兑；（4）进口商借口货物品质规格不符、包装不良、交货期限不符等，要求降低货价；（5）进口商事先未领取进口许可证，货物到达目的地时被禁止进口或被没收处罚；（6）进口商未获准外汇，货物进口后，仅以等值本币支付货款，使出口商的资金被冻结在进口国；（7）进口商利用当地习惯不付款而提出变卖，或以违反某项法令为借口，货物被当地政府贱价拍卖。特别在承兑交单条件下，出口商要承担更大的风险，因为进口商在承兑汇票后即可得到装运单据，并提取货物，如不按期付款，出口商就会遭受到钱、货两空的巨大损失。

3. 防范措施

建议采取以下预防风险的措施：

（1）事先详细调查进口方的资信，一般只在进口方资信较好时才使用托收方式结算。

（2）了解进口国的有关贸易法令、外汇管理等规定，明确是否存在收款法律障碍。

（3）掌握好交单条件。尽量采取即期付款交单方式。慎重使用承兑交单方式，在不得不使用承兑交单方式时，宜采用买方银行对承兑的汇票担保的方式，即在征得代收行同意后，采用在汇票上背书担保的方式。代收行在买方承兑的汇票上做出担保后，在商业信用的基础上加上银行信用，对出口商可以减少远期汇票到期日收款的风险。

（4）选择好价格条款。最适合采取跟单托收的价格条件是 CIF、CFR，保证出口商能主动控制货权单据和保险单据。

（5）注意办理保险。争取以 CIF 价格条件成交，办理好货物运输保险，也可考虑投保出品信用保险。

（6）注意选择代收行。尽量选择托收行的联行，若付款地没有联行，应当委托关系密切、资信较好的账户行。

（7）事先找代理人。在跟单托收中，若发生拒付，出口商可指定目的港的代理人办理存仓、保险、转售或运回等事宜。代理人可以是关系较好的客户，也可以是代收行，代理人名称和权限须在托收委托书中列明。

三、信用证

（一）信用证概述

信用证是一种有条件的银行付款承诺。具体来讲，信用证是银行根据买方的要求和指示向卖方开立的，在一定期限内凭借符合信用证条款的规定单据，即期或在一个可以确定的将来日期，兑付一定金额的书面承诺。

海运模式下信用证流程如图 3－8 所示。

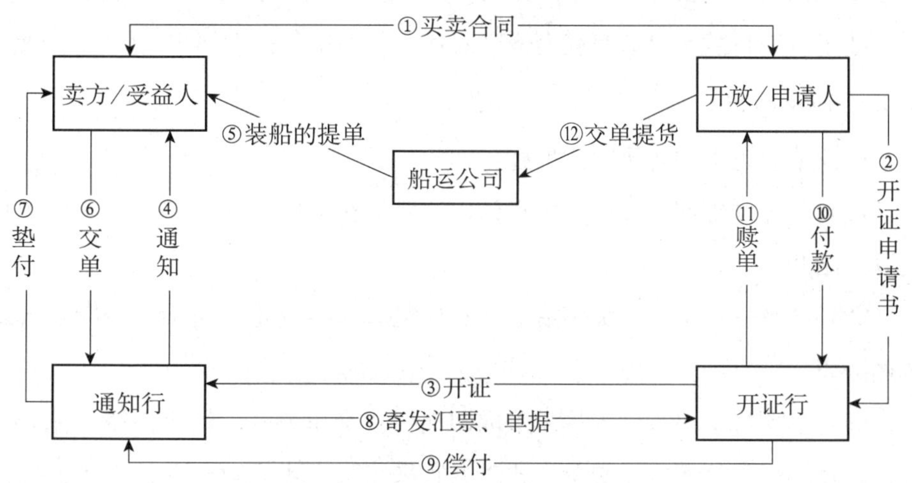

图 3－8　信用证流程（海运模式）

①买卖双方经过磋商，约定以信用证方式进行结算。

②进口商向开证行递交开证申请书，约定信用证内容，并支付押金或提供保证人。

③开证行接受开证申请书后，根据申请开立信用证，正本寄给通知行，指示其转递或通知出口商。

④由通知行转递信用证或通知出口商信用证已到。通知行在开证行要求或授权下对信用证加以保兑。

⑤出口商认真核对信用证是否与合同相符，如果不符，可要求进口商通过开证行进行修改；待信用证无误后，出口商根据信用证备货、装运、开立汇票并缮制各类单据，船运公司将装船的提单交予出口商。

⑥出口商将单据和信用证在信用证有效期内交予议付行。

⑦议付行审查单据符合信用证条款后接受单据并付款，若单证不付，可以拒付。

⑧议付行将单据寄送开证行或指定的付款行，向其索偿。

⑨开证行收到单据后，应核对单据是否符合信用证，如正确无误，即应偿付议付行代垫款项，同时通知开证申请人备款赎单。

⑩进口商付款赎单，如发现不符，可拒付款项并退单。若进口人发现单证不符，也可拒绝赎单。

⑪开证行将单据交予进口商。

⑫进口商凭单据提货。

（二）信用证方式的风险与防范

1. 出口商的风险

（1）进口商不按合同规定开证。实际业务中进口商不依照合同开证，从而使合同的执行产生困难，或者使出口商遭致额外损失的情况很多见。例如，进口商不按期开证或不开证；进口商在信用证中变更一些条件或增加对其有利的条款，以达到企图变更合同的目的等。

（2）进口商设陷阱使卖方无法履约或议付时遭拒付。进口商往往利用信用证“严格相符的原则”，蓄意在信用证中增添一些难以履行的条件，如要求提供不易获得的单据等，无法兑付款项。

进口商有时还故意布下一些陷阱，如规定不明确、有字误或者条款内容相互矛盾的信用证。不要小看小小的字误，银行是根据与信用证条款严格相符的单据承担付款责任的，一点小字误就可能成为开证行拒付的理由。另外，在信用证中规定相互矛盾的条款，如禁止分批装运却又限定每批交货的期限，会使出口商无所适从或者履行交货、交单后因不符合信用证规定而被拒付。

（3）进口商伪造信用证诈骗。有些进口商伪造信用证，例如，窃取其他银行已印好的空白格式信用证或与已倒闭或濒临破产银行的职员恶意串通开出信用证；将过期失效的信用证恶意涂改，变更原证的金额、装船期和受益人名称；伪造保兑信用证，即进口商在提供假信用证的基础上，为获得出口商的信任，蓄意伪造国际大银行的保兑函。出口商若警惕性不高，将导致货、款两空的损失。

（4）开证行的信用风险。信用证作为一种银行信用，在受益人提交了与信用条款完全一致的单据情况下，开证行对之承担首要的付款责任。在外贸实际业务中，由于开证行信用较差所导致的收汇困难也不乏其例。

（5）规定的内容已非信用证交易的实质。例如，信用证规定必须在货物运至目的地经检验合格或经外汇管理当局核准后才付款；或者规定以进口商承兑汇票为付款条件，如果进口商不承兑，开证行不负责任等内容。这实际上已不是信用证交易，对出口商也没有保障可言。

（6）信用证中的“软条款”。所谓信用证中的“软条款”，是指信用证中加列各种条款致使信用证下的开证付款与否不是取决于单证是否表面相符，而是取决于第三者的履约行为。开证申请人通过制定的“软条款”，在一定程度上限制着银行的第一付款人地位，从而大大地降低了银行的信用程度。信用证中的“软条款”使名义上不可撤销的信用证实际上成为可撤销。

“软条款”一般有以下几种：①信用证暂不生效条款。信用证开出后并不生效，要待开证行另行通知或以修改书通知方可生效。②变相可撤销信用证条款。信用证对银行的付款、承兑行为规定了若干前提条件，如货物清关后才支付、必须由申请人或其指定的签字人验货并签署质量检验合格证书后才能付款等，开证行可随时单方面解除保证付款责任。③信用证中规定一些不经开证申请人指示而不能按正常程序进行的条款，如发货需要等开证申请人通知、运输工具和起运港或目的港需申请人确认等。

知识拓展

案例分析

案例：

国内A公司与国外B公司签订了某小型空气设备销往印度的合同，总金额为50万美元，印度某银行开出该笔合同项下的信用证。信用证中规定：SHIPMENT CAN ONLY BE EFFECTED UPON RECEIPT OF APPLICANT'S SHIPPING INSTRUCTION THROUGH L/C OPENING BANK NOMINATING THE NAME OF CARRYING VESSEL BY MEANS OF SUBSEQUENT CREDIT AMENDMENT（货物只能待收到

开证人指定船名的装运通知后装运，而该装运通知将由开证行以修改方式发出)。A公司收到信用证后将质保金30万元人民币付给买方B公司的指定代表。装船前，国外B公司代表验货，以货物质量不合格、唛头等不符为由，拒绝发出“装船通知”，致使货物滞留产地。该贸易公司根本无法发货收汇，质保金丧失，出现损失。事后，经调查，签约人合同中的地址、电话号码等不存在。

分析：

这是一起信用证“软条款”的典型案例，开证申请人实际上控制了整个交易，相对于假冒信用证和伪造单据的欺诈手法，“软条款”信用证更见狡诈。

出口企业在收到信用证时就应严格审核信用证条款，审查要点有：是否有“暂不生效”或其他“软条款”；是否为不可撤销信用证，如信用证中有预付佣金、履约金等条款时，应予以拒绝；对于很难做到的条款也应力争修改信用证。例如，信用证中出现“2/3 ORIGINAL B/L ARE SENT TO THE ISSUING BANK，1/3 ORIGINAL B/L DIRECTLY TO APPLICANT IS REQUIRED”（2/3提单原件交至开证行，1/3提单原件交至申请人）虽不算“软条款”，但对出口商的安全收汇同样构成威胁，因为任何一份正本提单都能提货，如申请人已用1/3正本提单提走货物，此时不符点出单，或虽单证一致出单但国外提出的不符点成立时，开证行拒付，申请人又恶意不履行付款责任，同样造成出口商钱、货两空，受骗上当。据此，应要求出口商将条款修改成“3/3 FULL SET OF ORIGINAL B/L ARE SENT TO THE ISSUING BANK”（3/3提单原件交至开证行）。倘若申请人不接受，至少也要将提单收货人修改成以开证行为抬头，申请人拿到1/3提单后须找开证行背书后方可提货。因此，一旦遭开证行拒付，出口商仍可向开证行追讨货款。信用证中还有一些条款，如“DOCUMENTS WILL BE RELEASED FREE OF PAYMENT”（无偿交单），“PAYMENT WILL BE EFFECTED ONLY AFTER APPLICANT ACCEPT DOCUMENTS”（客户接受单据才付款）等，这些条款给开证行打上了保护伞，使开证行逃避了第一付款责任，信用证失去本身意义，对收汇不利。见此条款，出口商应联系申请人删除。

2. 进口商的风险

由于信用证方式是“纯单据业务”，银行只审查受益人提交的单据是否与信用证条款规定“表面上”相符，以决定是否履行付款责任，而不管实际货物，因此，受益人如果变造单据使之与信用证条款相符，甚至制作假单据，也可以从银行取得货款，从而使进口商成为欺诈行为的受害者。

3. 防范措施

（1）慎重选择贸易伙伴。进、出口商在寻找贸易伙伴时，一定要对客户进行资信调查，尽量不与资信不好的客户做生意。

（2）预先在买卖合同中明确规定信用证的内容。卖方可预先在买卖合同里对信用证的内容做出明确规定，以免日后发生争议。在订立买卖合同时，卖方必须做出慎重的安排与选择，尽可能对己有利，并对所接收到的条件有绝对的把握履行，对于没有把握履行的条件不要订立或要求修改。

（3）加强对开证行的资信调查。出口商应事先了解进口商所在国家或地区的经济、金融状况以及当地银行信用证业务的一般做法，在订约时具体规定信用证的开证行，并要求由开证行以外的另一家银行对开证行的责任加以保兑。

（4）认真审查信用证。出口商也需对信用证进行认真审查，审查内容主要有两个方面：一是核对信用证的内容与买卖合同是否一致，发现有出入的内容及有困难履行的条款必须迅速要求进口商改进，只有在收到开证行的改运通知书后方能装运货物；二是审查信用证的真伪、开证行的信用、信用证的种类等。实际业务中，卖方可以向通知行落实情况，此外，卖方还可以要求买方或开证行请其他自己较为熟悉或资信好的银行对信用证加具保兑。

审证时还应注意来证的有效性和风险性。信用证通知行和受益人应加强合作，对信用证的生效条件、信用证中是否列有主动权不在自己手中的“软条款”或“陷阱条款”以及其他不利条件条款进行认真审核，一旦发现此类条款，应立即要求开证申请人修改或删除。

（5）严把单据制作关。受益人应严把单据质量关，严格按照信用证制作单据，完成制单后应仔细复核，使提交单据的种类及其内容表述与信用证规定相一致，以保证按期结汇。

（6）严格开证申请人的资信审查，加强保证金管理。开证行必须严格审查开证申请人近期业务经营状况，资信情况、资产质量、负债状况、偿付能力等，并参照信贷管理审查程序及制度给每位客户核实一个开证的最高授信额度。对远期信用证必须落实足额保证金或采取同等效力的担保措施。保证金收取比率应与进口商的资信、经营作风、资金实力及市场行情相结合，对风险较大的业务必须执行100%甚至更多的保证金，并落实有效的担保、抵押手续。

四、国际结算中的附属结算方式

国际结算中的附属结算方式，如保理（Factoring）、保函（Letter of Guarantee）和福费廷（Forfeiting）等，越来越被广泛地应用，它们作为新的结算方式，也可能会取代信用证结算方式的主导地位。例如，保理业务是一项以债权转让为基础的集商业资信调查、催收货款、应收账款管理、信用风险担保及贸易融资为一体的新型综合金融服务方式。国际保理业务在世界各地发展迅速，在我国的发展方兴未艾。（后续项目中，我们将重点介绍融资方式。）

五、国际结算中的混合结算方式

国际结算方式的多元化选择或混合选择是指多种结算方式相结合或综合运用，如部分货款采用信用证结算，部分货款采用验货（特别是大型设备货物）；或者部分货款采用信用证结算，部分货款采用托收结算；或者部分货款采用T/T预先付款结算，部分货款采用信用证结算；等等。采用混合结算方式的优点在于使买卖双方分摊一些结算风险和成本，以有利于达成双方均可接受的结算方式合约。因此，混合结算方式日趋受到青睐。例如，可以采取10%预付定金、40%发货后电汇付款、50%即期付款交单托收等混合结算方式。

项目小结

进出口报价与结算
交叉汇率计算
即期
远期
进出口报价
合理运用买入价与卖出价
远期交易下报价
根据汇率变动调整报价
国际结算方式
汇款
类型与流程
风险点
防范措施
托收
类型与流程
风险点
防范措施
信用证
业务流程
风险点
防范措施
其他结算方式
附属结算方式
混合结算方式

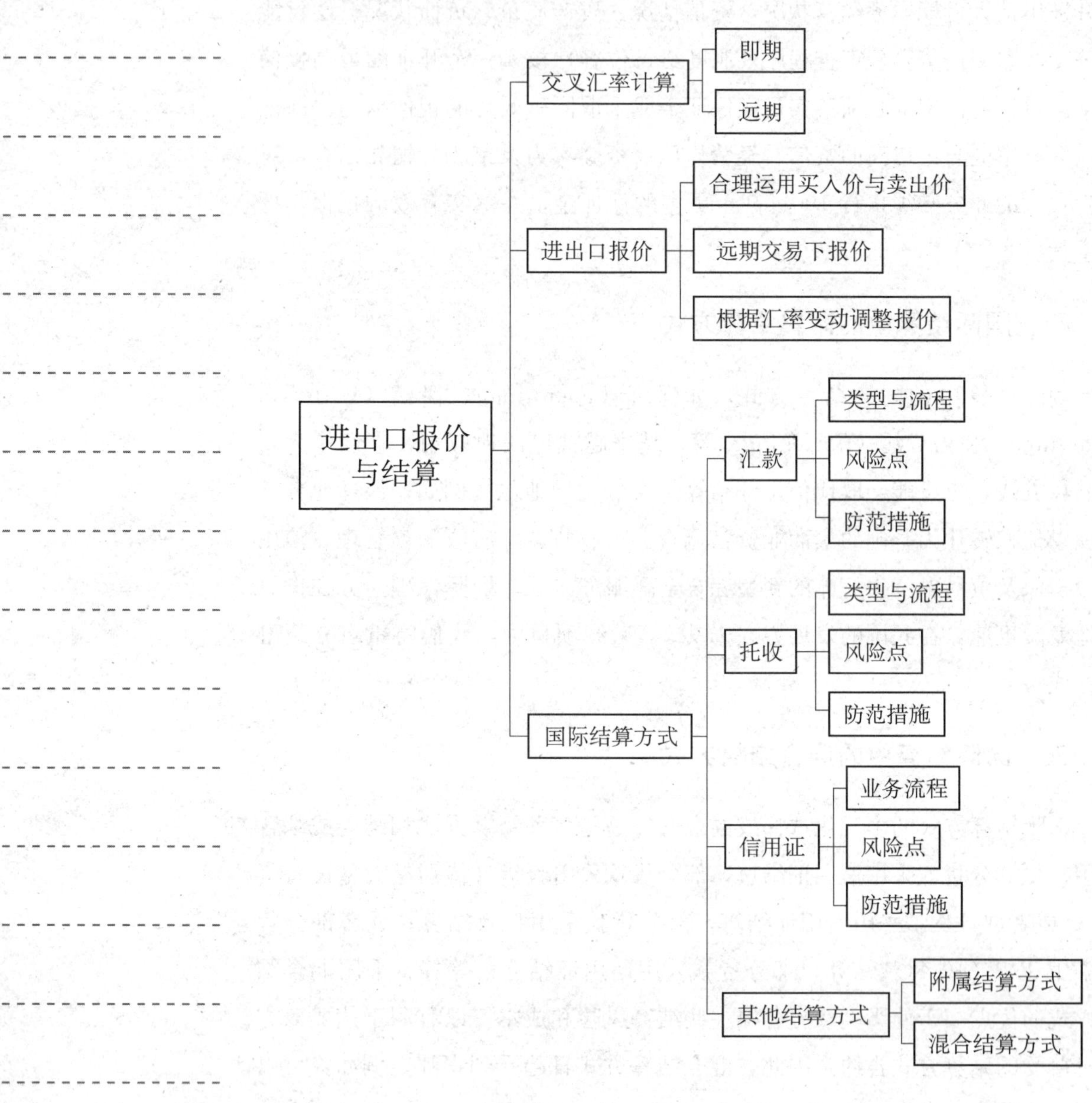

项目四
外汇风险管理

▶ 知识目标

- 了解外汇风险的含义、构成要素及种类
- 掌握企业外汇风险的内部管理方法
- 掌握企业外汇风险的外部管理方法

▶ 能力目标

- 能运用外汇风险管理方法对实际案例进行分析
- 能为某一经济主体设计几种外汇风险管理的具体措施
- 树立风险意识和组合措施的观念

▶ 项目任务

- 企业外汇风险的内部管理方法运用
- 企业外汇风险的外部管理方法运用

▶ 任务导入

ABC进出口贸易公司近年来借助“一带一路”政策东风，发展迅速。但是该公司在国际贸易中签署了大量远期合同，近期还决定到柬埔寨去收购加工厂，可能要进行项目融资。但是，该公司几位高级管理人员产生了意见分歧，大家对存在的风险众说纷纭。请帮助该公司分析存在的外汇风险。

任务一　外汇风险概述

一、外汇风险的含义

外汇风险又称汇率风险，一般是指在一定时期的国际经济、贸易、金融活动中，一个经济实体、组织或个人的以外币计价的资产（或债权）、负债（或债务）因外汇汇率的变动而引起的价值上升或下跌带来的不确定性。这种不确定性既可能给所有者带来损失，也可能带来收益。一般情况下，人们提到外汇风险时，更重视风险损失。

外汇风险有广义与狭义之分。广义的外汇风险是指由于汇率、利率的变化以及交易者违约或外国政府实行外汇管制等因素给外汇交易者可能带来的损失或收益的风险；狭义的外汇风险仅指由于外汇汇率的变动给外汇交易者可能带来的损失或收益的风险。本项目所涉及的外汇风险均指狭义的外汇风险。

我们以一个案例来说明外汇风险的含义：某国内厂商出口货物，合同约定价格为 100 万美元，美国进口商于 6 个月后付款。如果合同签订时，美元兑换人民币的汇率为 1∶6.9，出口商预期可收入 690 万元人民币。但是由于汇率变动，美元价格下跌，6 个月后美元兑换人民币的汇率只有 1∶6.8。那么，进口商还是支付 100 万美元，而出口商却只能收回 680 万元人民币，出口商因为美元汇率下跌而少收入 10 万元人民币。这种由于汇率变动给交易者带来的损失风险就是外汇风险。

二、外汇风险的构成要素

外汇风险是由本币、外币和时间三个因素所构成的，这三个因素在外汇风险中同时存在，缺一不可。

（一）本币

从事国际贸易的企业，在它的经营活动中所发生的外币应收账款、外币应付账款、外币资本的借出或借入等，最终均需用本币进行结算，以考核该企业的经济效益。

（二）外币

如果从事国际贸易的企业以本币计价结算而不使用外币，则该贸易交易不存在外汇风险。

例如，A 公司向海外销售产品，购买商以该公司所在国的货币（本币）计价，那么对于购买商而言没有外汇风险，这是因为使用本币计价，不存在外币与本币的折算问题。

（三）时间

有了本币和外币之间的兑换关系还不一定构成外汇风险，还必须有时间的差异。也就是说，在贸易活动中，由于实际账款的收进和付出是有时间期限的，在这个期限内，汇率有可能发生变动，因此会存在汇率风险。在同一时间，汇率不会变动，外汇风险也就不存在。

一般来说，应收或应付外币账款的时间期限与外汇风险大小成正比，即：时间越长，在此期间汇率波动的可能性越大，外汇风险相对也就越大；时间越短，在此期间汇率波动的可能性越小，外汇风险相对也就越小。

上述要素也可归结为外汇风险产生的两个前提条件：一是地点差，二是时间差。外币与本币之间存在汇率折算是因为地点差的存在，如果没有时间差，也就没有外汇风险了。因此，汇率风险的防范从根本上说就是消除时间差和地点差。

在浮动汇率制度下，由于汇率的波动更频繁、更剧烈，因此企业所面临的外汇风险比在固定汇率制度下更经常、更明显、更难以预料。我国自 2015 年实行汇率改革以后，人民币汇率波动的频率和幅度都明显加剧，预测难度加大，增加了企业的汇率风险。人民币汇率风险已经成为我国涉外企业重点关注的问题。

知识拓展

“8 · 11” 汇改

2015 年，国际货币基金组织宣布人民币将于 2016 年 10 月纳入 SDR（特别提款权），同年，人民币“8 · 11”汇改开始实行，人民币汇率中间价机制进一步市场化，这些都标志着人民币在市场化和网际化的进程中取得了突破性的进展。但人民币汇率的市场化改革也意味着人民币的波动幅度进一步上升。汇改后，人民币先后经历了4次贬值，累计幅度超过10%，其中，2016年人民币贬值幅度约达7%。受到中国经济增速预期放缓、中美贸易战等不确定性因素的影响，人民币在2018年年中至2018年年底快速贬值约10%，比价几近破7。总结2015年之后的人民币汇率走势可以发现，人民币开始进入双边波动时期，即人民币汇率不再持续单边升值趋势，而是呈现升贬交替并且震荡幅度扩大的趋势。

这就导致企业对人民币汇率走势的预判难度加大，企业开展国际业务所面临的汇率风险也由此上升。因此，在汇率走势预测愈发复杂的情况下，企业更不应该盲目地猜测汇率的升贬，而是应该寻找合适的工具进行外汇风险的管理。

资料来源：作者根据相关资料改编。

三、外汇风险的特征

在可能产生外汇风险的交易中，交易双方会预测并防范外汇风险。只有预料之外的汇率变动才会产生外汇风险。

外汇风险的特征体现在以下三个方面。

（一）不确定性

外汇风险给交易者带来的有可能是风险收益，也有可能是风险损失，是损失还是收益既取决于汇率变化的方向，又取决于交易者在交易中是债权人还是债务人。

（二）偶然性

外汇风险的偶然性指的是外汇风险有可能发生，也有可能不发生，不具有必然性。

（三）相对性

外汇风险的相对性是指外汇交易中，给一方带来损失的同时必然给交易对手带来收益。

知识拓展

十年辉煌　毁于一旦

香港百富勤投资集团（简称“百富勤”）诞生于1988年9月，当时它是在香港1987年股灾的颓垣败瓦废墟上组建的，筹建人是当时同在花旗银行任职的梁伯韬、杜威廉。他们自立门户不到10年，已使百富勤从一家小公司发展成为拥有240亿港元总资产、126亿港元市值，包括融资、投资、证券、商品期货及外汇经纪与资产管理等多种业务的香港最大证券集团，也是除日本以外亚洲市场实力最雄厚、影响力最大的投资银行，并跻身于《财富》杂志全球500强之列。梁伯韬、杜威廉二人也随之成为香港股坛叱咤风云的人物。在许多人看来，百富勤的成功是一个真正的奇迹。

1997年7月，正当百富勤的发展如日中天之时，东南亚金融危机爆发了。由于百富勤大量投资于东南亚债券市场，因此这次危机直接给百富勤带来了巨大的冲击。随着东南亚国家货币的大幅度贬值，百富勤在亚洲债券市场的过度扩张，使其陷入财务困境。在一整套“拯救计划”相继流产后，百富勤无可奈何地进入法律程序，进行清盘。真可谓“成也萧何，败也萧何”，1997年的亚洲金融风暴使它成为最为壮烈的殉葬品。

资料来源：十年辉煌毁于一旦 香港百富勤破产倒闭．(2001-04-10)．http://finance.sina.com.cn/g/51114.html.

大多数外汇汇率具有相对性，但在外汇期权交易中，可能只给交易的一方带来收益或者损失。

四、外汇风险的种类

外汇风险的种类

下面以企业为例对外汇风险进行分类。企业所面临的外汇风险主要有交易风险、会计风险和经济风险。

（一）交易风险

外汇交易风险也称交易结算风险，是指一个经济实体或个人在以外币计价的国际经济活动中，由于外汇汇率波动而引起的应收资产与应付债务价值变化，从而蒙受实际损失的可能性。这种风险最大的特点是交易者的外汇债权债务从签订交易合同、确定以外币计价的交易金额时及汇率变动前就已经产生，在汇率变动后实际收付。

交易风险是国际贸易中遇到的最主要、最常见的风险。凡是涉及外币计算或收付的任何商业活动或投资行为都会产生交易风险。

交易风险有以下几种表现情况：

1. 贸易结算风险

以即期或延期付款为支付条件的商品或劳务的进出口，在装运货物或提供劳务后至费用收支时这一期间，外汇汇率变动使出口商收入减少或进口商支付增加，这种风险构成了对外贸易的结算风险。外汇汇率下降会给出口商带来损失，反之则会带来收益；外汇汇率上升会给进口商带来损失，反之则会带来收益。

【例 4.1】中国某汽车制造商因生产需要，每个月要从欧盟进口价值1 000万欧元的汽车零配件。2018 年 6 月，1 欧元仅兑换 7.51 元人民币。到 2018 年 9 月，1 欧元兑换 8.01 元人民币。由于该企业未采取防范汇率风险的措施，因此 2018 年 9 月要多支付 500（=1 000×0.5）万元人民币。

由于该企业是进口商，在未来时间要支付欧元，当支付欧元时，欧元兑人民币汇率上升，因此该企业要用较多的本币买入外汇，买入外汇成本增加，从而蒙受经济损失。

2. 国际借贷风险

以外币计价的国际信贷活动，在债权债务产生至清偿债权债务时的这段时间内，如果外汇汇率发生波动，使债权人收入减少或债务人支出增加，这种风险构成对外债权债务的清偿风险。

【例 4.2】美国某企业 2018 年借入 100 万欧元两年期的国际商业贷款，当时的市场汇率为 USD1＝EUR1.250 7，但是，还款时的市场汇率变为 USD1＝EUR0.909 5，由于国际信贷汇率风险，该企业损失了 34.12（=100×

(1.250 7—0.909 5)) 万美元。

知识拓展

北京奥林匹克饭店因汇率变动而破产

北京奥林匹克饭店在成立初期申请了50亿日元的贷款，利率很优惠。放贷时的汇率水平是1美元兑换240日元左右，而此后不久，日元就开始在美国的逼迫下不断升值，最高时达到1美元兑换80日元以下。恰在那时（1994年），人民币汇率也进行了调整，从1美元兑换5.7元人民币调到8.7元左右。也就是说，人民币对日元的汇率在短短几个月内贬值了近6倍。奥林匹克饭店的经营收入基本都是用人民币或美元计价，却要用日元还贷，日元的升值令其蒙受了巨大的损失，最后不得不申请破产。该饭店破产不是因为所处地理位置不好，也不是因为经营管理问题，最主要的原因就是没有合理规避汇率风险。

资料来源：外汇交易风险案例分析．(2012-05-22)．https://www.fx110.com/case/121.

3. 外汇买卖风险

企业在进行远期外汇交易、期货、期权交易中，因为约定汇率和到期时的汇率相比发生变化，这种风险构成了外汇的买卖风险。

例如，美元兑人民币即期汇率是USD1＝CNY6.93，某企业预测在未来的一年美元兑人民币的汇率会继续上升，那么该企业按照USD1＝CNY6.98的汇率买进100万美元6个月的远期合约，6个月后，美元兑人民币的汇率为USD1＝CNY6.95，该企业因汇率变化损失5万美元。

交易风险的主要表现见表4-1。

表4-1　交易风险的主要表现

	交易方	计价货币升值	计价货币贬值
进口方	应付方	受损（换汇成本增加）	受益（换汇成本减少）
非贸易付汇方			
债务方			
空头	银行需买入此种外汇		

续前表

	交易方	计价货币升值	计价货币贬值
出口方	应收方	受益（换汇成本减少）	受损（换汇成本增加）
非贸易收汇方	应收方	受益（换汇成本减少）	受损（换汇成本增加）
债权方	应收方	受益（换汇成本减少）	受损（换汇成本增加）
多头	银行需卖出此种外汇	受益（换汇成本减少）	受损（换汇成本增加）

交易风险具有静态性和客观性特点。因为交易风险产生于经营过程中，其风险衡量的时间是在过去已发生的交易的某一时点上，其造成的损失是真实的，所以损失结果可用一个明确的数字来表示。

（二）会计风险

会计风险又称折算风险或账面风险，它是指企业在将资产负债表中某些外汇项目转换成本币时，由于汇率变化而引起以外币计量的资产、负债、收入、费用等项目在折算为本币时产生的金额变动的风险，是一种账面损失的可能性。同时，由于不同的会计制度和税收制度对资产负债表的会计处理不尽相同，因此会计风险还受到不同国家的会计制度和税收制度的制约。

会计风险是从事国际贸易时最明显的一种外汇风险，对有跨国经营业务的企业的影响最为明显。对于跨国公司而言，母公司在编注会计报告时，为了把海外子公司原来用外币计量的资产、负债项目合并到本国货币账户内，必须把上述用外币计量的项目按一定汇率换算成本币表示，以便汇总编制综合财务报表。一旦外币与本币之间的汇率发生变动，比如本币升值，外币的价值在账面上就会减少，这就是会计风险。汇率出现变动时，资产负债表产生了损失或收益，只影响国内母公司账面的价值，海外子公司的实际经济价值并没有减少，这也是它不同于交易风险的地方。由此可见，会计风险是账面风险，是存量风险。

【例 4.3】英国某公司有 10 万欧元的应收货款，欧元兑英镑的即期汇率是 1∶0.85，在资产负债表中，这笔应收货款为 8.5 万英镑。一年后，由于汇率发生变动，欧元兑英镑的即期汇率是 1∶0.84，这笔 10 万欧元的货款账面价值变为 8.4 万英镑，账面损失为1 000英镑。

会计风险产生于经营活动后，它是从母公司的角度来衡量其受损程度造成的损失，不是实际交割时的真实损失，只是账面上的损失。

（三）经济风险

经济风险是指由于意料之外的汇率变化而导致企业产品成本、价格等发生变化，从而引起企业未来经营收益变化的一种潜在风险。例如，我国某集团公司在美国有一子公司，利用当地资源和劳动力组织生产，产品以美元计价销售，突然美元出现了较大幅度的贬值，这就会给子公司的经济绩效带来潜在的风险。再如，据在香港交易所上市的南方航空公司、东方航空公司公布的中报显示，尽管其上半年经营收入大幅上升，但由于其在融资租赁飞机方面产生的负债主要是美元和日元，而上半年日元对美元的汇率大升，直接导致日元对人民币的汇率上升了约 10%，结果使其净利润下降 30%以上。香港的分析师认为，两家航空公司的外汇汇兑损失总共约达 1.58 亿元人民币。

经济风险着眼于对企业经营结果的分析，是从企业整体上进行预测、规划和进行经济分析，涉及资金、营销、采购和生产等的各个层面；经济风险的分析在很大程度上取决于该公司的预测能力，特别是预测汇率变动的能力，具有一定的动态性和主观性；经济风险直接影响海外企业在融资、销售、经营目标与生产等方面的战略决策。经济风险的影响是长期和复杂的，而交易风险的影响是一次性的。对企业，尤其是跨国企业来说，经济风险比会计风险和交易风险更为重要。

以上三种汇率风险的区别见表 4－2。

表 4－2　三种汇率风险的区别

区别点	交易风险	会计风险	经济风险
发生的时间	经营过程中	经营结果	预测企业未来收益
造成的损益真实性	真实的	账面的	潜在的
衡量损益的角度	单笔的交易	母公司	企业整体
衡量风险的时间	一次性的	一次性的	长期的
损益表现的形式	客观性	客观性	动态性和主观性

知识拓展

案例分析

下面的案例中，收付各方在实际收付时金额上发生了什么变化？有没有外汇风险？如果有，属于哪一种风险？

英国某公司从德国进口一批医疗设备，双方商定以美元计价，总价值为 USD100 万，3 个月后付款。签约时市场汇率为：GBP1＝USD1.752 0，以此汇率计算，英国进口商需支付 GBP57.08 万（100 万÷1.752 0＝57.08 万）。但 3 个月后，英国某公司办理支付时，美元升值，汇率变为：GBP1＝USD1.652 0。

问题 1：在这一交易过程中，外汇风险是否存在？如果存在，存在于哪一方？

问题 2：在此情况下，外汇风险属于哪一种类型？

问题 3：英国某公司需支付多少英镑？

问题 4：对于存在风险的一方，损失的金额是多少？

分析：从案例来看，英国进口商从医疗设备的进口到办理支付的时间是 3 个月，计价货币美元在此期间汇率上升，所以在付款时，英国进口商需用 60.53 万（100 万÷1.652 0＝60.53 万）英镑，比签订合同时多支付了 3.45 万（60.53 万－57.08 万＝3.45 万）英镑。因此，在这一交易过程中，英国进口商蒙受了对外贸易结算中汇率升值的风险。

任务二 企业外汇风险内部管理方法

企业外汇风险管理方法可以分为两类：内部管理方法和外部管理方法。内部管理方法又称为商业法，是指不利用外部条件，将外汇风险作为企业日常经营的部分，尽量减少或者防止可能产生风险的净外汇头寸的产生；外部管理方法又叫金融法，是指当内部经营不足以消除净外汇头寸时，利用外部市场，如远期外汇市场、期货市场、期权市场及互换市场等进行交易，以降低交易风险。本任务介绍企业外汇风险内部管理方法。

外汇风险内部管理方法主要有选择货币法、配对管理法、提前或推迟结汇法和保值法。

一、选择货币法

货币选择法

在有关对外经济交易中，选择何种货币签订合同作为计价结算的货币或计值清偿的货币，直接关系到交易主体是否将承担汇率风险。

（一）选择本币计价

在进出口贸易中，尽量选择本币进行结算。这是因为选择本币作为计价货币，不涉及货币的兑换，进出口商没有外汇风险。

进出口贸易中进口方和出口方有 3 种计价货币的选择方式：①以进口方本国货币计价；②以出口方本国货币计价；③以“第三国”货币计价。一般而言，进出口商均争取以本国货币计价。

能够使用本币计价结算的货币通常是储备货币，如美元、欧元、英镑、日元等，并且是双方都能够接受的币种才可以。从国际惯例来说，目前使用国际关键货币美元的情况较多，特别是各种原材料和石油的交易；各主要工业国家尤其是一些储备货币发行国的出口贸易很大一部分是以本币计价结算的，如英国和德国分别高达 73％和 87％；另外，随着日元国际化，日本企业以日元计价的出口也与日俱增。

选择本币计价法，并没有消除外汇风险，只是将风险从交易的一方转嫁到交易的另一方，所以对方一般是不愿意接受的。为了能够达成交易，使用本币计价结算的一方应该在价格或期限上做一些让步，作为给对方的风险补偿。

知识拓展

人民币跨境结算

所谓跨境贸易人民币结算，是指经国家允许指定的、有条件的企业在自愿的基础上以人民币进行跨境贸易的结算。商业银行在中国人民银行规定的政策范围内，可直接为企业提供跨境贸易人民币相关结算服务。

随着中国经济的飞速发展，2000 年至 2008 年的 8 年时间里，中国对外贸易量增长 440%，成为世界上第三大贸易国。与贸易大国地位不相适应的是，在中国的进出口贸易中，主要的结算货币是美元和欧元。这种“贸易大国”和“货币小国”的对立状况给企业和国家造成了很大的风险。进出口企业在进行国际贸易时必须用本币购买外汇或结汇，这就必然要承担汇率风险。

2009 年 4 月 8 日，国务院常务会议正式决定，在上海、广州、深圳、珠海、东莞等城市开展跨境贸易人民币结算试点。2011 年，跨境贸易人民币结算境内地域范围扩大至全国，人民币跨境支付逐渐受到更多进出口企业参与。中国人民银行公布的《2018 年金融统计数据报告》显示，2018 年跨境贸易人民币结算业务发生 5.11 万亿元。与此同时，人民币已发展成为全球第五大支付货币、第三大贸易融资货币和第五大外汇交易货币。

资料来源：跨境贸易人民币结算．(2019-12-18)．https://baike.baidu.com/item/跨境贸易人民币结算/3858075?fr=aladdin.

（二）选择可自由兑换货币计价

可自由兑换货币在国际经常性往来中，随时可以无条件地作为支付手段使用，对方应无条件接受并承认其法定价值，不施行歧视性货币政策措施或多种货币汇率。在另一国要求下，一国随时有义务换回对方在经常性往来中所结存的本国货币。

选择可自由兑换货币计价，便于外汇资金的调拨和运用，一旦出现外汇风险可以立即兑换成另一种有利的货币，从而达到防范或转移风险的目的。

（三）选择有利的外币计价

选择有利的外币计价是遵循“收硬付软”的原则，即“出口选硬币，进口选软币”。当出口（或构成债权）时，应尽量争取使用硬货币；当进口（或构成债务）时，应尽量采用软货币。

【例 4.4】美国出口商向日本出口一批商品，计价 1 500 000 日元，即期汇率为 USD/JPY=150，到期应收回 10 000 美元，然而到期支付时，汇率变成 USD/JPY=125，美国出口商到期可收回 12 000 美元（1 500 000÷125=12 000），比合同签订时多收入 2 000 美元。

【例 4.5】2019 年德国某公司进口 10 000 英镑商品，即期汇率为 GBP/EUR=1.20，但 3 个月后实际付款时，汇率为 GBP/EUR=1.10，此时该公司购买 10 000 英镑只需要支付 11 000 欧元，节省 1 000 欧元。

遵循这一原则，其实质在于将汇率风险的损失转嫁给交易对方。在实际业务中，选择何种货币并非一厢情愿，双方都希望选择对自己有利的货币，从而将汇率风险转嫁给对方，容易给谈判带来很大困难，甚至产生僵局。所以使用“收硬付软”原则要灵活多样，采取软、硬货币搭配的方案，由双方共同承担风险或采用一篮子货币避险。

（四）选用一篮子货币

对于涉及大宗商品的国际贸易，可以通过使用两种以上的货币计价来规避外汇汇率变动带来的风险。计价货币尽量在国际储备货币中选择，如美元、欧元、英镑、日元等。这些货币的汇率变化呈负相关性，也就是说有的货币升值，必然有的货币会贬值。这样，升值的货币会带来收益，可以部分抵销贬值的货币所带来的损失。因此，选用一篮子货币可以减少国际贸易中企业的外汇风险。

目前在国际支付中，一些金额较大、期限长的合同和货款，普遍用特别提款权和欧洲货币单位等一篮子货币保值。

【例 4.6】德国进口商从美国进口设备，价值 1 000 万美元，1 年后以美元支付货款。又知签订合同时两种即期汇率分别为 USD1=EUR1.351 0，

SDR＝USD1.228 0。1 年以后，美元升值，欧元与特别提款权相对贬值，汇率变为：USD1＝EUR1.751 0，SDR＝USD1.100 0，则：

（1）若以美元计价，1 年后多支付 400 万欧元：

1 000 万×（1.751 0－1.351 0）＝400 万（欧元）

（2）若以特别提款权计价，1 年后仅多支付 216.85 万欧元：

美元升值前货款为：

（1 000 万÷1.228 0）＝814 万（SDR）

美元升值后多支付欧元为：

814 万×1.100 0×1.751 0－1 000 万×1.351 0＝216.85 万（欧元）

故使用特别提款权计价将会少支付 183.15 万（＝400 万－216.85 万）欧元。

知识拓展

一篮子货币中货币的币种及比重是如何确定的

人民币汇率不再盯住单一美元，而是按照我国对外经济发展的实际情况，选择若干种主要货币，赋予相应的权重，组成一个货币篮子，在此基础上测算人民币多边汇率水平的变化。根据国内外经济金融形势，以市场供求为基础，参考一篮子货币计算人民币多边汇率指数的变化，对人民币汇率进行管理和调节，维护人民币汇率的正常浮动和在合理均衡水平上的基本稳定。作为人民币汇率调节的一个参考，在进行一篮子货币的选取以及权重的确定时主要遵循的基本原则是：综合考虑在我国对外贸易、外债（付息）、外商直接投资（分红）等外经贸活动中占较大比重的主要国家、地区的货币，组成一个货币篮子，并分别赋予其在篮子中相应的权重。因此，第一，一篮子货币的确定是以对外贸易权重为主的；第二，一篮子货币权重的确定要适当考虑我国对外负债的币种结构；第三，在一篮子货币中要考虑外商直接投资的影响；第四，适当考虑经常项目中一些无偿转移类项目的收支，虽然这类项目收支所占比重相对小一些，但其币种构成也会对一篮子货币的权重产生一定的影响。

资料来源：新的人民币汇率形成机制的内容和特点．(2005-07-22)．http://forex.jrj.com.cn/2005/07/000001270103.shtml.

（五）软硬货币搭配

各种货币的“软”与“硬”是相对的，是可以互相转换的，而且具有时间性，所以进行合理搭配，能够减少汇率风险。在国际贸易中，如果要求确定某一种货币计价付款，使交易双方中的一方单独承担汇率风险，一般是难以接受的。交易双方在选择计价货币难以达成共识时，可采用这种折中的方法，由交易双方共担风险，共受损失，共享收益。

该法具体搭配有三种形式：一是软、硬货币对半；二是软货币或硬货币多些；三是把软、硬货币与介于软、硬货币之间的另一种货币进行组合，使三者各占一定的比例。同时，在该法中，一般还应在合同中标明计价货币、支付货币和币种及当时软、硬货币之间的汇率，一旦软、硬货币汇率发生变化，就可按变化后的汇率调整支付货币的数量。只有这样，才能避免或减少风险。

当前，有些金额较大的进出口合同采用四种货币计价，即两种硬货币、两种软货币，从而使不同货币的急升急降风险缓冲抵消。这样就可防止使用单一货币计价时因汇率的突然骤变，使买卖双方遭受重大损失。

二、配对管理法

平衡组对法

配对管理法是使外币的流入和流出，在币种、金额和时间上相互平衡的做法。配对管理法分为平衡法和组对法两种。

（一）平衡法

平衡法也称配对法，是指交易主体在一笔交易发生时，再进行一笔与该笔交易在货币、金额、收付日期上完全一致，但资金流向相反的交易，使两笔交易面临的汇率变化影响抵消。

【例 4.7】 某公司在 3 个月后有 100 000 美元的应付货款，该公司为防止美元汇率上浮，应设法出口同等美元金额的货物，使 3 个月后有一笔同等数额的美元应收货款，以抵销 3 个月后的美元应付货款，从而消除外汇风险。如图 4－1 所示。

在一般情况下，一个国际企业取得每笔交易的应收、应付货币“完全平

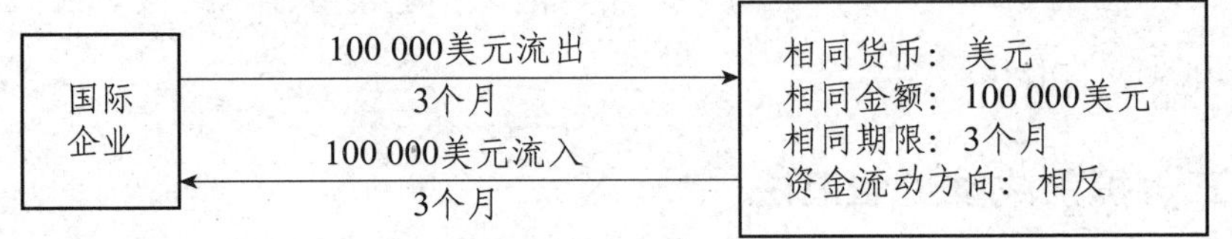

图 4-1　平衡法示意图

衡”是难以实现的。一个国际公司采用平衡法，有赖于公司领导下的采购部门、销售部门与财务部门的密切配合。金额较大、存在着一次性外汇风险的贸易可以采用平衡法。

（二）组对法

组对法是指交易主体通过利用两种资金的流动对冲来抵消或减少风险的方法。某公司具有某种货币的外汇风险，它可以制造一个与该货币相联系的另一种货币的反方向流动来消除某种货币的外汇风险。另一种货币与某种货币流动方向相反，但金额相当、时间相同。

【例 4.8】 某公司在 3 个月后有 100 000 美元的应付货款，该公司为防止美元汇率上浮，创造一笔出口业务，出口金额为 778 000 港元，3 个月后收款。香港实行的是盯住美元的联系汇率，美元/港元汇率为 7.78，基本不变，同升同降。如图 4-2 所示。

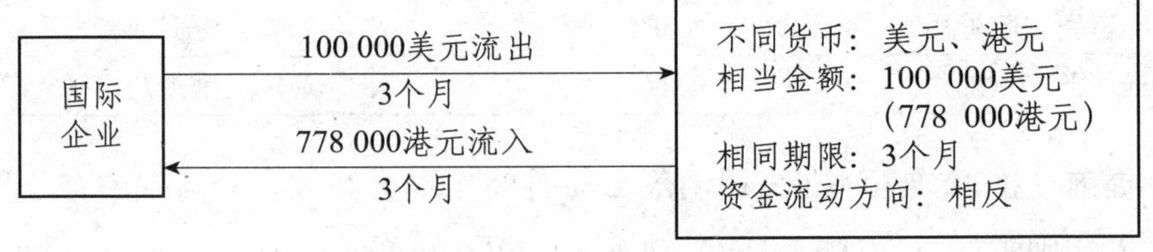

图 4-2　组对法示意图

可见，组对法的实现条件是：作为组对的两种货币，其汇率常常呈现高度正相关关系。但是一旦这两种货币的关系出现偏离，那么组对法就无法实现，反而会产生新的风险，因此必须注意组对货币的选择。

组对法与平衡法的区别在于：

（1）平衡法是基于同一种货币的对冲，而组对法则基于两种不同货币的对冲；

（2）组对法比较灵活，也易于运用，但却不能消除全部风险，而只能减缓货币风险的潜在影响。

三、提前或推迟结汇法

提前滞后收付法

提前或推迟结汇法是指通过预测未来汇率变动趋势，更改外汇资金的收付日期来抵补外汇风险的一种方法。通常的规则是：当预计货币将升值或汇率上浮时，则将所欠债务提前偿还，应收款项逾期接收；当预计货币将贬值或汇率下浮时，则将所欠债务支付推迟，应收款项提前收回。

假定将来美元上升、人民币疲软，出口商以及将来有外币收入的人会尽可能推迟收汇日期，以得到更多的人民币。为此，出口商会尽可能推迟履行出口合同，或延长出口汇票期限，以推迟结算日期；相反，进口商以及将来发生支付外币的人在预测到人民币汇率疲软时，就会尽可能提早支付，加速履行进口合同，并缩短出口商提供的短期信用期限，以加快结汇，付清外汇。

假定将来美元下跌、人民币升值，上述活动则完全相反。

提前或推迟结汇法见表 4-3。

表 4-3　提前或推迟结汇法

汇率变动趋势	预测外币升值、本币贬值	预测外币贬值、本币升值
出口商（收外币）	推迟收汇	提前收汇
进口商（付外币）	提前付汇	推迟付汇

提前或推迟结汇法在公司内部交易时使用更为有效，若与别的企业用这样的方法则需要对方认可，实行起来不一定会顺利。

由于提前或推迟结汇法是一种很明显地将风险转嫁给对方的行为，因此各国政府都对提前或推迟结汇做出了限制性的规定。

工作任务

提前或推迟结汇法运用

假设预测美元兑港元上浮，美元兑日元下浮，请问：下列情况该如何操作？

	香港A公司	美国B公司	日本C公司
港币计价 （对香港收付）		进口：推迟 出口：提前	进口：提前 出口：推迟
美元计价 （对美国收付）	进口：提前 出口：推迟		进口：提前 出口：推迟
日元计价 （对日本收付）	进口：提前 出口：推迟	进口：提前 出口：推迟	

四、保值法

货币保值法

（一）硬货币保值

硬货币保值法是在合同中规定以硬货币保值，用软货币支付，并载明两种货币当时的汇率。一是在合同中规定以硬货币保值，在执行合同时，如果这一汇率发生变化，则原货价按这一汇率的变动幅度进行调整，这样就保证了出口商收到的软货币的货款折合成硬货币的金额等于签订合同中硬货币的计价金额；二是双方在签订合同时，确定一个软货币与硬货币的"商定汇率"，并规定其波动幅度。若支付时超过"商定汇率"一定幅度，则对原货价进行调整；若软货币与硬货币汇率变动幅度较小，则不调整原货价，以示给予对方的折让与照顾，只有当软货币与硬货币汇率变动超过规定的波动幅度时才对原货价进行调整。

【例 4.9】某公司出口一批工艺品到美国，合同价格为 10 万美元，以瑞士法郎保值，即以瑞士法郎为计价货币。

签约时，USD1＝CHF1.55，则合同总额为 15.5 万瑞士法郎。若支付时USD1＝CHF1.45，则应支付：15.5÷1.45＝10.69（万美元）。

【例 4.10】某公司有一笔货款为 1 000 万日元的进口合同，以日元支付，以美元保值，并规定美元与日元波动幅度达到 5%时，要对货款进行调整。

假设合同签订时汇率为 USD1＝JPY100，支付货款时的汇率为 USD1＝JPY110，美元升值 10%，波动幅度已经超过 5%，所以货款应进行调整，调整后的货款应为 1 100 万日元。

（二）综合货币单位保值条款

综合货币单位保值条款就是在贸易合同中，规定某种货币为计价结算货币，并以一篮子货币为保值货币，其做法和原理与硬货币保值相同。具体做法是：签订合同时，确定好所选择的多种货币与合同货币之间的汇率，并规定所选货币的权数，如果汇率发生变动，则在结算或清偿时，根据当时汇率变动幅度和每种所选货币的权数，对收付的合同货币金额做相应调整。

【例 4.11】某笔货款为 500 万美元，合同中规定用美元、日元、英镑组成一篮子货币来对货款进行保值。其中：美元占 30%，日元占 30%，英镑占 40%。

假设签订合同时的汇率为：USD1＝JPY120，USD1＝GBP0.666 7，则 1 000 万美元折算成保值货币应为：

500×30%＝150（万美元）

500×30%×120＝18 000（万日元）

500×40%×0.666 7＝133.34（万英镑）

若货款支付日的汇率变为：USD1＝JPY130，USD1＝GBP0.700 0，则各保值货币折算成美元应为：

150 万美元

18 000÷130＝138.46（万美元）

133.34÷0.700 0＝190.48（万美元）

合计货款为：

150＋138.46＋190.48＝478.94（万美元）

所以，到货款支付日时，进口商应向出口商支付 478.94 万美元的货款。

由于一篮子货币当中，各种货币的汇率有升有降，因此汇率风险能够得到分散，并能够把最大的风险限制在规定的幅度内，避免了外汇风险。

（三）调价保值

在国际贸易中，出口收硬货币、进口付软货币是一种理想的选择。但在实际贸易中，这种选择有时只是“一厢情愿”，某些场合出口不得不收取软货币，而进口被迫用硬货币，此时就要考虑实行调价保值法。调价保值包括加价保值和压价保值。

1. 加价保值

加价保值的计算公式为：

加价后商品价格＝出口商品原价×［1÷（1－计价货币预期贬值率）］

【例 4.12】 当 USD1＝GBP0.800 0 时，确定的原出口价为 100 000 美元，折合 80 000 英镑，预计出口收汇时美元将贬值 10%，此时的汇率变成 USD1＝GBP0.720 0，即原来的 100 000 美元只值 72 000 英镑。以加价保值，新的出口价为：

100 000×［1÷（1－10%）］＝111 111（美元）

按此新价和预期汇率折算，收汇仍为 80 000（＝111 111×0.720 0）英镑，出口商的利益得到了保证。

2. 压价保值

压价保值的计算公式为：

压价后商品价格＝进口商品原价×［1÷（1＋计价货币预期升值率）］

【例 4.13】 现汇率为 USD1＝GBP0.800 0，预测进口商品付汇时将变为 USD1＝GBP0.720 0。据此计算，英镑兑美元将升值 11.11%（＝0.800 0÷0.720 0－1）。假设原进口价为 80 000 英镑，折合 100 000 美元，在进口付汇时就必须按 0.720 0 汇率折算，以11 111美元购买 80 000 英镑对外支付。以压价保值，新的进口价为：

80 000×［1÷（1＋11.11%）］＝72 000（英镑）

按此新价和预期汇率折算，付汇仍为 100 000（＝72 000÷0.720 0）美元，进口商的利益得到了保证。

任务三 企业外汇风险外部管理方法

企业外汇风险外部管理方法又称金融法，是指当内部管理不足以消除净外汇头寸时，利用金融市场（外汇市场和货币市场）来避免外汇风险的交易。在外汇市场中可以利用即期外汇交易、远期外汇交易、外汇期货交易、外汇期权交易及外汇掉期交易等，为企业进行套期保值，以降低交易风险。货币市场的套期保值则是通过货币市场的借贷来抵销已有的债权和债务以防范风险，如利用外汇交易法、国际信贷、借款法、投资法、BSI、LSI 等。

一、外汇交易法

（一）即期外汇交易法

即期外汇交易法是指具有近期外汇债权或债务的公司与外汇银行签订卖出或购买外汇的即期合同，以消除外汇风险的方法。即期外汇交易防范外汇风险需要实现资金的反向流动。企业若在近期预定的时间有出口收汇，就应卖出手中相应的外汇头寸；企业若在近期预定的时间有进口付汇，则应买入相应的即期外汇。

【例 4.14】美国 A 公司在两天内要支付进口货款 10 000 英镑，该公司可立即进行英镑的即期买进，即期汇率为 GBP1＝USD1.294 8/1.295 8，两天后交割时公司付银行美元，银行付公司英镑，公司把英镑付给出口商。

A 公司以 1.295 8 美元购进 10 000 英镑，实现了外汇资金的反向流动，消除了两天内的汇率风险。

（二）远期外汇交易法

远期外汇交易法是指具有外汇债权或债务的公司与银行签订卖出或买进远期外汇的合同，以消除外汇风险的方法。具体做法是出口商在签订贸易合同后，按当时的远期汇率预先卖出合同金额和币别的远期，在收到货款时再按原定汇率办理交割。进口商则预先买进所需外汇的远期，到期支付货款时按原定汇率进行交割。

这种方法的优点在于：一方面，将防范外汇风险的成本固定在一定的范围内；另一方面，将不确定的汇率变动因素转化为可计算的因素，有利于成本核算。该方法能在规定的时间内实现两种货币的风险冲销，能同时消除时间风险和价值风险。

【例 4.15】美国一公司向英国出口一批货物，双方商定以英镑计价并结算，价格为 10 万英镑。贸易合同签订时的汇率为 GBP1＝USD1.35，这笔货款折合 13.5 万美元，美国出口商担心 6 个月后英镑贬值，为此，该出口商按照 GBP1＝USD1.30 的 6 个月远期汇率，把 10 万英镑卖给银行，到期可收到 13 万美元，比签订合同时少收 5 000 美元，这5 000美元就是该公司利用远期交易、防范外汇风险的成本。

【例 4.16】美国一公司从日本进口一批货物，以日元计价结算，价格为 1 亿日元，货款将在 3 个月后支付。现在的即期汇率为 USD1＝JPY110，3 个月的远期汇率为 USD1＝JPY100，该公司为防止日元的大幅度升值，决定用 1 000 000 美元买进 1 亿远期日元。与签订合同时相比，该公司多付出 90 909.09美元，这就是该公司做远期交易的成本。3 个月后，不管汇率如何变化，该公司都不用担心成本的增加。

（三）外汇期货交易法

外汇期货交易法是指具有远期外汇债务或债券的公司，可以委托银行或期货经纪公司购买或出售相应的外汇期货，建议消除外汇风险的方法。这种方法是利用期货市场与现货市场同升同降的关系，用期货市场的盈利去弥补现货市场的亏损，当然这是建立在对头寸货币未来走势的预期上的。

外汇期货交易和远期外汇交易极其相似。二者都是通过合同形式把购买或出卖外汇的汇率固定下来，而且都是一定时期以后才交割，而不是即时交割，因而企业或个人可通过外汇期货交易防范汇率风险。区别在于后者通常用于数量、金额较大的交易，而前者较适合于数量较少的交易活动。

例如，美国向英国出口货物，价格为 10 万英镑。美国出口商为防止 6 个月后英镑汇率下跌所带来的损失，可到外汇期货市场卖出 6 个月期英镑期货，到 6 个月后，如果外汇市场的英镑现汇汇率下跌，期货市场上的英镑价格也会下跌，这样该企业可以以低价买回英镑期货合约，用期货上的盈利抵销出口货款的损失。

（四）外汇期权交易法

外汇期权交易法是指具有外汇债权或债券的企业，通过外汇期权市场进行外汇期权交易以消除或降低外汇风险的做法。该方法与远期外汇交易法相比，更具有保值作用。这是因为远期外汇交易法届时必须按约定的汇率履约，但外汇期权交易法可以根据市场汇率变动做任何选择，即既可履约，也可不履约，当然这是以支付期权费为前提的。具体做法如下：

1. 进口商买进看涨期权

若付款日计价结算货币的汇率高于协定汇率，进口商就执行期权合约，即按约定汇率买进该货币，从而消除该货币汇率上升带来的损失；若付款日计价结算货币的汇率下跌并且跌至协定汇率以下，进口商可行使不按协定汇率买进的权利，而是在现汇市场上按较低的汇率买进该货币，从而获得因汇率下跌带来的利益。当然，无论汇率如何变动，该企业都要承担期权费。

2. 出口商买进看跌期权

若收款日计价结算货币汇率下跌，并且低于期权合约中的协定汇率，出口商就履行卖出外汇期权合约，按约定好的协定汇率卖出其出口收汇，从而避免汇率下跌带来的损失；若收款日计价结算货币汇率上升，并且高于期权合约中的协定汇率，出口商就可行使不按协定汇率卖出外汇的权利，而是把出口收汇按现汇市场汇率卖出，从中获取汇率上升带来的利益。

【例 4.17】美国出口商在付出一定的期权费后，可以以 1 英镑＝1.35 美元的协定汇率买进一个 10 万英镑的卖出期权。到合约到期日，如果英镑汇率下跌到 1.35 美元以下，该企业可执行合约；如果英镑汇率上涨到 1.35 美元以上，该企业可放弃合约，直接到外汇市场出售英镑，企业所付出的成本就是期权费。

（五）外汇掉期交易法

外汇掉期交易法是指进出口商通过与外汇银行之间签订掉期交易合同的方式来防范外汇风险的方法。它要求进出口商同时进行两笔金额相同、方向相反的不同交割期限的外汇交易，它是国际信贷业务中典型的套期保值手段。这种交易常用于短期投资或短期借贷业务外汇风险的防范上。

【例 4.18】 我国某公司将在 1 个月后收到货款 100 万美元，3 个月后，又将支出 100 万美元，则该公司可与外汇银行签订一个掉期交易合同，卖掉 1 个月期的 100 万美元，买入 3 个月期的 100 万美元。假设：1 个月期的远期汇率为：USD1＝CNY6.984 1/61；3 个月期的远期汇率为：USD1＝CNY6.884 1/61。则该公司在防范风险的同时，还获得了掉期收益：100 万×6.984 1÷6.884 1－100 万＝1.452 6 万元。

二、国际信贷

（一）外币出口信贷

外币出口信贷是指在出口贸易中，出口国银行向本国出口商或外国进口商提供低利率贷款，以解决本国出口商资金周转困难或满足外国进口商资金需要的一种融资业务。该业务有 4 个特点：第一，贷款限定用途，只能用于购买出口国的出口商品；第二，利率较市场利率低，利差由政府补贴；第三，属于中长期贷款；第四，出口信贷的发放与信贷保险相结合。

外币出口信贷包括两种形式：一是卖方信贷，即由出口商所在地银行对出口商提供的贷款；二是买方信贷，即由出口商所在地银行对外国进口商或进口方的银行提供的融资便利。出口商可以利用卖方信贷避免外汇风险。

出口商在向本国银行借得外币资金后，若预测将来汇率变动对己不利，便按当时汇率将外汇贷款卖出，换成本币以补充企业的流动资金，加速资金周转。至于出口商所欠外汇贷款，则用进口商的分期付汇来陆续偿还。这样出口商的外币负债（从本国银行借得的外币贷款）为其外币资产（应向进口商收取的货款）所轧平，消除了风险。所借外币的利息支出也可用提前兑换的本币在国内的投资收益加以弥补。

出口商以商业信用方式出卖商品时，在货物装船后立即将发票、汇票、提单等有关单据卖断给承购应收账款的财务公司或专业机构，收进全部或大部分货款，从而取得资金融通的业务。

福费廷

（二）福费廷

福费廷是指在延期付款的出口贸易中，出口商把经进口商承兑的、5 年以内的远期汇票无追索权地卖给出口商所在地的金融机构，以提前取得现款的资金融通方式。在这种交易中，出口商及时得到货款，并及时地将这笔外汇换成本币。它实际上转嫁了两笔风险：一是把远期汇票卖给金融机构，立即得到现汇，消除了时间风险，且以现汇兑换本币，也消除了价值风险，从而出口商把外汇风险转嫁给了金融机构；二是福费廷是一种卖断行为，把到期进口商不付款的信用风险也转嫁给了金融机构，这也是福费廷交易与一般贴现的最大区别。

保付代理

（三）保付代理

出口商在对收汇无把握的情况下，往往向保理商做保付代理业务。该种业务结算方式很多，最常见的是贴现方式。由于出口商能够及时地收到大部分货款，与托收结算方式比较，不仅避免了信用风险，还减少了汇率风险。

三、借款法

借款法是指有远期外汇收入的企业，通过借入一笔与远期外汇收入相同币种、相同期限、相等金额的资金，以防范汇率风险的一种方法。其特点在于能够改变外汇风险的时间结构，把未来的外币收入现在就从银行借出来，以供支配，这就消除了时间风险，届时外汇收入进账，正好用于归还银行贷款。不过该法只消除了时间风险，尚存在外币对本币价值变化的风险。

例如，英国某公司有为期半年的 1 000 万日元的外汇收入，为防止半年后日元贬值的风险，该公司可借入为期半年的 1 000 万日元，并立即将其卖出得到相应数量的英镑。在半年后，该公司用日元应收账款归还日元借款。

借款法可以使外币债权人将计划的未来外汇交易提前进行，从而可以避免风险，但也付出了一定的防范汇率风险代价，即借款利息。只有利息的支出小于汇率波动所造成的损失，才能起到保值和避免风险的作用。

四、投资法

投资法是指当企业面对未来的一笔外汇支出时，通过投资一笔与预期外汇支出相同金额、相同期限、相同币种的资金，改变时间结构，防范汇率风险的一种方法。一般投资的市场都是短期货币市场，投资的对象为规定到期日的银行定期存款、存单、银行承兑汇票、国库券、商业票据等。这里要注意，投资者如果用本币投资，则仅能消除时间风险；只有把本币换成外币再投资，才能同时消除货币兑换的价值风险。

例如，日本某公司有为期半年的 10 万英镑的外汇支出，如果在半年内英镑汇率上升，它将蒙受风险损失。在汇率风险管理中它可使用投资法，即按当时的汇率将 10 万英镑进行为期半年的投资，半年后用收回的英镑投资偿付外汇支出。

投资法和借款法都是通过改变外汇风险的时间结构来避险，但借款法是将将来的外汇收入转移到现在，而投资法是将将来的外汇支付转移到现在。

五、BSI

BSI 法

BSI 是 Borrowing-Spot-Investing 的缩写，即借款-即期外汇交易-投资法。它是指具有外汇应收账款或应付账款的经济实体，通过借款、即期外汇交易和投资的程序，争取消除汇率风险的管理方法。

（一）具有应收账款的企业做法

具有应收账款的企业，为了防止汇率变动，首先借入与应收外汇等值的外币，以此消除时间风险；其次，通过即期交易把外币兑换成本币，以此消除价值风险；最后，将本币存入银行或进行投资，以投资收益来贴补借款利息和其他费用。应收账款到期时，就以收入的外汇归还银行贷款。

例如，我国某公司 90 天后有 100 万英镑的应收账款，为防止英镑兑人民币的汇率波动，它可向银行借入相同期限（90 天）的 100 万英镑，完成借款后，立即进行即期外汇交易，按 GBP1＝CNY8.95 将其卖掉，获得 895 万人民币，随后将这笔钱投入货币市场，投资期为 90 天，90 天后，该公司用收回的 100 万英镑应收账款归还银行贷款。在收回投资时，用人民币投资利息偿付英镑借款利息；如果前者不足以偿付后者，则它为避免汇率风险付出了一定代价。

（二）具有应付账款的企业做法

具有应付账款的企业，在签订贸易合同后，借入相应数量的本币，同时以此购买结算时的外币，消除了价值风险。然后以这笔外币在国际金融市场上做相应期限的短期投资，改变了时间风险。付款期限到期时，该企业收回外币投资，并向出口商支付货款。

例如，美国A公司从德国进口10万欧元的产品，90天后支付货款，A公司为了防止90天后欧元汇价上涨，遭受损失，于是决定使用BSI法以消除应付欧元账款所存在的外汇风险。假设外汇市场即期汇率牌价为EUR1=USD1.319 0/24，则首先A公司向银行借入13.24万美元，随后在即期外汇市场卖出，获得10万欧元，接着再将刚买入的欧元投放于欧洲货币市场或美国货币市场（以存款、购买短期债券等形式），投放的期限也为90天。90天后，A公司的应付欧元账款到期时，恰好其欧元的投资期限届满，以收回的欧元投资偿付其应付德国公司的欧元债务10万元，用投资的利息抵偿投资美元借款利息成本，公司最后剩下13.24万美元的本币债务。

上述消除应收账款和应付账款汇率风险的操作程序，虽然都是借款、即期外汇交易、投资三部曲，使收入和支出的外币完全抵销，但币种操作顺序不同。前者借款是借外币，投资用本币；后者借款是借本币，投资用外币。

BSI法与借款法的主要区别在于操作中它多出一道投资程序，从而既能提前利用资金，又能让投资收益完全或部分抵补承担借款利息的代价。

LSI法

六、LSI

LSI法是Lead-Spot-Investing的缩写，即提前收付-即期外汇交易-投资法。它是指具有应收账款或应付账款的经济实体，在征得债务方或债权方的同意后，通过提前或延期收付货款、即期外汇交易和投资的程序，争取消除汇率风险的管理方法。

（一）具有应收账款的企业做法

具有应收账款的企业，首先在征得债务方同意后，以一定折扣为条件，请其提前支付货款，以消除时间风险；其次通过即期交易，将收取的外汇兑换成本币，从而消除价值风险；最后，将换回的本币进行投资，所获得的收益可完全或部分抵补因提前收汇造成的折扣损失。

例如，德国某公司在 90 天后从美国公司有一笔 50 000 美元的应收货款，为防止汇率波动，该公司征得美国公司的同意，在给其一定折扣的情况下，要求其在 2 天内付清这笔货款（暂不考虑折扣具体数额）。德国公司取得这笔 50 000 美元货款后，立即通过即期外汇交易换成本币，并投资于德国货币市场。提前收款，消除了时间风险；换成本币，又消除了价值风险。

LSI 法与 BSI 法在应收账款的做法上基本相似，但不同的是：BSI 法首先是从银行借款，以借款利息为成本；而 LSI 法是请付款方提前支付货款，以给其一定的折扣为成本。

（二）具有应付账款的企业做法

具有应付账款的企业，先从银行借入本币，按即期汇率兑换成应付外汇，紧接着提前付账款，从债权人那里获得一定的折扣。其所获得的折扣可完全或部分抵补借款利息的损失。

上述消除外汇应收账款和应付账款的汇率风险的操作程序都是三部曲，其收入和支出的外币完全抵销，付出的成本以投资收益可完全或部分抵补。两者的区别在于前者是请付款方提前支付货款，将外币换本币，用本币投资；后者是借本币，将本币换外币，提前支付账款。

工作任务

LSI 运用

现有一家香港贸易公司，日常资金以美元形式持有，由于经营需要，每年要在欧洲国家选购贸易产品及其他用品，年支出约 1 亿美元，所购产品在中国内地及香港地区销售和开展贸易。在欧洲进货时以欧元结算，而销售则以美元结算，因此每次的进货和销售都要经历一次以下两种货币之间转换的循环：

以美元现金兑换欧元→在欧洲购货，以欧元支付货款→在中国香港或中国内地进行商品交易→最后仍结算成美元。

如果美元对欧元货币汇率在上述循环过程中（存货周转天数假设为120天）波动较大，尤其是如果欧元升值，那么这家贸易公司将会在每一次的业务循环中都面临着巨大的汇兑损失的风险。

要求：

试运用所学汇率风险回避和防范知识做以下探讨：

（1）该公司所面临的是何种外汇风险？

（2）防范这类风险有哪些办法？

（3）在上述业务循环中，什么环节最有可能发生外汇风险？你有何具体办法应对？

（4）综上所述，你对该公司的业务循环与公司资金组合有何建议？

项目小结

外汇风险管理
外汇风险概述
含义
构成要素
特征
种类
内部管理方法
选择货币法
配对管理法
提前或推迟结汇法
保值法
外部管理方法
外汇交易法
国际信贷
借款法
投资法
BSI
LSI

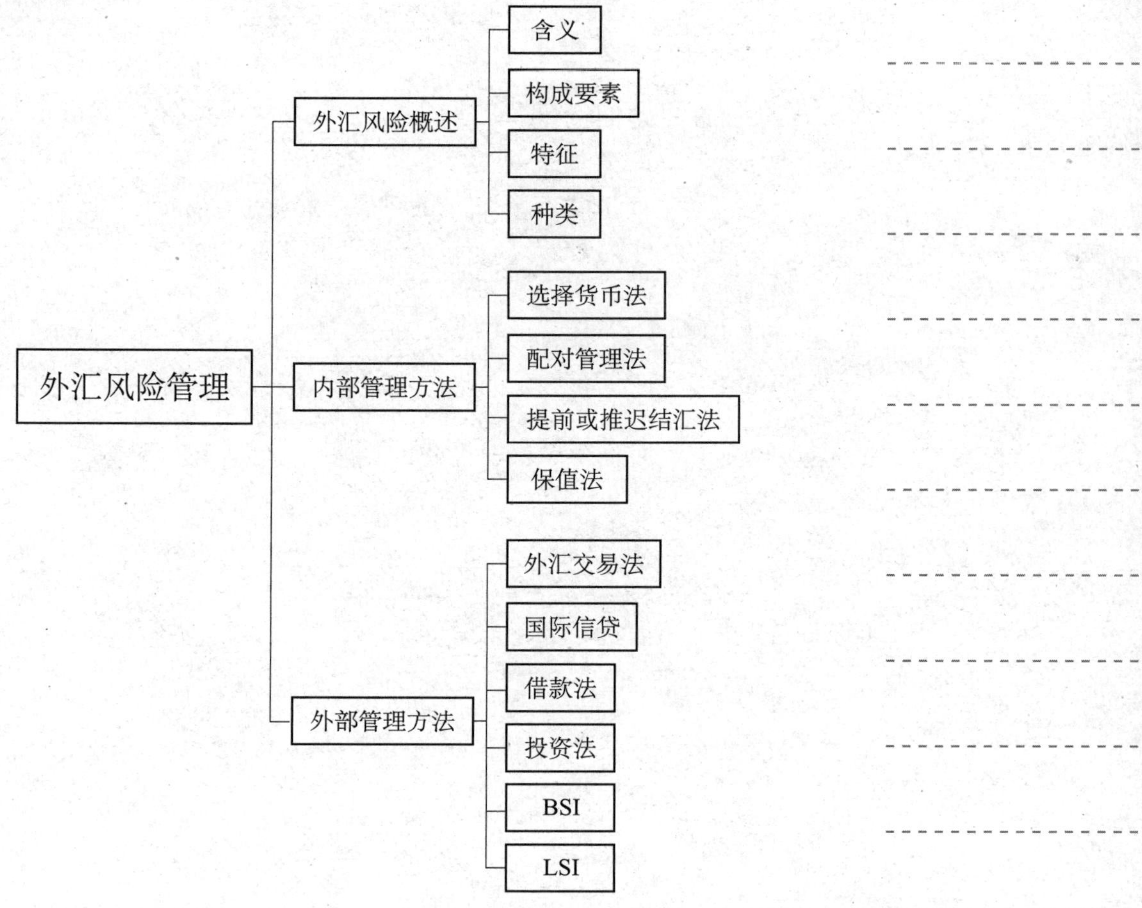

项目五

国际贸易融资

▶ 知识目标

- 理解国际贸易融资的意义和作用
- 理解国际贸易融资对进出口的需求环节
- 掌握打包贷款、出口押汇、出口票据贴现、出口单据质押贷款、保付代理、福费廷业务这些出口融资的具体操作流程和要点
- 掌握减免保证金开证、提货担保/提单背书、进口押汇、进口代付等进口环节的融资方式

▶ 能力目标

- 掌握出口贸易打包贷款、出口押汇、出口票据贴现、出口单据质押贷款、保付代理、福费廷业务操作流程
- 掌握减免保证金开证、提货担保/提单背书、进口押汇、进口代付业务的操作流程
- 培养因时因地灵活运用金融工具开展融资业务的灵活思维模式

▶ 项目任务

- 解决出口企业融资问题
- 解决进口企业融资问题

▶ 任务导入

ABC 进出口有限公司近期刚刚组织了一批货物出口，约定 3 个月后收款。现国内市场面临原材料上涨的风险，ABC 进出口公司想现在与供货商签订一批货物的订单，但苦于账户上没有足够资金，请给 ABC 进出口有限公司出出主意。

任务一 国际贸易融资概述

一、国际贸易融资的概念

国际贸易融资是围绕国际贸易结算的各个环节所发生的资金和信用的融通活动，主要是银行为外贸企业办理国际贸易业务而提供的资金融通便利。它是促进进出口贸易的一种金融支持手段。

根据巴塞尔银行监管委员会于 2004 年 6 月颁布的《巴塞尔协议》的定义，贸易融资是指在商品交易过程中，运用短期性结构融资工具，基于商品交易中的存货、预付款、应收款等资产的融资。国际贸易融资是银行围绕着国际结算的各个环节为进出口商品提供便利资金的总和。

二、国际贸易融资业务的特点

（1）期限相对较短，频率较高。一般情况下，企业的贸易活动在 45～90 天内即可完成，因此，银行提供的贸易融资服务也会随着企业贸易活动的结束、货款的偿付而结束。据粗略统计，银行为企业提供的进出口押汇、应收账款融资的平均融资期限都在 90 天以内。

（2）与贸易活动交易过程紧密结合。贸易融资的基本功能就是弥补企业在采购、生产、销售等各环节可能出现的资金缺口，因此，贸易融资与企业的日常贸易活动密切相关，贯穿企业贸易活动的全过程。

进出口企业均可以参与融资过程。出口贸易融资是指银行直接或间接地为出口商提供的融资，主要有打包放款、出口押汇、票据贴现、银行保函等业务方式。进口贸易融资是指银行直接或间接地为进口商提供的融资，主要包括信用证开证业务、进口押汇、提货担保、出口买方信贷等。

（3）贸易融资业务具有自偿性，风险相对可控。贸易融资业务的前提条件就是贸易背景的真实性。金融机构为企业办理的每一笔贸易融资业务都对应着企业一笔交易项下的未来现金收入作为融资业务的第一还款来源，因此，其具有自偿性，风险相对可控。

（4）融资期限长短结合。传统的贸易融资业务几乎都是短期贸易融资，融资期限一般不超过 6 个月，最长不超过 1 年，主要包括进出口押汇、打包放款、提货担保等业务。中长期的贸易融资是指期限在 1 年以上的贸易融资业务，主要包括远期信用证、包买票据、项目投资中的银行保函等业务。

（5）融资形式灵活。国际贸易融资业务既可以是资金融通，也可以是信用融通。资金融通是指银行直接向进出口商提供资金，如打包放款、出口押汇、票据贴现等业务。信用融通是指银行以资金的信用为当事人担保，使其得以融通资金，如提货担保、银行承兑、银行保函等业务。

三、国际贸易融资的类型

国际贸易融资按照融资期限，分为短期国际贸易融资和中长期国际贸易融资；按照融通资金来源，分为一般性贸易融资和政策性贸易融资；按照融资货币，分为本币贸易融资和外币贸易融资；按照融资有无抵押品，分为无抵押品贷款和抵押品贷款。

四、国际贸易融资的意义

（1）对于进出口企业来说，随着国际贸易的不断发展，国际贸易融资早已不是涵盖简单的融资，而是涉及了企业大部分的财务活动。国际贸易融资通过国际担保、国际信用评级，来进行国际结算，这样为企业解决了应收账款等资金方面的困难，从而企业就在进出口中增加了现金流，解决了企业的困境。因此，国际贸易融资直接改变着企业的财务管理过程。

（2）国际贸易融资也成为银行有发展潜力的业务之一。国际贸易融资因其期限短、风险低、有实际业务作为支撑，是银行有效运用资金的一种较理想模式。该项业务收益率高，利润丰厚，也有利于银行营运能力的提升。

（3）从国家层面来看，国际贸易融资促进了对外贸易的增长，能够有效调节进出口结构，促进国际收支平衡。国际贸易融资的政策也成为一国国际贸易政策的组成部分，是国家鼓励出口的手段之一。

任务二　出口贸易融资

出口贸易融资方式

出口贸易的整个业务流程可以概括为："签约订单—出口采购—加工备货—发货—出口收汇"。在这一过程中，以"发货"为分界，可以分为出货前融资和出货后融资。出货前融资主要是打包贷款、国际贸易订单融资业务，出货后融资主要包括出口押汇、出口票据贴现、保理和福费廷业务等。

一、打包贷款

（一）定义

出口信用证打包贷款是指企业（出口商）若采用信用证作为结算方式，则以收到的信用证正本作为抵押和还款凭据，向银行申请的一种装船前出口融资。该项业务主要用于对生产或收购出口商品及其从属费用提供资金融通，是一种专项融资。

（二）业务流程

1. 打包贷款的申请

这一步骤需要利用打包贷款的出口商，应首先向承办出口打包贷款业务的银行（简称承办行）提交打包贷款申请书，并附上年度和近期财务报表，以及信用证正本和有关附件等文件。

2. 打包贷款的审查

出口商提出申请后，承办行应对出口商自身情况和信用证给予审查。审查的内容或项目包括：申请人的经营范围、经营能力、财务状况；信用证项下产品的成本、生产周期及申请人的履约能力；信用证的有效性与开证行的资信；信用证是否限制他行议付；信用证有无不易办到的条款；放款占信用证金额的比率以及期限和利率等。

3. 打包贷款合同的签订

经审查，承办行同意放款后，即通知申请人，双方就打包贷款的有关事宜进行磋商，取得一致意见后签订打包贷款合同，以明确借贷双方各自的权利和义务。打包贷款合同的基本内容除贷款货币、贷款金额、贷款期限、贷款利率、还款方式、违约处理等项目外，还包括借款人必须做出的承诺。

4. 打包贷款的发款

打包贷款合同签订后，出口商便可填写借款凭证，由承办行有关部门核发贷款。同时，承办行应在抵押打包贷款的信用证上加盖“已办打包贷款”的印记，并给予妥善保管。

5. 打包贷款的偿还和追索

已叙做打包贷款的信用证项下的单据必须向承办行交单议付，在办理出口押汇或收妥结汇时，承办行自动从押汇或结汇金额中扣除打包贷款的本金、利息和费用。借款人也可在押汇或结汇前主动归还打包贷款的本金和利息，但须提前 3 个营业日通知承办行。

若借款人未能在信用证的有效期内提交议付单据，或因议付单据与信用证条款不符而遭拒付，承办行有权在贷款到期时，从借款人的存款账户，或另一笔出口押汇，或信用证收妥结汇中扣除放款本金、利息和其他费用。打包放款资金仅限于有关信用证项下出口商品的备货备料、生产和出运，不得挪作他用；否则，承办行对挪用资金向借款人加收罚息，并对贷款限期回收。

（三）对出口商的好处

一是扩大贸易机会，在出口商自身资金紧缺而又无法争取到预付货款的支付条件时，帮助出口商顺利组织货源、开展业务，把握贸易机会。

二是减少资金占压，在生产、采购等备货阶段都不必占用出口商的自有资金，缓解出口商的流动资金压力。

（四）相关规定（以中国工商银行为例）

打包贷款可以使用人民币，也可以使用外汇作为贷款的币种。打包贷款金额原则上不得超过信用证金额的 70%。若放款以后发生减额修改信用证的情况，则应要求客户归还超出信用证修改后金额 70%的部分。即期付款信用证项下打包贷款期限为自放款之日起至信用证有效期后半个月，最长不超过 6 个半月。延期付款信用证项下打包贷款期限最长不超过 1 年。

二、出口押汇

（一）定义

出口押汇，是指出口商将全套出口单据提交银行，由银行按照票面金额的一定比例扣除押汇利息和费用，将净额预先付给出口商的一种短期贸易融资业务。按结算方式，出口押汇分为跟单信用证项下出口押汇和出口托收（即期、远期付款交单或承兑交单）项下出口押汇。

（二）业务流程和业务要求

出口信用证押汇和出口托收押汇的业务流程和业务要求见表 5－1。

表 5－1　出口信用证押汇和出口托收押汇的业务流程和业务要求

出口信用证押汇	出口托收押汇
申请出口押汇应具备的条件： 1. 经工商机关或主管机关核准登记，具有订立履行本项业务项下合同的资格和能力，具有进出口经营权和货物出口手续。 2. 具有良好的信誉和资质，有良好记录。 3. 长期良好的出口收汇经营业绩，能保持稳定的出口收汇业务量或其他资金流入。 4. 贸易背景正式，出口业务手续齐全。	申请出口押汇应具备的条件： 1. 经工商机关或主管机关核准登记，具有订立履行本项业务项下合同的资格和能力，具有进出口经营权和货物出口手续。 2. 具有良好的信誉和资质，有良好记录。 3. 长期良好的出口收汇经营业绩，能保持稳定的出口收汇业务量或其他资金流入。 4. 贸易背景正式，出口业务手续齐全。 5. 提供抵押、质押或担保。 6. 按银行要求提供财务报表与贷款使用情况的资料。
申请出口押汇应提交的材料： 1. 出口商基本资料。 2. 国外银行开来的正本信用证。 3. 信用证要求的全套单据。 4. 出口押汇业务（信用证项下）申请书。 5. 要求提供的其他材料。	申请出口押汇应提交的材料： 1. 出口商基本资料。 2. 出口合同、结算记录、托收账项下的全套单据。 3. 出口押汇业务申请书。 4. 要求提供的其他材料。

续前表

出口信用证押汇	出口托收押汇
申请出口押汇的业务流程： 1. 出口商凭进口方银行发来的信用证发出货物。 2. 按照信用证要求制作单据。 3. 以单据为抵押，同时提供信用证正本、出口销售合同、银行要求的其他资料。 4. 出口商向银行提出融资要求。 5. 银行对出口商情况进行审查。 6. 签订出口押汇合同。 7. 出口商收到进口商货款后到外汇管理局办理收汇核销。 8. 出口商向银行清偿贷款。	申请出口押汇的业务流程： 1. 发出货物后取得相关单据。 2. 向银行提交单据，委托代为收款并提出融资额度申请。 3. 银行受理并审查。 4. 签订最高额担保合同。 5. 逐笔申请。 6. 发放贷款。 7. 收回货款后还贷。
押汇金额、币种、利率和期限： 1. 金额——不超过信用证金额的 90%。 2. 币种——银行接受的可自由兑换的货币。 3. 利率——按银行利率管理规定，一般按照国际金融市场的状况、申请行筹资成本、开证行资信风险等因素确定，利率一般按伦敦银行同业拆借利率（LIBOR）、香港银行同业拆借利率（HIBOR）一个月期利率加 0.5%～1.5%，或按外汇流动资金贷款利率计收。 4. 期限——原则上不超过 180 天，即期信用证押汇不超过 20 天，远期信用证押汇根据信用证条款加以规定。	押汇金额、币种、利率和期限： 1. 金额——不超过托收金额的 90%。 2. 币种——人民币或外币。 3. 利率——按银行利率管理规定，一般按照国际金融市场的状况、申请行筹资成本、开证行资信风险等因素确定，利率一般按伦敦银行同业拆借利率（LIBOR）、香港银行同业拆借利率（HIBOR）一个月期利率加 0.5%～1.5%，或按外汇流动资金贷款利率计收。 4. 期限——根据贸易背景和结算周期，原则上不超过 180 天。
付款担保属于银行信用，风险小。	付款取决于商业信用，风险大。

（三）对出口商的好处

出口押汇对出口商的好处具体表现为：

（1）加快资金周转。在进口商交付货款前，出口商就可以提前得到偿付，加快了资金周转速度。

（2）简化融资手续。单证相符或经国外银行承兑的信用证下出口押汇不占用出口商在银行的授信额度，融资手续相对简便易行。

（3）改善现金流。出口押汇可以增加出口商当期的现金流入量，从而改善财务状况，提高融资能力。

哪些情况下宜选择出口押汇呢？主要是流动资金有限，依靠快速的资金周转开展业务；发货后、收款前，遇到临时资金周转困难；发货后、收款前，遇到新的贸易机会，预期收益率肯定高于押汇利率。

（四）相关规定

押汇行对单据的审核，基本要求是做到“单证相符”和“单单一致”。“单证相符”是指单据必须与信用证条款完全一致，“单单一致”是指单据与单据之间在内容上必须相互呼应和一致。

工作任务

打包贷款与出口押汇比较

思考打包贷款与出口押汇的区别，并填写表5-2。

表5-2　打包贷款与出口押汇比较

	抵押物	发生在货物装运前/后	手续简单/复杂	专款专用/款项自由支配
打包贷款				
出口押汇				

三、出口票据贴现

（一）定义

出口票据贴现是指远期信用证项下汇票经开证银行承兑或跟单托收项下汇票由银行加具保付签字后，在到期日前，由银行从票面金额中扣减贴现利息及有关手续费用后，将余款支付给持票人的融资方式。

（二）业务流程

（1）出口商在出运货物后，填写“出口贴现申请书”。

（2）出口商将全套出口单据交给银行，并提供近期财务报表及进出口合同、营业执照等证明材料。

（3）在国外开证行发来承兑电后，银行扣除利息及有关费用，将余款支付给出口商。

（三）产品主要规定

（1）额度：贴现金额按出口单据票面金额扣除贴现利息、预计国外扣款、手续费、邮电费等费用计算。

（2）期限：根据汇票付款期限核定，最长不得超过1年。

工作任务

出口贴现与出口押汇的比较

出口贴现与出口押汇的比较见表5-3。

表5-3　出口贴现与出口押汇的比较

	使用的信用证	风险大小	手续复杂程度
出口押汇			
出口贴现			

四、出口单据质押贷款

（一）定义

出口单据质押贷款是指以汇款方式结算的出口企业，在远洋运输情况下，货物报关装运后，将商业单据和全套正本海运提单质押银行申请短期贸易融资，银行收到进口商付款后，将全套单据寄进口商。

（二）业务流程

（1）公司向银行申请办理出口单据质押贷款业务，提交“出口单据质押贷款申请书”、全套出口正本单据、出口合同、出口报关单，以及银行要求的其他材料。

（2）银行审批后与公司签订出口单据质押贷款合同和质押合同，发放质押贷款。

（3）货款收汇归还融资款，银行再对外寄单。

（三）相关规定

（1）额度：出口单据质押贷款业务的融资净额一般不超过发票金额的80%。

（2）期限：出口单据质押贷款的融资期限从发放之日起至出口项下货款收妥之日止，按实际贷款的天数计息。一般不超过 45 天，适当放宽最多至 60 天。

（3）出口单据质押贷款适用于货物运输方式为海运，进口商付款后方能取得提货凭证的贸易方式。

（4）公司申请办理出口单据质押贷款时，应提交全套出口正本单据（包含全套保险单和全套物权凭证）。

五、保付代理业务

（一）定义

保付代理

保付代理业务简称保理业务，是指出口商以商业信用形式出卖商品，在货物装船后立即将发票、汇票、提单等有关单据，卖断给承购应收账款的财务公司或专门组织，收进全部或一部分货款，从而取得资金融通的业务。财务公司或专门组织买进出口商的票据，承购了出口商的债权后，通过一定的渠道向进口商催还欠款，如遭拒付，不能向出口商行使追索权。财务公司或专门组织与出口商的关系在形式上是票据买卖、债权承购与转让的关系，而不是一种借款关系，是一种供应链金融模式。

知识拓展

国际保理业务的发展历程

保付代理业务已有较长的历史。工业革命后，英国纺织工业发展迅速，其纺织品多以寄售方式向海外出口，利用这一方式虽可扩大纺织品的出口规模，但出口商的资金却有所积压。当时英国已存在的原始的保付代理业务解决了这一矛盾，这是因为在纺织品出运后，出口商多将有关单据售于经营保付代理业务的机构，及时收取现金，继续并扩大纺织品的再生产。到 19 世纪，欧洲国家大规模地向美国出售纺织品，上述业务在欧洲大陆上又获得进一步发展。20 世纪初，美国在出口贸易融资中，也开展保付代理业务，随着美国经济的发展和贸易量的扩大，保付代理业务也逐年增大。第二次世界大战后，由于国际贸易的迅速发展，一些国家专门经营保付代理业务的组织在国外设立了分支机构，并在国际范围内建立了联合组织，加强同业之间的联系，促进保付代理业务的进一步发展，加强了这一组织在国际结算领域中的地位与作用。这些组织不仅对纺织品、食品、一般日用品的出口应收账款给予资金融通，而且对电子产品、家具、机械产品的出口账款给予资金融通，并提供有关服务。1972年，日本大藏省批准建立了日本第一家保付代理机构；1973年，日本又成立了第二家保付代理机构。1973年，新加坡也成立了保付代理机构，发展承购应收账款业务，以适应本国对外经济发展战略的需要。

资料来源：保付代理业务.（2016-01-27）. https://baike.baidu.com/item/保付代理业务/5620431?fr=aladdin.

（二）业务流程

出口商以赊销方式出卖商品，为能将其应收款项售于保付代理组织，取得资金融通便利，一般都与该组织签有协议，规定双方必须遵守的条款与应负的责任，协议有效期一般为1年。但近年来不再规定明确的有效期，保付代理组织与出口商每半年洽谈一次，调整协议中一些过时的、不适宜的条款。

签订协议后，保付代理业务通过下列具体程序进行，如图5－1所示。

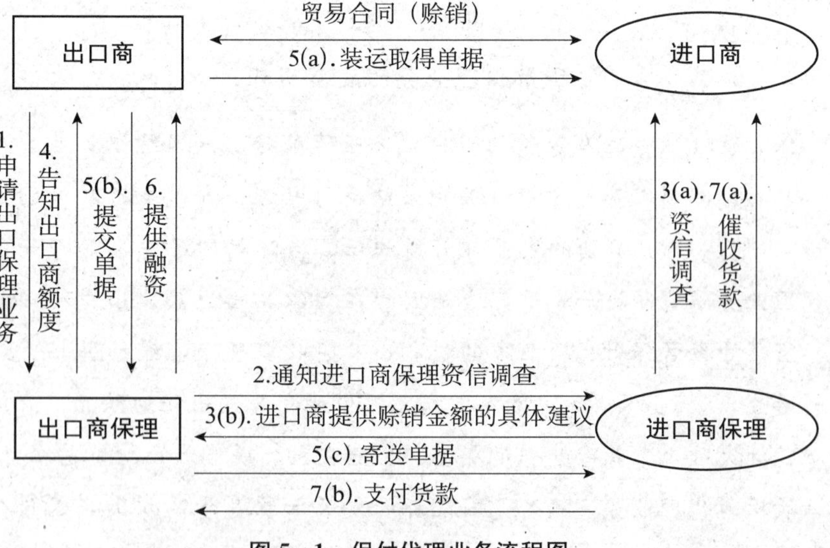

图5－1 保付代理业务流程图

（1）出口商在以商业信用出卖商品的交易磋商过程中，首先将进口商的名称及有关交易情况报告给本国保付代理组织。

（2）出口方的保付代理组织将上述资料整理后，通知进口方的保付代理组织。

（3）进口方的保付代理组织对进口商的资信进行调查，并将调查结果及可以向进口商提供赊销金额的具体建议通知出口方的保付代理组织。

（4）若进口商资信可靠，则向其提供赊销金额建议的数字也积极可信，出口方的保付代理组织即将调查结果告知出口商，并对出口商与进口商之间的交易加以确认。

（5）出口商装运后，将有关单据售于出口方的保付代理组织，并在单据上注明应收账款，转让给出口方的保付代理组织，要求后者支付货款（有时出口商制单两份，一份直接寄送进口商，一份交出口方保付代理组织），后者将有关单据寄送进口方的保付代理组织。

（6）出口商将有关单据售于出口方的保付代理组织时，后者按汇票（或发票）金额扣除利息和承购费用后，立即或在双方商定的日期将货款支付给出口商。

（7）进口方的保付代理组织负责向进口商催收货款，并向出口方的保付代理组织进行划付。

（三）保付代理业务的内容与特点

（1）保付代理组织承担了信贷风险。出口商将单据卖断给保付代理组织，这就是说，如果海外进口商拒付货款或不按期付款等，保付代理组织不能向出口商行使追索权，全部风险由其承担。这是保付代理业务的最主要特点和内容。

保付代理组织设有专门部门，有条件对进口商的资信情况进行调查，并在此基础上决定是否承购出口商的票据。只要得到该组织的确认，出口商就可以以赊销方式出售商品，并能避免货款收不到的风险。

（2）保付代理组织承担资信调查、托收、催收账款，甚至代办会计处理手续。出卖应收债权的出口商，多为中小企业，对国际市场了解不深，保付代理组织不仅代理他们对进口商进行资信调查，并且承担托收货款的任务；

有时他们还要求出口商交出与进口商进行交易磋商的全套记录，以了解进口商的负债状况及偿还能力。一些具有季节性出口业务的企业，每年出口时间相对集中，为减少人员开支，还委托保付代理组织代其办理会计处理手续等。因此，保付代理业务是一种广泛的、综合的服务，不同于议付业务，也不同于贴现业务。

保付代理组织具有一定的国际影响与声誉，并对进口商进行了深入的调查。在托收业务中，进口商一般都如期支付货款，以保持其社会地位与声誉。

(3) 预支货款。典型的保付代理业务是出口商在出卖单据后，就立即收到现款，得到资金融通。但是，如果出口商资金雄厚，有时也可以在票据到期后再向保付代理组织索要货款；有时保付代理组织也在票据到期日以前，先向出口商支付 80%的出口货款，其余 20%的货款待进口商付款后再予支付。

（四）保付代理的费用

保付代理组织不仅向出口商提供资金，而且提供一定的劳务，所以要向出口商索取一定的费用。该费用由以下两部分内容构成：

(1) 保付代理手续费，即保付代理组织对出口商提供劳务而索取的酬金，其中包括：①保付代理组织提出的、向进口商提供赊销额度的建议是经周密调研的结果，对提供此项劳务，出口商要给予报酬；②给予信贷风险的评估工作一定的报酬；③支付保存进出口商间的交易磋商记录与会计处理而产生的费用。保付代理手续费根据买卖单据的数额一般每月清算一次。手续费的多少一般取决于交易性质、金额及信贷、汇价风险的大小。手续费的费率一般为应收账款总额的 1.75%～2%。

(2) 利息。保付代理组织从收买单据向出口商付出现金到票据到期从海外收到货款，这一时期内的利息负担完全由出口商承付。利率根据预支金额的大小，参照当时市场利率水平而定，通常比优惠利率高 2%～2.5%。

出口商若利用保付代理形式出卖商品，则均将上述费用转移到出口货价中，其货价当然高于以现汇出卖的商品价。

知识拓展

商业保理十大业务模式介绍

商业保理是指由非银行金融机构开展的保理，具体是指销售商将其与买方订立的货物销售（服务）合同所产生的应收账款转让给保理公司，由保理公司为其提供贸易融资、应收账款管理与催收等综合性商贸服务。

保理业务的基本功能是防范赊销信用风险，融资是其衍生功能。但是国内保理公司多以保理融资作为业务的主要甚至唯一内容，很少提供坏账担保服务。因此，保理几乎全是有追索权的。

从坏账风险管理到保理融资的各个环节，保理公司根据客户需求和自身条件可以选择不同环节介入，形成不同的业务模式，为客户提供相应的保理服务。

一、赊销信用风险管理业务模式

赊销实际上是向买方贷款，买方不付款就会形成坏账。因此，卖方签署赊销合同其实就是在签署一份信贷合同。在签署合同前，企业应该像银行一样了解买方的经营状况、信用信息，进行信用评级，确定是否赊销，以及赊销的期限和额度。如果没有做这些工作，就像银行没有调查就直接放款一样，出现坏账的概率很高。

赊销信用风险管理业务模式要求保理公司具有企业资信调查和商业信用风险评估能力。

二、应收账款管理业务模式

国内保理机构鲜有管理客户销售分户账的，通常只是登记已受让的应收账款并监控回款账户。

三、反向保理业务模式

反向保理业务模式中，保理公司选择信用良好的企业作为核心企业，同核心企业签署合作协议，对其供应商提供保理融资服务。反向保理重点审核核心企业的信用和交易记录。核心企业通常为大型企业，信息透明度高，反向保理可以规避卖方欺诈风险，降低了获得历史交易信息和信用信息的难度和成本。保理公司通过同核心企业合作，可以同核心企业的多家供应商开展保理业务，降低营销成本。

四、双保理业务模式

国际保理通常为双保理。在双保理模式下，由出口商与出口国所在地的保理商签署协议，出口保理商与进口保理商双方也签署协议，相互委托代理业务，出口保理商根据出口商的需要提供保理服务。

我国幅员辽阔，买卖双方可能相距几千公里，保理公司难以了解异地采购企业的资信和偿付能力，而借助买方当地银行和保理公司承担进口保理商的职责，能有效控制风险，提高保理业务效率。国内双保理业务是业务创新，国内没有相应的业务通用规则，需要卖方保理商和买方保理商协商确定各自的权利和义务，要得到保理公司和银行的广泛认可，需要做大量的宣传和营销工作。

五、信用保险业务模式

银行已同保险公司合作开展开发出融资产品。如中国银行推出的融信达业务，是对卖方已向中国出口信用保险公司或经中国银行认可的其他信用保险机构投保信用保险的业务，凭相关单据、投保信用保险的有关凭证、赔款转让协议等，中国银行为卖方提供资金融通。保理公司也可以同保险公司合作，由保险公司提供应收账款信用保险，保理公司提供保理融资服务。

为了促进信用销售，财政部和商务部联合下文，对商贸企业投保国内贸易信用险提供政府50%的补贴，鼓励商贸企业投信用保险，获得信用保险融资。国内信用保险的实际费率在1%左右。

六、应收账款过程监控业务模式

在电子商务中，为了避免买卖双方的不诚信行为，出现了第三方支付机构。买方购买商品，款项由第三方控制，待买方确认收到货物后，第三方支付机构将款项支付给卖方。在这种情况下，应收账款期限短，风险低。若卖方有融资需求，则保理公司只要与第三方支付机构合作做好过程控制，融资信用风险就会降低。与第三方支付机构合作是这种业务模式的关键。应收账款过程监控业务模式通常单笔金额小、期限短，保理业务笔数多，需要建立业务处理系统取代人工操作。

七、应收账款催收业务模式

应收账款催收是保理业务的基本要素。但是，多数保理公司并没有将催收作为业务内容。首先，国内保理公司的保理业务基本上都是有追索权保理，如果应收账款到期付款人不能偿付，保理商首先向融资企业追偿，而不是向付款人催收。其次，催收应收账款需要专门的法律人才和催收技巧，国内保理公司偏重于保理融资，缺乏催收人才。

八、坏账担保业务模式

国内保理商不愿意承担应收账款坏账风险，很少开展无追索权保理业务。客户有坏账担保的需求，向保险公司购买信用保险。愿意承担坏账担保的保理公司可以作为买方保理商同卖方保理合作开展双保理业务，扩大业务范围，加强同买方企业的合作。

承担坏账风险对保理公司的坏账风险管理能力提出更高要求，开展无追索保理和买方保理的保理公司应具有较高的风险识别、评估和承担能力，确保把风险控制在自身的风险承担能力之内。

九、行业专业业务模式

专注于某行业的保理公司，可以利用行业专业优势，提供更为专业化的服务。例如，有保理公司专门对医疗设备行业开展保理业务，该保理公司了解各类医疗设备的厂家、品牌、性能、价格，经销商的销售能力，各医院的支付记录和支付能力，能准确地营销目标客户，控制业务风险。

十、银行代理模式

保理公司同银行建立良好的合作关系，同银行开展合作，除了前面介绍的同银行开展双保理业务之外，还可以为银行提供做银行想做而不愿做的服务，成为银行的外包服务商。保理公司根据银行的需求，接受银行委托监管存货和管理应收账款，为其提供相应服务，让银行专注做其信贷业务，通过分工合作加强业务风险控制，提高业务效率，促进对中小企业的金融服务，实现保理公司和银行的双赢。

资料来源：商业保理十大业务模式介绍．(2019-08-28)．https://www.sohu.com/a/337066170_100271176.

福费廷

六、福费廷业务

（一）定义

第二次世界大战后，在资本货物与设备的对外贸易中，除进出口商利用买方信贷与卖方信贷融通资金外，一种新的中长期资金融通形式——“福费廷”从1965年开始在西欧国家推行。后来，福费廷在西欧国家与发展中国家和东欧国家间的设备贸易中普遍得到发展。所谓福费廷（Forfeiting），就是在延期付款的大型设备贸易中，出口商把经进口商承兑的、期限在半年至五六年的远期汇票，无追索权地售给出口商所在地的银行（或大金融公司），提前取得现款的一种资金融通形式。它是出口信贷的一个类型。

（二）业务流程

福费廷业务流程如图5-2所示。

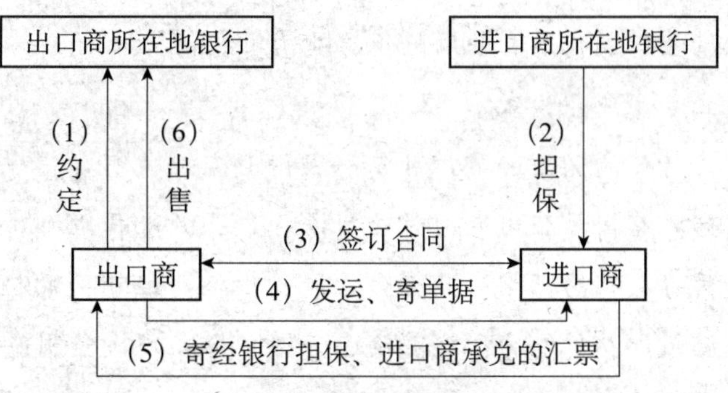

图5-2　福费廷业务流程

（1）出口商与进口商在洽谈设备、资本货物等贸易时，若想使用福费廷，应事先和其所在地的银行或金融公司约定，以便做好各项信贷安排。

（2）担保银行要经出口商所在地银行的同意，若该银行认为担保行资信不高，则进口商要另行更换担保银行。担保银行确定后，进出口商才签订贸易合同。

（3）出口商与进口商签订贸易合同，言明使用福费廷。出口商向进口商索取货款而签发远期汇票。

（4）进口商延期支付设备货款的偿付票据。

（5）出口商发运设备后，将全套货运单据通过银行的正常途径，寄送给进口商，以换取经进口商承兑的附有银行担保的承兑汇票（或本票）。

（6）出口商取得经进口商承兑的，并经有关银行担保的远期汇票（或本票）后，按照与买进这项票据的银行（大金融公司）的原约定，依照放弃追索权的原则，办理该项票据的贴现手续，取得现款。

（三）福费廷与一般贴现的区别

1. 有无追索权

对于一般票据贴现，若票据到期遭到拒付，则银行对出票人能行使追索权，要求汇票的出票人付款。办理福费廷业务所出售的票据，不能对出票人行使追索权，这是福费廷与贴现的最大差别。

2. 使用票据

贴现的票据为一般国内贸易和国际贸易往来中的票据，福费廷则多为与出口设备相联系的有关票据。福费廷可包括数张等值的汇票（或期票），每张票据间隔的时间一般为 6 个月。

3. 票据有无银行担保

贴现的票据有的国家规定具备 3 个人的背书，但一般不需要银行担保。办理福费廷业务的票据，必须有第一流银行的担保。

4. 业务办理手续

办理贴现的手续比较简单，办理福费廷业务则比较复杂。贴现的费用负担一般仅按当时市场利率收取贴现息，而办理福费廷业务的费用负担则较高，除按市场利率收取利息外，一般还收取下列费用：①管理费，一次性支付；②承担费，从出口商银行确认叙做福费廷业务之日起，到实际买进票据之日止，按一定费率和天数收取承担费；③罚款，若出口商未能履行或撤销贸易合同，以致福费廷业务未能实现，办理福费廷业务的银行要收取罚款。这些费用虽然均由出口商支付，但最后还是转嫁给进口商，提高设备项目的货价。

（四）福费廷与保付代理业务的区别

1. 适用的企业类型

保付代理业务多在中小企业之间进行，成交的多是一般进出口商品，交易金额不大，付款期限在 1 年以下；福费廷业务成交的商品为大型设备，交易金额大，付款期限长，并在较大的企业间进行。

2. 是否需要银行开具保函

保付代理业务不需要进口商所在地的银行对汇票的支付进行保证或开立保函，福费廷业务则必须履行该项手续。

3. 是否需要实现协商

对于保付代理业务，出口商不必事先与进口商协商；福费廷业务则需要进出口商事先协商，取得一致意见。

4. 业务内容

保付代理业务的内容比较综合，常附有资信调查、会计处理、代制单据等服务内容；而福费廷业务的内容则比较单一。

知识拓展

中国银行 “出口贸易型” 企业业务流程及金融服务需求

中国银行“出口贸易型”企业业务流程及金融服务需求见表5-4。

表5-4　中国银行“出口贸易型”企业业务流程及金融服务需求

交易流程	企业需求	契合的金融产品与服务
1. 寻找交易对手，签署合同	甄选交易对手，获取交易对手所在国信息，评估国别风险、商业风险与法律风险；确定结算方式；增强企业自身信用；减少资金占用	资信调查｜资信证明｜出口全益达｜投标保函 履约保函｜备用信用证
2. 备货	获得银行的授信支持，确保有充足的资金采购原材料、生产和备货	现汇贷款｜授信额度｜打包贷款｜信用证通知 信用证保兑｜出口退税托管账户质押融资 预付款保函｜备用信用证｜加工贸易保证金台账 加工贸易税款保付保函｜关税保函 融信达｜融易达｜融货达｜通易达｜订单融资

续前表

交易流程	企业需求	契合的金融产品与服务
3. 运输	避免运输过程中遭受损失	货物运输保险
4. 交单	加快资金回笼，提高资金使用效率；规避和防范信用风险、市场风险和汇率风险；改善现金流量，优化企业财务报表，降低财务成本；获得个性化解决方案	出口买方信贷｜信用证审单/议付｜出口跟单托收 光票托收｜出口押汇｜出口贴现｜买入票据 福费廷｜国际组织担保项下贸易金融 出口双保理｜出口商业发票贴现｜融信达
5. 收款	管理应收账款；管理和控制信用风险；获得坏账担保，采取有效措施催收坏账；规避汇率风险；获得符合企业特征的个性化服务	汇入汇款｜即期结汇｜远期结汇｜出口汇利达 出口双保理｜出口商业发票贴现｜进口双保理 融付达｜质量/维修保函｜预留金保函 备用信用证

资料来源：https://www.bankofchina.com/cbservice/cb13/200905/t20090520_2816499.html.

进口贸易融资方式

任务三 进口贸易融资

一、减免保证金开证

（一）定义

减免保证金开证，是指银行根据进口商申请，为进口商减收或免收保证金开出信用证的一种贸易融资业务。

（二）业务流程

1. 已获得银行授信额度

若进口商已获得银行授信额度，则可凭“开立不可撤销信用证申请书”、进口合同、进口批文（如需）等材料，交足银行规定比例的保证金后，申请对外开证。

（1）进口商提交相关合规性文件，以证明进口商的资质以及还款能力，如财务报表等。

（2）进口商向银行提供可被接受的可靠保证、抵押/质押，并办妥相关手续。

（3）银行内部对进口商的申请逐级审批，审批通过后银行与进口商签订“进口信用证业务授信协议书”。（银行批准一定的开证授信额度。）

（4）签订授信协议书后，进口商即可提交开证申请书、进口合同、进口许可证（如需）等材料，向银行申请开立信用证。

（5）经银行同意后，与进口商签订减免保证金开证合同，并对外开出信用证。

（6）银行收到信用证项下单据，审核无误即通知进口商在规定时间内办理付款/承兑/承诺付款手续。

（7）开证行向出口方银行发送付款/承兑/承诺付款报文，进口商到期支付信用证款项。

2. 未获得银行授信额度

若进口商未获得银行授信额度，则可以申请单笔减免保证金进口开证，先申请取得银行的开证授信额度，然后再申请开证。

（三）相关规定

信用证付款期限应与进口货物的销售周期或生产加工周期相匹配，最长不超过1年。

二、提货担保/提单背书

（一）定义

1. 提货担保

提货担保是指信用证规定提交全套正本海运提单，在信用证规定的单据未到开证行而货物已到达港口的情况下，进口商为及时提货而向开证行申请开立提货保函，交船运公司先予提货，待进口商取得正本海运提单后，再以其换回原提货保函的融资方式。

2. 提单背书

提单背书是指信用证项下部分正本海运提单直寄进口商，且海运提单的抬头为开证行，在信用证规定的单据未到开证行而货物已到达港口的情况下，进口商为及时提货，将其收到的部分正本海运提单提交开证行，由开证行进行背书转让的融资方式。

（二）办理流程

1. 提货担保

开证行申请人以自身名义向开证行申请办理提货担保业务，提交申请文件（包括申请书、信用证项下的正本提单复印件、信用证项下商业发票复印件、到港证明）；开证行收到申请人要求办理提货担保申请后，审核文件，落实担保措施和保证金，并为申请人出具货物担保书；申请人凭借提货担保书向船运公司提货；开证行收到正本单据后凭申请人付款和承兑放单给申请人；申请人用正本提单向船公司换回正本提货担保书，退回给开证行；开证行解除提货担保项目下的担保责任，将保证金还给申请人。

2. 提单背书

申请人在对信用证单据进行承付前申请办理提单背书业务，申请人申请办理时需要的文件包括：商业发票、以开证行为抬头的海运提单、申请书、货物到港证明。开证行收到申请人要求办理提单背书的申请后应仔细审核申请文件，落实担保措施和保证金，然后对提单背书。申请人凭借背书的提单向船运公司提货，并在收到开证行关于正本单据的提示后对单据进行承付。

（三）相关规定

在银行开立信用证后叙做信用证项下提货担保业务的，减免保证金开证业务和提货担保业务均需占用客户授信额度及提供担保。

三、进口押汇

（一）定义

进口押汇是指银行收到本行开出的信用证、进口代收项下单据或汇款项下客户提供的相关单据后，向进口商提供的用于支付该信用证、代收或汇款项下进口货款的短期资金融通业务。按结算方式，进口押汇可分为信用证项下、代收项下和汇款项下进口押汇。

（二）基本流程（进口信用证押汇业务流程）

进口信用证押汇业务流程如图 5－3 所示。

（1）开证行收到出口商通过银行寄送的单据。

（2）开证行审单无误后，提示进口商付款/承兑赎单。

（3）进口商向开证行提出押汇申请，开证行审查同意后与进口商签订进口押汇协议。

（4）押汇行根据押汇协议发放押汇款，代进口商向出口商银行支付信用证款项。

（5）凭借信托收据从开证行获得的提单向承运人办理提货。

（6）进口商销售货物后收到国内买方支付的货款，实现资金回笼。

（7）进口商在押汇到期或提前向银行归还押汇款本金及利息。

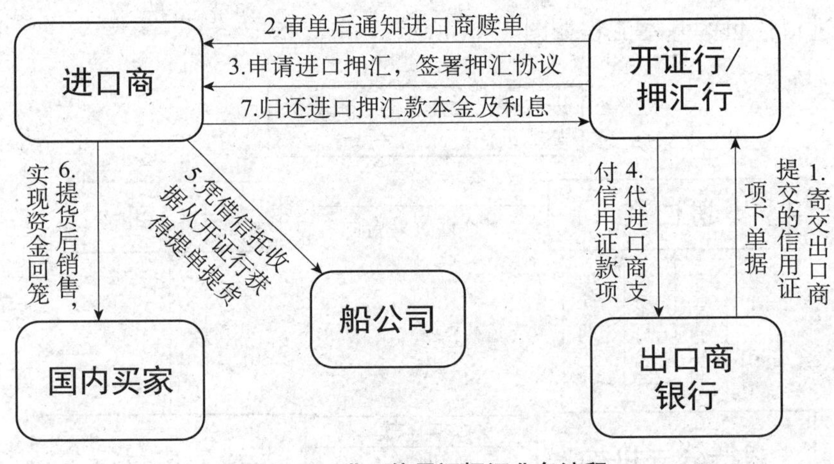

图 5－3　进口信用证押汇业务流程

（三）相关规定

（1）进口押汇款应专款专用。仅用于履行信用证项下的对外付款，不能结算成人民币使用。

（2）进口押汇是短期融资。押汇期限一般不超过 180 天。

（3）进口押汇须逐笔申请，逐笔使用，一般不设额度。

（4）对于押汇比例和押汇期限，根据实际情况与开证行协商后由银行决定。

（5）业务也存在进口商的信用风险、经营风险，产品的市场风险，以及出口商的信用风险，需要多方合作共同控制风险。

四、进口代付

（一）定义

进口代付是指银行与境内外代理行及银行境外分行（简称“代付行”）联合为进口商提供的一种短期贸易融资业务。银行根据进口商的申请，指示代付行先行支付货款，在融资到期日，进口商将融资本息归还银行，银行归还代付行。进口代付具体分为进口信用证方式下的代付、进口代收方式下的代付、汇出汇款方式下的代付。

（二）基本流程

进口代付的基本流程如图 5-4 所示。

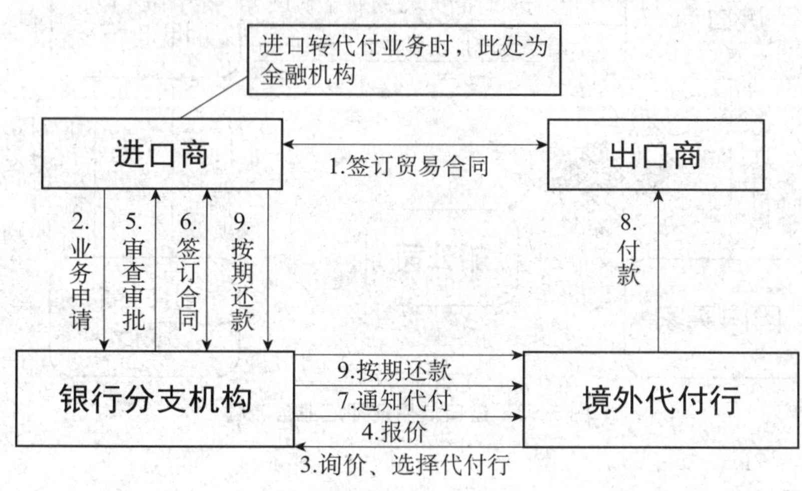

图 5-4　进口代付的基本流程

以 L/C 结算为例，具体为：

（1）进口商向开证行申请开证，并要求叙做进口代付业务，以降低利息、节约财务成本。

（2）开证行同意申请后向选定的代付行进行询价，就融资价格与代付行、进口商达成一致，签订代付业务协议。

（3）信用证项下的议付行寄单给开证行要求付款。

（4）开证行收到单据及付款指示后，将标明代付金额、代付到期还款日等内容的授权付款指示发送给海外代付行。

（5）海外代付行根据授权付款指示将款项付给议付行。

（6）进口商收到销售货款，到期将进口付汇的款项及利息支付给开证行。

（7）在约定的时间内，开证行将融资的本息归还给海外代付行。

（三）相关规定

（1）业务范围：信用证（即期、远期）、进口代收［付款交单（D/P 即期和 D/P 远期）和承兑交单（D/A）］、汇款（货到付款）结算方式项下的代付业务。

（2）融资比例：根据实际情况确定，不超过进口应付金额（发票或汇票金额）。

（3）融资期限：最长不得超过 180 天。远期信用证、D/A 和 D/P 远期项下进口代付的融资期限为付款期限加代付期限，不得超过 180 天。对符合规定的低风险条件下的进口代付业务，付款期限加代付期限最长不超过 1 年。

五、其他业务

（一）假远期信用证

假远期信用证是指开证行开出远期信用证，同时在信用证条款中承诺单证相符情况下即期付款，开证申请人到期偿付开证行的信用证。

（二）低风险进口融汇通

低风险进口融汇通，即 100%人民币质押＋进口融资＋远期售汇。在客户提供了 100%保证金或全额人民币存单质押，并同时办理了远期售汇业务锁定未来偿还外汇融资本息的人民币成本的前提下，该产品结算方式可包括 D/P、D/A、T/T 及远期 L/C；押汇比例提高到 100%；远期结算方式项下押汇期限可延长至 1 年（允许超出 365 天），延长进口押汇到期日至远期售汇到期日。

知识拓展

中国银行“进口贸易型”企业业务流程及金融服务需求

中国银行“进口贸易型”企业业务流程及金融服务需求见表 5－5。

表 5－5　中国银行“进口贸易型”企业业务流程及金融服务需求

交易流程	企业需求	契合的金融产品与服务
1. 寻找交易对手，签署合同	甄选交易对手，获取交易对手所在国信息，评估国别风险、商业风险与法律风险；确定结算方式；防范信用风险；减少资金占用	资信调查｜授信额度｜保函通知 代审保函｜转开保函
2. 备付	获得银行的信用支持	现汇贷款｜信用证开立｜通易达｜付款保函 租赁保函｜进口双保理
3. 运输	避免运输过程中遭受损失	货物运输保险｜提货担保｜海事调查

续前表

交易流程	企业需求	契合的金融产品与服务
4. 来单	减少资金占压，获得银行的信用支持；提高资金周转效率；简化通关手续；降低运营成本；获得符合企业特征的个性化服务	进口代收｜融货达｜加工贸易保证金台账 加工贸易税款保付保函｜关税保函 ATA 单证保函｜网上支付税费担保
5. 付款	减少资金占压，获得银行的信用支持；降低运营成本；规避汇率风险；获得符合企业特征的个性化服务	现汇贷款｜授信额度｜汇出汇款｜进口押汇 进口汇利达｜海外代付｜汇出汇款融资 即期售汇｜远期售汇

资料来源：https://www.bankofchina.com/cbservice/cb13/200905/t20090520_2816499.html.

项目小结

国际贸易融资
国际贸易融资概述
概念
特点
类型
意义
出口贸易融资
打包贷款
出口押汇
出口票据贴现
出口单据质押贷款
保付代理业务
福费廷业务
进口贸易融资
减免保证金开证
提货担保/提单背书
进口押汇
进口代付
其他业务

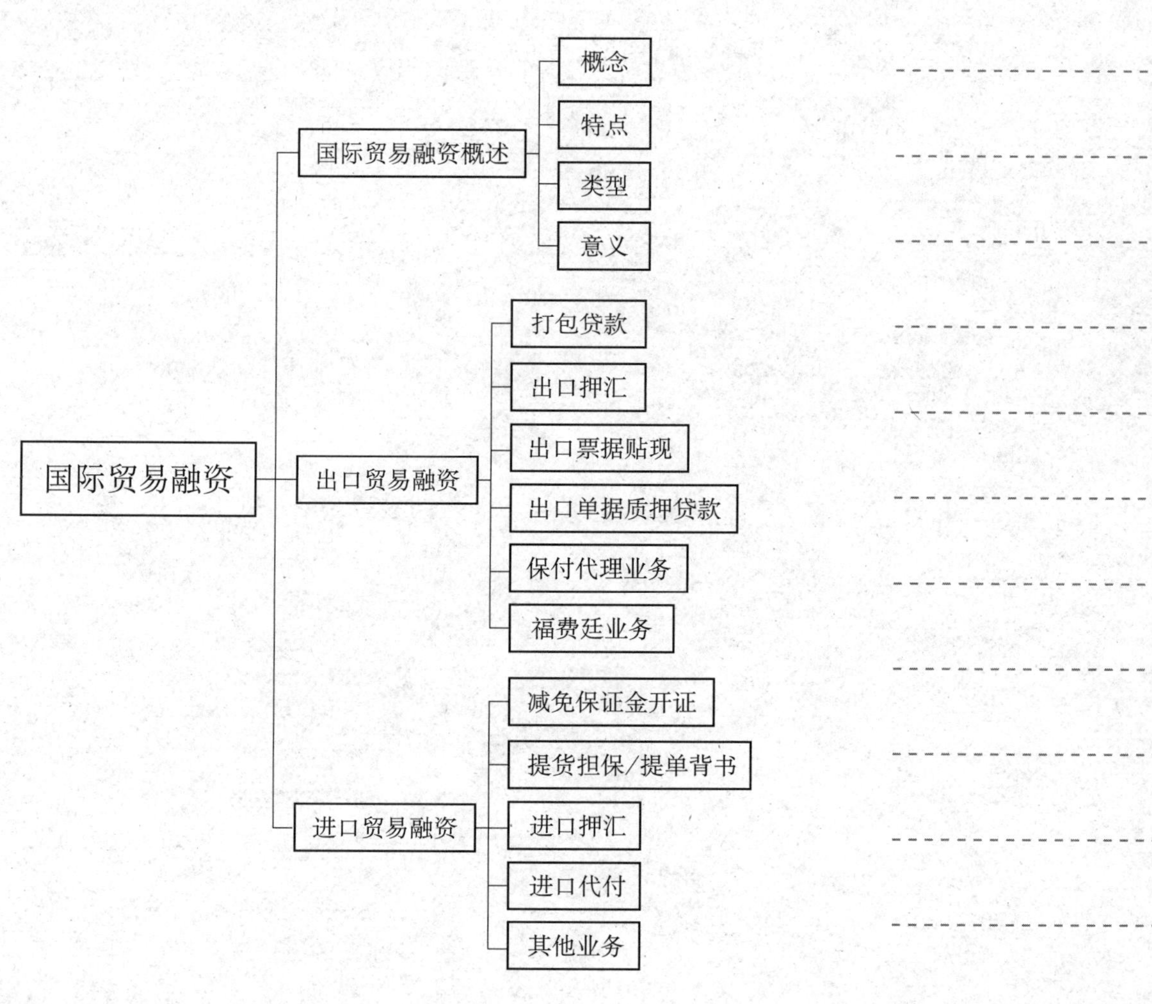

项目六 外汇管制

知识目标

- 理解外汇管制的概念
- 掌握外汇管制的基本方式
- 了解外汇管制的利弊

能力目标

- 能对外汇管制案例做基本分析
- 能根据外汇管理法规进行相关实务操作
- 树立合法办理外汇业务的意识

项目任务

- 外汇管制案例的分析
- 涉及外汇管制业务的正确处理

▶ 任务导入

随着经营业绩的持续向上，特别是国家“一带一路”政策红利的不断释放，ABC 进出口有限公司高层一直在谋划到海外去投资，但对政策不是很清楚。公司的资金能否对外投资？在海外的收益是不是可以全部留存海外？请查阅资料，给 ABC 进出口有限公司提出政策指导。

任务一　外汇管制概述

一、外汇管制的概念

外汇管制

外汇管制是指一国政府为平衡国际收支和维持本国货币汇率而对外汇进出实行的限制性措施。在我国，外汇管制又称外汇管理，是指政府通过法令对国际结算和外汇买卖进行限制的一种限制进口的国际贸易政策。

二、外汇管制的目的

1. 促进国际收支平衡或改善国际收支状况

长期的国际收支逆差会给一国经济带来显著的消极影响，维持国际收支平衡是政府的基本目标之一。政府可以用多种方法来调节国际收支，但是对于发展中国家来说，其他调节措施可能意味着较大代价。例如，政府实行紧缩性财政政策或货币政策可能改善国际收支，但会影响经济发展速度，并使失业状况恶化。

2. 稳定货币汇率，抑制通货膨胀

汇率的频繁、大幅度波动所造成的外汇风险会严重阻碍一国对外贸易和国际借贷活动的进行。拥有大量外汇储备的国家或有很强的借款能力的国家可以通过动用或借入储备来稳定汇率。对于缺乏外汇储备的发展中国家来说，外汇管制是稳定本币对外币的汇率的重要手段。

3. 防止资本外逃或大规模的投机性资本流动，维护该国金融市场的稳定

经济实力较弱的国家存在非常多的可供投机性资本利用的缺陷。例如，在经济高速发展时，商品价格、股票价格、房地产价格往往上升得高于其内在价值。在没有外汇管制的情况下，这会吸引投机性资本流入，后者会显著加剧价格信号的扭曲。一旦泡沫破灭，投机性资本外逃，又会引发一系列连锁反应，造成经济局势迅速恶化。外汇管制是这些国家维护该国金融市场稳

定运行的有效手段。

4. 增加该国的国际储备

任何国家都需要持有一定数量的国际储备资产。国际储备不足的国家可以通过多种途径来增加国际储备，但是其中多数措施需要长期施行才能取得明显成效。外汇管制有助于政府实现增加国际储备的目的。

5. 有效利用外汇资金，推动重点产业优先发展

外汇管制使政府拥有更大的对外汇运用的支配权。政府可以利用它限制某些商品进口，来保护该国的相应幼稚产业；或者向某些产业提供外汇，以扶植重点产业优先发展。

6. 增强该国产品的国际竞争能力

在该国企业不足以保证产品的国际竞争能力的条件下，政府可以借助外汇管制为企业开拓国外市场。例如，规定官方汇率是外汇管制的重要手段之一，当政府直接调低本币汇率时，或限制短期资本流入时，都有助于该国增加出口。

7. 增强金融安全

金融安全是指一国在金融国际化条件下具有抗拒内外金融风险和外部冲击的能力。一国的开放程度越高，其维护金融安全的责任和压力越大。影响金融安全的因素包括国内不良贷款、金融体制改革和监管等内部因素，也涉及外债规模和使用效益、国际游资冲击等涉外因素。发展中国家的经济发展水平较低，经济结构有种种缺陷，特别需要把外汇管制作为增强该国金融安全的手段。

工作任务

2018 年中国外汇管制再放大招！每人一年最多提现 10 万元

2018 年到来前夕，为规范银行卡境外大额提取现金交易，防范洗钱、逃税等违法行为，中国国家外汇管理局再放大招，规定从 2018 年 1 月 1 日起，中国公民个人境外年度取现总额不得超过 10 万元人民币，单日提取限额为 1 万元。国家外汇管理局强调，新规不影响持卡境外消费和用

汇便利性，也不影响个人每年5万美元的购汇额度。

请思考：外汇管制的目的是什么？为什么要规定提现额度和购汇额度？

三、外汇管制的主体和客体

（一）外汇管制的主体

外汇管制的主体是指外汇管制的执行者。这个主体由中央银行、外汇管理机构和大商业银行担任。由于外汇管制是金融宏观调控方面的重要手段，因此各个国家用政府的名义制定外汇管理法令，牢牢掌握外汇管制权。主体随时根据客观情况和政策需要，采取各种措施，控制外汇收支活动。一般由政府授权财政部、中央银行或另外成立专门机构作为执行外汇管制的机构，如英国指定财政部作为决定外汇政策的权力机构，英格兰银行代表财政部行使外汇管制的具体措施，日本由大藏省负责外汇管制；除官方机构外，有些国家还由其中央银行指定一些大商业银行作为经营外汇业务的指定银行，并按外汇管制法令集中办理一切外汇业务。我国进行外汇管理的职能机构是国家外汇管理局。

知识拓展

中国国家外汇管理局简介

中华人民共和国国家外汇管理局（State Foreign Exchange Administration of the People's Republic of China/State Administration of Foreign Exchange，SAFE），是中国管理外汇的职能机构，为国务院部委管理的国家局，由中国人民银行管理。国家外汇管理局组建于1979年3月，总局设在北京。

国家外汇管理局的基本职能包括：

（1）研究提出外汇管理体制改革和防范国际收支风险、促进国际收支平衡的政策建议；研究逐步推进人民币资本项目可兑换、培育和发展外汇市场的政策措施，向中国人民银行提供制定人民币汇率政策的建议和依据。

（2）参与起草外汇管理有关法律法规和部门规章草案，发布与履行职责有关的规范性文件。

（3）负责国际收支、对外债权债务的统计和监测，按规定发布相关信息，承担跨境资金流动监测的有关工作。

（4）负责全国外汇市场的监督管理工作；承担结售汇业务监督管理的责任；培育和发展外汇市场。

资料来源：http://www.safe.gov.cn/safe/jbzn/index.html.

（二）外汇管制的客体

外汇管制的对象

外汇管制的客体是外汇管制执行者作用的对象，故又称为外汇管制的对象。具体分为人、物、地区三大对象。

1. 对人的管制

人可分为自然人和法人。在各国外汇管制中，通常又把自然人与法人按居住地区不同分为居民和非居民。对居民的外汇收支，往往因其涉及居住国的国际收支问题而管制较严，而对非居民则管制较松。

知识拓展

居民外汇和非居民外汇

居民外汇是指在我国境内居住期限在一年以上者，以及各级政府、各种经济类型的企业、团体（包括外国侨民）持有的外汇，其中也包括侨汇、托收国外财产和外国货币。这部分外汇在外汇管理上较严，只能持有，不能私自转移境外，使用时必须通过中国银行兑换成人民币。非居民外汇是指境内居住期限在一年以下者和境外企业、外国驻华机构持有的外汇。对这部分外汇在外汇管理上较松，可以自行保存，也可以按照规定存入银行、提取外币现钞或办理结汇。

资料来源：居民外汇与非居民外汇．(2018-10-16)．https://baike.sogou.com/v176533144.htm?fromTitle=居民外汇与非居民外汇．

2. 对物的管制

物主要是针对外汇。凡在国际收支平衡表上所列的外币、有价证券和其他支付工具以及金、银及其制成品等项目，都在管制范围内。

3. 对地区的管制

一国在实施外汇管制时，如果没有明确的地区范围，那么这种管制将是无的放矢或是毫无效应的。目前，各国对外汇管制的地区对象有两重含义：一是指一国外汇管制法令生效的范围（整个国家范围或国内局部地区）；二是指对不同的国家或地区实行不同的外汇管制政策，其宽严度亦视其与本国的政治经济往来密切程度而定。一国对同一共同体或友好国家管制较松，反之则较严，甚至会施以绝对的管制。

四、外汇管制的基本方式

外汇管制的内容

1. 对出口外汇收入的管制

在出口外汇管制中，最严格的规定是出口商必须把全部外汇收入按官方汇率结售给指定银行。出口商在申请出口许可证时，要填明出口商品的价格、数量、结算货币、支付方式和支付期限，并交验信用证。

2. 对进口外汇的管制

对进口外汇的管制通常表现为进口商只有得到管汇当局的批准，才能在指定银行购买一定数量的外汇。管汇当局根据进口许可证决定是否批准进口商的买汇申请。有些国家将进口批汇手续与进口许可证的颁发同时办理。

3. 对非贸易外汇的管制

非贸易外汇涉及除贸易收支与资本输出入以外的各种外汇收支。对非贸易外汇收入的管制类似于对出口外汇收入的管制，即规定有关单位或个人必须把全部或部分外汇收支按官方汇率结售给指定银行。为了鼓励人们获取非贸易外汇收入，各国政府可能实行一些其他措施，如实行外汇留成制度，允许居民将个人劳务收入和携入款项在外汇指定银行开设外汇账户，并免征利息所得税。

4. 对资本输入的外汇管制

发达国家采取限制资本输入的措施通常是为了稳定金融市场和稳定汇率，避免资本流入造成国际储备过多和通货膨胀。所采取的措施包括：对银行吸收非居民存款规定较高的存款准备金率；对非居民存款不付利息或倒收利息；限制非居民购买该国有价证券等。

5. 对资本输出的外汇管制

发达国家一般采取鼓励资本输出的政策，但是它们在特定时期，如面临国际收支严重逆差之时，也采取一些限制资本输出的政策，其中主要措施包括：规定银行对外贷款的最高额度；限制企业对外投资的国别和部门；对居民境外投资征收利息平衡税等。

6. 对黄金、现钞输出入的管制

实行外汇管制的国家一般禁止个人和企业携带、托带或邮寄黄金、白金或白银出境，或者限制其出境的数量。对于该国现钞的输入，实行外汇管制的国家往往实行登记制度，规定输入的限额并要求用于指定用途。对于该国现钞的输出则由外汇管制机构进行审批，规定相应的限额。不允许货币自由兑换的国家禁止该国现钞输出。

7. 复汇率制

对外汇进行价格管制必然形成事实上的各种各样的复汇率制。复汇率制是指一国规章制度和政府行为导致该国货币与其他国家的货币存在两种或两种以上的汇率。

知识拓展

我国外汇管理制度的历史沿革

1978 年以来，我国外汇管理体制改革大致经历了四个发展阶段。

第一阶段（1978—1993 年），外汇管理体制改革起步。这一阶段以增强企业外汇自主权、实行汇率双轨制为特征。1979 年，为配合外贸体制改革和鼓励企业出口创汇，我国开始实行外汇留成制度，在外汇由国家集中管理、统一平衡的基础上，按照一定比例给予出口企业购买外汇的额度，允许企业通过外汇调剂市场，转让多余的外汇，由此逐步形成了官方汇率和外汇调剂市场汇率并存的双重汇率制度。这一阶段，外汇管理体制处于由计划体制开始向市场调节的转变过程，计划配置外汇资源仍居于主导地位，但市场机制萌生并不断发育，对于促进吸引外资、鼓励出口创汇、支持国内经济建设发挥了积极作用。

第二阶段（1994—2000 年），社会主义市场经济条件下的外汇管理体制框架初步确定。1994 年初，国家对外汇管理体制进行了重大改革，取消外汇留成制度，实行银行结售汇制度，实行以市场供求为基础的、单一的、有管理的浮动汇率制度，建立统一规范的外汇市场。此后，我国进一步改进外汇管理体制，1996 年取消了所有经常性国际支付和转移的限制，实现人民币经常项目可兑换。1997 年，亚洲金融危机爆发，我国做出人民币不贬值的承诺，并重点加强对逃汇、骗汇等违法违规资本流动的管理和打击，成功抵御了亚洲金融危机的冲击。这一阶段，我国初步确立适合国情、与社会主义市场经济体制相适应的外汇管理制度框架，市场配置外汇资源的决定性地位初步奠定。

第三阶段（2001—2012 年），以市场调节为主的外汇管理体制进一步完善。自 2001 年年底加入世界贸易组织以来，我国国际收支在较长一段时间内呈现持续大额顺差，外汇管理提出国际收支平衡的管理目标和“均衡管理”的监管理念，包括人民币资本项目可兑换等重大改革探索有序推进。2002 年，我国建立合格境外机构投资者制度（QFII），跨境证券投资开放取得重大进展。以 2005 年 7 月人民币汇率形成机制改革为起点，我国实施了取消经常项目外汇账户限额管理、对个人实行 5 万美元便利化结售汇额度管理、启动合格境内机构投资者制度（QDII）和人民币合格境外机构投资者制度（RQFII）等一系列改革举措。2008 年，我国修订了《中华人民共和国外汇管理条例》，外汇管理法制化建设迈入新阶段。2009 年，我国提出外汇管理理念和方式的“五个转变”，全面推进简政放权。2012 年，我国实施货物贸易外汇管理制度改革，取消货物贸易外汇收支逐笔核销制度，贸易便利化程度大幅提升。

第四阶段（2013 年至今），统筹平衡促进贸易投资自由化、便利化与防范跨境资本流动风险之间的关系，在维护外汇市场稳定尤其是成功应对 2015 年年底至 2017 年年初外汇市场高强度冲击的同时，我国外汇领域改革开放取得历史性成就。2013 年，我国改革服务贸易外汇管理制度，全面取消服务贸易事前审批，所有业务直接到银行办理。另外，我国扩大金融市场双向开放，先后推出“沪港通”（2014 年）、内地与香港基金互认（2015 年）、“深港通”（2016 年）、“债券通”（2017 年）等跨境证券投资新机制。我国陆续设立丝路基金、中拉产能合作基金、中非产能合作基金，积极为“一带一路”搭建资金平台。2015 年，我国将资本金意愿结汇政策推广至全国，大幅简化外商直接投资外汇管理，实现外商直接投资基本可兑换。2018 年，我国进一步增加 QDII 额度，取消了 QFII 资金汇出比例限制和 QFII、RQFII 锁定期要求，扩大合格境内有限合伙人（QDLP）和合格境内投资企业（QDIE）试点。2015 年年底至 2017 年年初，我国日益开放的外汇管理体制经受住了跨境资本流出冲击的考验，有效地维护了国家经济金融安全。

五、外汇管制的影响

（一）有利影响

政府能通过一定的管制措施来实现该国国际收支平衡、汇率稳定、奖出限入和稳定国内物价等政策目标。一般情况是，发展中国家为振兴民族经济，多主张采取外汇管制。20 世纪 70 年代以来，从总的趋势来说，资本主义国家，尤其是发达国家，普遍采取的是逐渐放宽外汇管制的政策，特别是普遍解除了贸易收支的外汇管制。

（二）不利影响

1. 汇率扭曲，不利于资源合理配置

无论是政府规定官方汇率，还是政府限制外汇买卖，都会使汇率偏离市场均衡汇率。对于发展中国家来说，汇率扭曲主要表现在本币汇率过高。这可能是因为政府为本币规定了偏高的官方牌价，也可能是因为政府对外汇供求施加限制。这种扭曲的汇率对资源配置有不利影响。首先，它会打击发展中国家的农业。在发达国家普遍对农产品出口提供巨额补贴的情况下，世界农产品市场价格已经偏低，高估本币汇率进一步降低了进口农产品的本币价格，使发展中国家的农产品价格随之下降，这是许多发展中国家农业发展缓慢、城乡差别较大的重要原因。其次，高估本币汇率会普遍性地打击该国的出口产业和进口替代产业，因为它抬高了该国出口商品的外币价格并压低了进口商品的本币价格。最后，从世界范围来看，汇率是指引国际资本流动的价格信号之一，汇率的扭曲使人们难以做出正确的投资决策。对发展中国家来说，本币汇率过高不利于吸引外资，它使外资只能支配较少数量的该国实际资源；从长远来看，这不利于该国的经济发展、技术进步和国际竞争能力的提高。

2. 在一定程度上影响国际贸易的发展和对外开放的进程

从世界范围来看，外汇管制阻碍着自由多边结算体系的形成，自然阻碍了国际贸易和国际资本流动的正常进行。对发展中国家来说，高估本币汇率和限制外汇自由交易会打击出口企业的创汇积极性，而外汇短缺也影响该国进口贸易的发展。限制资本外流和限制投资收益回流的做法也会打击外商对该国投资的积极性。许多国家的经验证明，要打破国际收支逆差、外汇储备不足、外汇管制、对外开放程度低、经济发展速度慢之间的恶性循环，需要在逐步取消外汇管制上寻找突破口。

3. 出现外汇黑市，而且外汇官价和黑市并存可能带来权钱交易

当外汇牌价被显著压低时，就很难避免外汇黑市的出现。当外汇黑市规模较大时，政府甚至不得不开放外汇调剂市场，使该国出现合法的双轨制汇率。为了以较低的官价购买外汇，某些个人和企业可能向掌握外汇配给权的官员行贿，助长社会的腐败风气。

对于世界经济的长远发展来说，各国逐步放宽和最终取消外汇管制是一种历史趋势，但是这将是一个十分漫长的过程。特别是发展中国家需要实施一定程度的外汇管制，因为它们的经济发展水平较低，经济结构中存在不少缺陷，政府缺乏足够的经济实力运用经济手段调节经济运行。在当代游资充

斥的国际金融市场上，市场机制本身也存在重大缺陷，完全听任市场自发调节并不是各国最优的选择。总之，外汇管制是一把双刃剑，它既能产生积极作用，又能带来消极影响。发展中国家面临的问题是在何种情况下实施何种外汇管制，在什么条件下取消某种外汇管制，以及如何尽可能地利用外汇管制的积极作用，避免或减少其可能带来的消极影响。

工作任务

外汇储备已所剩无几！阿根廷政府无奈实施资本管控

据外媒报道，面对引发美元外流和金融市场动荡的信心危机，阿根廷政府不得不实施资本管制，这是其为阻止外汇储备被耗尽而采取的最新行动。

这个出乎市场意料的举措于周一生效。上周，阿根廷总统马克里领导的政府单方面寻求延长所有短期票据的到期时间，此前市场对该国国债的需求剧减，导致政府无法展期债务。

阿根廷央行一直在加速卖出美元，试图阻止阿根廷比索的急剧贬值。经济学家 Carugati 表示，自 8 月 9 日以来阿根廷外汇储备已经下降 122 亿美元，约相当于该国总储备的 20%。在总统马克里于 8 月 11 日的初选遭遇重大挫折后，比索已经贬值超过 20%。

政府在周日发布的政令中表示，央行应限制美元卖出，并要求公司和银行机构买进硬通货。阿根廷出口商也被要求将在海外销售所得的全部硬通货都汇回国内。

个人每月购买美元的限额为 1 万美元。个人在银行向海外进行的转账也面临每月最高 1 万美元的限制。非居民账户购买美元的每月限额为 1 000美元，而且他们不被允许通过银行向海外转账。

该政令表示，鉴于近期金融市场动荡和政治不确定性，“有必要采取暂时和紧急的措施，以更大力度地监管外汇市场，强化经济的正常运转”。阿根廷政府还称，目标是“降低金融市场波动，抑制资金流波动给经济造成的影响”。

由于初选结果显示，对市场友好的阿根廷现任政府在 10 月份大选时几乎毫无胜算，因此比索上个月应声下跌超过25%。阿根廷央行又试图将债务展期，并在上周三最终决定延迟支付今年到期的70亿美元票据，造成该国利率飙升。

在上述政令公布几个小时后，国际货币基金组织（IMF）的一位发言人称，IMF的工作人员正在分析阿根廷的“为保护汇率稳定和储户而采取的资本流动管控措施”。阿根廷和IMF之间有一项570亿美元备用融资协议。“工作人员接下来仍将与阿根廷当局保持密切联系，IMF将在这些充满挑战的时期继续支持阿根廷。”该发言人称。

资料来源：外汇储备已所剩无几！阿根廷政府无奈实施资本管控．(2019-09-02)．https://finance.sina.com.cn/world/2019-09-02/doc-iicezueu2785881.shtml.

请阅读以上材料，回答问题：

1. 阿根廷进行外汇管制的目的是什么？

2. 阿根廷采取了哪些措施进行外汇管制？

任务二 经常项目外汇管理

一、经常项目外汇管理的内涵

经常项目通常是指一个国家或地区对外交往中经常发生的交易项目，包括贸易及服务、收益、经常转移。由于经常项目直接构成国民生产总值的一部分，对一国国民经济发展具有较大影响，因此对经常项目的管理成为各国宏观经济管理的一项重要内容。

对经常项目的外汇管理有三种类型，即严格、宽松和基本放任自流三种管理形式，而从严格走向宽松，进而不加限制是经常项目外汇管理发展的总趋势。但各国经常项目外汇管理的重点会由于各自经济发展水平及经济结构状况的不同而不同。例如，发达国家经常项目外汇管理的重点是服务贸易和收益项目，原因是发达国家服务贸易占进出口贸易的比重较大，对外投资相对较多，大量的国际投资需要将利润汇回本国；而发展中国家的货物贸易在经常项目外汇管理中所占的比重较大，因此货物贸易外汇管理是发展中国家经常项目外汇管理的重点。目前，我国经常项目收支仍以对外贸易为主，并且主要是货物贸易收支，非贸易收支和经常转移在经常项目收支中所占比重很小，因此，我国经常项目外汇管理的重点应该定位于进出口贸易。

我国于 1996 年 12 月宣布接受《国际货币基金协定》第八条款，实现人民币经常项目可兑换。自 2007 年 8 月 12 日起，我国境内机构可根据经营需要自行保留其经常项目外汇收入。

知识拓展

我国经常项目差额的变化趋势

我国经常项目差额规模的变化可分为三个阶段：

第一阶段，1998—2001 年，受金融危机影响，我国经常项目差额从 315 亿美元萎缩至 174 亿美元，年均下降 17%。

第二阶段，2001 年底我国加入 WTO，经常项目顺差开始大幅增加，年均增速达 61%。2008 年顺差为 4 206 亿美元，达到峰值。2009 年以来，我国经常项目顺差双向波动加剧，经常项目差额围绕“基本平衡”的目标波动。2009 年至今，3 年顺差增长，7 年顺差下降。

第三阶段，2018 年一季度，我国经常项目出现 341 亿美元的大额逆差；二季度，转为顺差 53 亿美元；三季度，顺差再次扩大至 160 亿美元。我国经常项目差额不稳定性逐渐加剧。

经常项目差额与 GDP 的比例变动方向呈现相同的规律。自 2010 年以来，我国经常项目差额均在国际认可的合理区间 4%以内变动。

货物贸易差额对经常项目差额的稳定性起决定性作用。货物贸易差额在经常项目差额中占比平均高达 146.1%，其走势与经常项目差额趋势高度一致。2009 年以来，服务贸易逆差规模不断扩大，削弱了我国经常项目差额的稳定性。服务贸易差额对经常项目差额的贡献度平均为—33.4%。

经常项目差额向弱稳定转变。自 2009 年起，我国经常项目差额发生了结构性变化，原来的稳定转变为明显的弱稳定。产生变化的重要原因是 2009 年次贷危机的冲击以及我国自身产业结构的调整，这表明我国经常项目差额具有一定的脆弱性，受到外部冲击影响时波动较大且恢复至正常水平所需时间较长。

资料来源：专家：我国经常项目差额向弱稳定转变 行稳方能致远．(2019-02-21)．http://finance.sina.com.cn/roll/2019-02-21/doc-ihrfqzka7682939.shtml.

二、货物贸易外汇管理

为进一步促进贸易便利化，加强货物贸易外汇管理，国家外汇管理局、国家税务总局、海关总署决定改革货物贸易外汇管理制度、优化升级出口收汇与出口退税信息共享机制，自 2011 年 12 月 1 日起，在江苏、山东、湖北、浙江（不含宁波）、福建（不含厦门）、大连、青岛地区试点。主要内容包括：

1. 改革货物贸易外汇管理方式

试点期间，试点地区试行国家外汇管理局制定的《货物贸易外汇管理试点指引》和《货物贸易外汇管理试点指引实施细则》，企业不再办理出口收汇核销手续。

试点地区外汇局对企业的贸易外汇管理方式由现场逐笔核销改变为非现场总量核查，通过货物贸易外汇监测系统，全面采集企业货物进出口和贸易外汇收支逐笔数据，定期比对、评估企业货物流与资金流总体匹配情况，便利合规企业贸易外汇收支；对存在异常的企业进行重点监测，必要时实施现场核查。

2. 对试点地区企业实施动态分类管理

试点地区外汇局根据企业贸易外汇收支合规性，将企业分为 A、B、C 三类。A 类企业进口付汇单证简化，可凭进口报关单、合同或发票等任何一种能够证明交易真实性的单证在银行直接办理付汇，出口收汇不需要联网核查；银行办理收付汇审核手续相应简化。对 B、C 类企业在贸易外汇收支单证审核、业务类型、结算方式等方面实施严格监管。B 类企业贸易外汇收支由银行实施电子数据核查，C 类企业贸易外汇收支须经外汇局逐笔登记后办理。

试点地区外汇局结合企业在分类监管期内遵守试点法规情况，动态调整分类结果。A 类企业违反外汇管理法规将被降级为 B 类或 C 类，B、C 类企业在分类监管期内守法合规经营的，监管期届满后可升级为 A 类。

3. 简化出口退税凭证

试点期间，试点地区出口企业申报出口退税时，不再提供纸质出口收汇核销单。税务局参考外汇局提供的企业出口收汇信息和分类情况，依据相关规定，审核企业出口退税。

4. 调整出口报关流程

试点期间，试点地区企业出口报关仍按现行规定提供出口收汇核销单。货物贸易外汇管理制度改革在全国推广后，海关总署与国家外汇管理局将调整出口报关流程，取消出口收汇核销单。

5. 加强部门联合监管

试点地区企业应当严格遵守相关规定，增强诚信意识，加强自律管理，自觉守法经营。国家外汇管理局与国家税务总局、海关总署将进一步加强合作，实现数据共享；完善协调机制，形成监管合力；严厉打击各类违规跨境资金流动；严厉打击骗税、走私等违法行为。

工作任务

中国建设银行宿迁分行违法遭罚 经常项目资金收汇审查存漏

中国经济网北京12月2日讯 国家外汇管理局网站今日公布对中国建设银行股份有限公司宿迁分行的行政处罚决定。宿迁汇检罚〔2019〕3号显示，中国建设银行股份有限公司宿迁分行办理经常项目资金收汇，未对交易单证的真实性及其与外汇收支的一致性进行合理审查，被国家外汇管理局宿迁市中心支局给予责令改正、处罚款人民币40万元的行政处罚。

上述处罚的违法行为类型为《国家外汇管理局关于印发货物贸易外汇管理法规有关问题的通知》（汇发〔2012〕38号）附件2《货物贸易外汇管理指引实施细则》第十二条、第六十五条、第六十六条。

请阅读以上材料，查阅相关文件，回答问题：中国建设银行宿迁分行具体违反了哪些规定？

三、服务贸易外汇管理

（一）我国服务贸易发展

根据《服务贸易总协定》的规定，国际服务贸易分为四种形式：（1）过境支付，即一国向另一国通过电讯、计算机联网等方式提供的服务；（2）境外消费，即一国消费者到另一国消费服务；（3）商业存在，即允许外国企业和经济实体到本国开业、设址，提供服务；（4）自然人流动，即允许外国自然人到本国提供服务，或本国自然人去国外为外国人提供服务。

为加入WTO，我国签署了《服务贸易总协定》，承诺逐步开放国内的服务贸易市场。近年来，我国服务贸易发展保持平稳较快增长态势。2012年至2017年，我国服务贸易年均增长7.8%，规模跃居世界第二；新兴服务出口占比提高15个百分点；离岸服务外包年均增长近20%；技术出口年均增长超过30%。服务贸易已成为对外贸易发展的新引擎。

知识拓展

商务部：我国服务贸易总体保持平稳向上态势

2020 年 2 月 10 日，商务部召开首次网上新闻发布会，商务部市场建设司司长朱小良介绍，2019 年，在服务贸易创新发展试点等政策的激励下，我国服务贸易总体保持平稳向上态势，逆差明显下降，结构显著优化，高质量发展成效初步显现。

朱小良表示，2019 年我国服务进出口总额 54 152.9 亿元（人民币，下同），同比增长 2.8%。其中，出口总额 19 564.0 亿元，同比增长 8.9%；进口总额 34 588.9 亿元，同比减少 0.4%。主要呈现以下特点：

服务贸易逆差明显下降。2019 年，我国服务业发展潜力不断释放，服务业增加值同比增长 6.9%，为服务出口的快速增长奠定了良好基础。服务出口总额在服务进出口总额中的占比达 36.1%，同比提升 2 个百分点。服务出口增速高于进口增速 9.3 个百分点，推动服务贸易逆差下降 10.5 个百分点至 15 024.9 亿元，同比减少1 760.0亿元。

服务贸易结构显著优化。2019 年，我国知识密集型服务进出口额 18 777.7亿元，同比增长 10.8%，高于服务进出口整体增速 8 个百分点，占服务进出口总额的比重达到 34.7%，同比提升 2.5 个百分点。其中，知识密集型服务出口额 9 916.8 亿元，同比增长 13.4%，占服务出口总额的比重达 50.7%，同比提升 2 个百分点；知识密集型服务进口额 8 860.9 亿元，同比增长 8%，占服务进口总额的比重达 25.6%，同比提升 2 个百分点。从具体领域看，个人文化娱乐服务、电信计算机和信息服务、金融服务延续快速增长态势，进出口增速分别为 19.4%、18.9%、18.7%。

资料来源：栗翘楚．商务部：我国服务贸易总体保持平稳向上态势．(2020-02-10)．http://finance.people.com.cn/n1/2020/0210/c1004-31580394.html.

（二）服务贸易外汇管理

2013 年，国家外汇管理局印发《服务贸易外汇管理指引实施细则》，完善服务贸易外汇管理，促进贸易投资便利化。主要内容包括：

1. 外汇收支审查

金融机构办理服务贸易外汇收支业务，应当对交易单证的真实性及其与外汇收支的一致性进行合理审查。

金融机构审查的交易单证无法证明交易的真实性与合法性，或者与办理的外汇收支不一致的，金融机构应当要求境内机构和境内个人补充其他交易单证。

办理单笔等值5万美元以上的服务贸易外汇收支业务，金融机构应按规定审查并留存交易单证；办理单笔等值5万美元（含）以下的服务贸易外汇收支业务，金融机构原则上可不审核交易单证，但对于资金性质不明确的外汇收支业务，金融机构应要求境内机构和境内个人提交交易单证进行合理审查。

银行在对合同或协议等单证进行真实性审核后，就能直接管理购付汇手续，境内机构可以凭申报信息直接为服务贸易外汇收入办理入账或结汇。

2. 存放境外管理

具备一定条件的境内机构服务贸易外汇收入可以开立账户存放境外，境内机构存放境外资金规模，即境外存放账户的账户余额，不得高于其上年度服务贸易外汇收入总规模的50%；境内企业集团存放境外资金规模，即主办企业境外存放账户的账户余额，不得高于其所有境内成员企业上年度服务贸易外汇收入总规模的50%。

境外存放账户的收入范围包括服务贸易收入以及经外汇管理局批准的其他收入；支出范围包括经常项目支出、调回境内，以及符合外汇局规定的其他支出。

境内机构开立境外存放账户，应持相关材料向所在地外汇管理局申请办理开户核准手续。

国家外汇管理局可根据国际收支形势和外汇管理需要对存放境外的资格条件、期限、存放规模或调回要求等进行调整。

3. 监督管理

外汇管理局通过外汇监测系统对服务贸易外汇收支进行非现场监测，对外汇收支异常的境内机构和境内个人进行非现场核查、现场核查或检查，对金融机构办理服务贸易外汇收支业务的合规性与报送相关信息的及时性、完整性和准确性实施非现场核查、现场核查或检查。

4. 法律责任

境内机构、境内个人和金融机构应当按本细则及其他相关规定办理服务贸易外汇收支，对违反规定的，由外汇管理局依据《中华人民共和国外汇管理条例》等相关规定处罚。

四、外币收付管理

1. 携带外币现钞出入境管理

2003 年 8 月，国家外汇管理局、海关总署联合制定了《携带外币现钞出入境管理暂行办法》，规范携带外币现钞出入境行为，打击洗钱、货币走私和逃汇等违法犯罪行为。

《携带外币现钞出入境管理暂行办法》规定出境人员可以携带外币现钞出境，也可以按照国家金融管理规定通过从银行汇出或携带汇票、旅行支票、国际信用卡等方式将外币携出境外。

出境人员携带不超过等值 5 000 美元（含 5 000 美元）的外币现钞出境的，无须申领携带证，海关予以放行；出境人员携带外币现钞金额在等值 5 000美元以上至 10 000 美元（含 10 000 美元）的，应向外汇指定银行申领携带证，海关凭加盖外汇指定银行印章的携带证验放；出境人员原则上不得携带超过等值 10 000 美元的外币现钞出境，对属于下列特殊情况之一的，出境人员可以向外汇局申领携带证：

（1）人数较多的出境团组；

（2）出境时间较长或旅途较长的科学考察团组；

（3）政府领导人出访；

（4）出境人员赴战乱、外汇管制严格、金融条件差或金融动乱国家；

（5）其他特殊情况。

2. 境内机构外币现钞收付管理

2015 年 12 月，国家外汇管理局制定了《境内机构外币现钞收付管理办法》，进一步规范和满足境内机构外币现钞业务的实际需要。

境内机构外币现钞收付是指境内机构发生的外币现钞的收取、提取以及相关的结汇和购汇等行为。其中，境内机构是指中华人民共和国境内的国家机关、企业、事业单位、社会团体、部队等，外国驻华外交领事机构和国际组织驻华代表机构除外；经办银行是指以境内机构为客户，负责审核并为其办理外币现钞收付业务的银行。

除另有规定外，境内机构经常项目和资本项目交易不得收付外币现钞。境内机构经常项目外币现钞的收付，应当具有真实、合法的交易基础。境内机构不得以虚构交易等方式骗取外币现钞收付，逃避外汇监管。

对于符合特定条件的经常项目交易，境内机构可以收取外币现钞，但应按规定在经办银行办理结汇，不得存入经办银行转为现汇。

国家外汇管理局及其分支局（简称“外汇局”）根据本办法对境内机构外币现钞业务实施监督管理，对境内机构外币现钞收付行为进行非现场监测，对外币现钞收付异常的境内机构、经办银行进行非现场核查、现场核查或检查。

工作任务

广州海关一日内查获10名旅客违规超量携带货币出境

2018年5月2日，广州海关隶属广州天河车站海关在广九直通车现场接连查获10名中国籍旅客违规超量携带货币现金出境，共查获人民币92.53万元。

2日早上，海关关员在办理“广州东至香港红磡”直通列车的通关手续时，发现6名中国籍旅客结伴走“无申报通道”出境，且神色慌张、眼神躲闪。经进一步检查，海关关员发现6名旅客随身行李中均藏匿有大量人民币。随后，海关关员对同一班次列车进行登临检查，查获另外3名出境旅客违规携带大量人民币。经现场清点，9名旅客共违规超量携带人民币84.53万元。

当晚，天河车站海关又查获1名旅客违规超量携带8万元人民币出境。5月以来，该海关在铁路旅检口岸连续查获13宗旅客超量携带货币出境案件，涉案金额折合人民币118.43万元。

请阅读以上材料，回答问题：如需携带超量外币现钞出境，应如何操作？

任务三 资本项目外汇管理

一、资本项目外汇管理概述

资本项目是指国际收支中因资本输出和输入而产生的资产负债的增减项目，所反映的是本国和外国之间以货币表示的债权与债务的变动。

改革开放以前，我国既无外债，也不允许外商来华直接投资，对资本项目实行严格管制。但自 1978 年以来，我国开始启动了渐进的、审慎的资本账户开放过程。

目前，我国资本项目外汇收支管理的基本原则是在放松经常项目汇兑限制的同时，完善资本项目管理。具体对各类资本项目的管理实行三个共同原则：（1）除国务院另有规定外，境内机构资本项目的外汇收入均应调回境内；（2）境内机构资本项目下的外汇收入均应在银行开立外汇账户，卖给外汇指定银行的，必须经外汇管理机关批准；（3）资本项目下的购汇和对外支付，均需要经过国家外汇管理局核准，持核准件和有关材料方可在银行办理。

知识拓展

王春英：中国资本项目开放“没有时间表，一直在路上”

中国国家外汇管理局新闻发言人、总经济师王春英 2019 年 12 月 25 日在京出席吹风会时称，中国资本项目开放没有时间表，也可以说是一直在路上。

当天有记者提问，人民币资本账户的完全开放目前是否有大概的一个时间表，王春英给出了上述回答。

王春英表示，在资本项目开放方面，官方主要的考虑是会统筹经济发展的阶段和金融市场的状况、金融稳定性的要求，统筹交易环节和汇兑环节的协调，以金融市场双向开放为重点有序地推进资本项目的开放，进一步地提高可兑换项目的便利化水平。

王春英指出，在上述背景下，国家外汇管理局会适度地扩大证券公司结售汇业务试点来增加外汇市场的参与主体，丰富外汇交易品种，进一步提升外汇市场的深度和广度以及活跃度；会考虑支持科创板的健康发展，鼓励境外投资者参与科创板，做好“沪伦通”项下的存托凭证跨境资金管理工作；会规范境外机构境内发债的管理，完善相关的管理办法，有序地推进境内债券市场的开放。

资料来源：王春英：中国资本项目开放“没有时间表，一直在路上”.（2019-10-25）. http://www.chinanews.com/cj/2019/10-25/8989733.shtml.

二、跨境直接投资管理

1. 外商直接投资管理

吸引外商直接投资是我国对外开放中的一项重要政策，外商直接投资形成的资本流入是资本项目外汇收支的主要构成部分。外商直接投资是外国企业和经济组织或个人（包括华侨、港澳台同胞以及中国在境外注册的企业）按中国有关政策、法规，用现汇、实物、技术等在中国直接投资的行为。外商直接投资包括：在中国境内开办外商独资企业，与中国境内的企业或经济组织共同举办中外合资经营企业、合作经营企业或合作开发资源的投资（包括外商投资收益的再投资），以及经政府有关部门批准的项目投资总额内企业从境外借入的资金。

现行的管理方式主要是以登记管理为中心，管理外资的流入、流出以及在流入、流出之间的汇兑环节，通过外商投资企业联合年检，加强对外商投资项下的外汇监管力度。

（1）外汇登记。

外商投资企业在获得审批机关批准，并领取工商营业执照后，需到注册地国家外汇管理局申请办理外汇登记手续。国家外汇管理局对符合登记条件的企业签发外商投资企业外汇登记证。

（2）账户管理。

外汇管理部门对每一家外商投资企业进行外汇登记，开立资本金账户，并根据审批部门核定的金额确定该账户的最高限额。外国投资者未在境内设立外商投资企业，但在境内从事直接投资或从事与直接投资相关的活动的，可向投资项目所在地外汇局申请，以该投资者名义开立外国投资者专用外汇账户。只允许外国投资者在一家银行开立一个多币种专用外汇账户（经外管局批准的除外）。

（3）出资管理。

外国投资者除了能够以自由兑换货币、进口设备及其他物料、无形资产、人民币利润等方式出资，也能够用外汇管理局批准的其他方式向外资企业出资。现行的外资企业外汇资本金结汇主要以外汇账户为核心进行相应的管理。外资企业的外国投资者外汇资金入账后，需向外汇管理部门验资询证；外汇管理部门根据相关入资证明，对外资流入的具体形式和金额进行记录。外资企业可凭验资报告向外汇指定银行根据实需原则申请外汇资本金结汇。目前，外资企业 5 万美元以内的外汇资金可直接结汇使用，不需要提交支付用途等凭证。

（4）资金流出管理。

对于外商直接投资的资金流出，商务主管部门首先对减资、转让股权、清算、撤资等事项做出批复，然后外汇管理部门根据审批部门的核准文件对外资企业的撤资金额进行审核，外资企业的外方可将所得资金汇出境外或者用于境内的再投资。此外，外资企业的外方所得利润再纳税后，可直接向外汇指定银行申请购汇，汇出境外。

（5）联合年检。

目前，每年的第二季度，均由商务部牵头，外汇管理局等部门参与，组织一年一度的外商投资企业联合年检。外商投资企业需要将资产负债表、利润表和外汇收支情况表等基础财务信息提交给外汇管理部门，进行年检。

2. 境外直接投资管理

境外直接投资是指境内机构经境外直接投资主管部门核准，通过设立（独资、合资、合作）、并购、参股等方式在境外设立或取得既有企业或项目所有权、控制权或经营管理权等权益的行为。其管理内容主要包括：

（1）外汇登记和投资外汇资金汇出。

2009 年 7 月，国家外汇管理局发布《境内机构境外直接投资外汇管理规定》，取消了境外投资外汇资金来源审核，实行登记备案制度。外汇管理部门对每一家境内机构的境外投资项目进行外汇登记，由此对境外投资项下的外汇留出入的具体形式和金额进行记录。另外，为防止异常资金流入境内，外汇管理部门仍会对调回境内的境外直接投资项下的资本变动收入进行审核。

（2）境外投资联合年检。

境内投资者应当按年度提交境外投资企业的资产负债、经营、重大资本变更等信息，参加商务部和国家外汇管理局共同进行的境外投资联合年检。

三、跨境证券投资管理

1. 境内上市外资股（B 股）管理

境内上市外资股（B 股）是指中国境内注册的股份有限公司向境外投资者发行并在中国境内证券交易所上市的，以人民币标明币值的特种股票。1991 年年底，我国第一只 B 股——上海真空电子器材股份有限公司发行的 B 股在上海证券交易所上市。2001 年 2 月 19 日前，B 股仅限外国投资者买卖，此后，B 股市场向境内持有外汇账户的居民个人开放。随着 B 股市场的发展，外汇管理也逐步建立和完善，并建立了以发行者管理、投资者管理和证券经营机构管理为内容的 B 股管理制度框架。

对 B 股发行者的管理包括发行批准、外汇账户管理和汇兑管理。国家外汇管理部门负责管理外币股票专用账户的开立和汇兑管理。

对投资者的管理包括投资资格、资金汇兑和外汇账户管理。B 股的投资人包括境外的自然人、法人和其他组织，定居在国外的中国公民及境内居民个人。境内居民投资 B 股必须开立 B 股资金账户和股票账户，且不需要经管理部门批准，但账户内资金结汇和提现受到限制。

对证券经营机构的管理包括资格管理和外汇账户管理。中国证监会和国家外汇管理局共同负责资格管理。

2. 境外上市外资股管理

境外上市外资股是指股份有限公司向境外投资者募集并在境外上市的股份。它也采取记名股票形式，以人民币标明面值，以外币认购。在境外上市时，可以采取境外存股证形式或者股票的其他派生形式。在境外上市的外资股除了应符合我国的有关法规外，还需要符合上市所在地国家或者地区证券交易所制定的上市条件。境外上市外资股主要由 H 股（在香港交易所上市）、N 股（在纽约证券交易所上市）、S 股（在新加坡证券交易所上市）等构成。

3. QFII 管理

合格境外机构投资者（Qualified Foreign Institutional Investors，QFII）制度是指允许符合条件的境外机构投资者经批准汇入一定额度的外汇资金，并转换为当地货币，通过严格监管的专用账户投资当地证券市场，其本金、资本利得、股息等经批准后可购汇汇出的一种资本市场开放模式。2002 年 11 月，中国证券监督管理委员会和中国人民银行联合发布了《合格境外机构投资者境内证券投资管理暂行办法》，QFII 制度在我国开始实施。

QFII 是一种限制资本流入的过渡性制度安排，那些货币没有自由兑换、资本项目未完全开放的新兴市场国家或地区，为了使资本的流入与本国的经济发展和证券市场发展相适应，限制外国资本对本国国际收支和金融市场的冲击，维护本国经济金融安全，推动本国资本市场的国际化和健康发展，通过引入 QFII 制度对资本的流入进行必要的限制和引导。截至 2020 年 1 月 31 日，我国合格境外机构投资者（QFII）获批额度为 1 118.99 亿美元。

目前，对境外机构投资者境内证券投资资金的管理主要包括登记管理、账户管理、汇兑管理、投资风险管理和统计监督管理等方面。

2019 年 9 月 16 日，国家外汇管理局宣布，经国务院批准，决定取消合格境外机构投资者（QFII）和人民币合格境外机构投资者（RQFII）投资额度限制。同时，RQFII 试点国家和地区限制也一并取消。

4. QDII 管理

合格境内机构投资者（Qualified Domestic Institutional Investors，QDII）制度，是指在人民币资本项目不可兑换、资本市场未开放的条件下，在一国境内设立，经该国有关部门批准，有控制地，允许境内机构投资境外资本市场的股票、债券等有价证券投资业务的一项制度安排。

设立该制度的直接目的是“进一步开放资本账户，以创造更多外汇需求，使人民币汇率更加平衡、更加市场化，并鼓励国内更多企业走出国门，从而减少贸易顺差和资本项目盈余”，直接表现为让国内投资者直接参与国外的市场，并获取全球市场收益。2013 年 11 月 18 日，在招商基金、中信期货、中信证券国际（香港）的共同努力下，我国成立了首个 QDII 跨境套利专户，该产品支持全球套利、投机、对冲等多种交易方式。截至 2020 年 1 月 31 日，合格境内机构投资者（QDII）获批额度为 1 039.83 亿美元。

根据职责分工，QDII 管理基本框架是由中国证券监督管理委员会和国家外汇管理局分别负责境内机构投资者资格条件和审批程序、境外投资顾问、资产托管、资金募集、投资运作、信息披露、额度和资金管理、监督管理等方面。

知识拓展

稳步推进 QDII 制度实施

合格境内机构投资者（QDII）制度自 2006 年实施以来，在推动金融市场开放、拓宽境内居民投资渠道、支持金融机构走出去开展国际化经营等方面发挥了积极作用。国家外汇管理局于 2008 年 4 月 11 日发布消息称，将遵循宏观审慎管理思路，针对不同类型机构的业务特征，综合考虑 QDII 机构管理资产规模、内控合规等因素，秉持公平公正、公开透明的原则，稳步推进 QDII 各项工作，更好地满足境内市场主体跨境资产配置需求。QDII 额度的最新情况于每月末在国家外汇管理局政府网站上公布。

下一步，国家外汇管理局将会同有关部门，研究推进 QDII 改革，根据国际收支状况、行业发展动态以及对外投资情况，进一步完善 QDII 宏观审慎管理，服务国家全面开放新格局，助推建设开放型世界经济。

资料来源：王观．稳步推进 QDII 制度实施．（2018-04-12）．http://finance.people.com.cn/n1/2018/0412/c1004-29920382.html.

四、跨境债权债务管理

1. 国际商业贷款管理

国际商业贷款是指境内机构向中国境外的金融机构、企业、个人或者其他经济组织以及在中国境内的外资金融机构筹借的，以外国货币承担契约性偿还义务的款项。出口信贷、国际融资租赁、以外汇方式偿还的补偿贸易、境外机构和个人外汇存款（不包括在经批准经营离岸业务银行中的外汇存款）、项目融资、90 天以上的贸易项下融资以及其他形式的外汇贷款视同国际商业贷款管理。

《境内机构借用国际商业贷款管理办法》规定：中国人民银行是境内机构借用国际商业贷款的审批机关，授权国家外汇管理局及其分局具体负责对境内机构借用国际商业贷款的审批、监督和管理。对外借用国际商业贷款的境内机构仅限于：经国家外汇管理局批准经营外汇借款业务的中资金融机构和经国务院授权部门批准的非金融企业法人。

对外直接借用国际商业贷款的非金融企业法人应当具备以下条件：

（1）最近 3 年连续盈利，有进出口业务许可，并属于国家鼓励行业；

（2）具有完善的财务管理制度；

（3）贸易型非金融企业法人的净资产与总资产的比例不得低于 15％；非贸易型非金融企业法人的净资产与总资产的比例不得低于 30％；

（4）借用国际商业贷款与对外担保余额之和不得超过其净资产等值外汇的 50％；

（5）外汇借款与外汇担保余额之和不超过其上年度的创汇额。

境内机构应当凭自身资信对外借用国际商业贷款，并自行承担对外偿还责任；同时按照国家外汇管理局的规定，于每季初 10 日内向外汇管理局报送上季度对外借款情况报表和年度国际商业贷款使用情况报告。

2. 对外担保管理

对外担保，是指中国境内机构（境内外资金融机构除外，简称“担保人”）以保函、备用信用证、本票、汇票等形式出具对外保证，以《中华人民共和国担保法》中第 34 条规定的财产对外抵押或者以《中华人民共和国担保法》第 4 章第 1 节规定的动产对外质押和第 2 节第 75 条规定的权利对外质押，向中国境外机构或者境内的外资金融机构债权人或者受益人（简称“债权人”）承诺，当债务人（简称“被担保人”）未按照合同约定偿付债务时，由担保人履行偿付义务。

中国人民银行授权国家外汇管理局及其分、支局（简称“外汇局”）为对外担保的管理机关，负责对外担保的审批、管理和登记。

担保人包括：（1）经批准有权经营对外担保业务的金融机构（不含外资金融机构）；（2）具有代位清偿债务能力的非金融企业法人，包括内资企业和外商投资企业。除经国务院批准为使用外国政府或者国际经济组织贷款进行转贷外，国家机关和事业单位不得对外担保。

金融机构的对外担保余额、境内外汇担保余额及外汇债务余额之和不得超过其自有外汇资金的 20 倍。非金融企业法人对外提供的对外担保余额不得超过其净资产的 50%，并不得超过其上年外汇收入。

内资企业只能为其直属子公司或者其参股企业中中方投资比例部分对外债务提供对外担保。

担保人不得为经营亏损企业提供对外担保。担保人不得为外商投资企业注册资本提供担保。

3. 境外项目融资管理

项目融资是指以境内建设项目的名义在境外筹措外汇资金，并仅以项目自身预期收入和资产对外承担债务偿还责任的融资方式。

项目融资主要适用于发电设施、高等级公路、桥梁、隧道、城市供水厂及污水处理厂等基础设施建设项目，以及其他投资规模大且具有长期稳定预期收入的建设项目。

对于以项目融资方式筹措国外资金的建设项目（以下统称项目），主要投资者应具有足够的经济能力和履约能力，外方主要投资者还应有较强的国际融资能力和进行项目融资的业绩。

项目公司以项目融资方式筹措的外汇资金，应及时调入境内，按照国家计委批准的内容用于进口技术设备、材料及支付其他费用，其余部分根据国家外汇管理规定保留或结汇；未经国家外汇管理局批准，不得存放境外。支付还本付息的项目收入存入专项账户。对于偿还对外债务本金不足部分的外汇，项目公司可凭国家计委和国家外汇管理局批准的有关文件，经当地外汇管理部门核准，向外汇指定银行购买，存入专项账户。还本付息专项账户的外汇，根据国家规定及有关协议，按期汇出。

工作任务

资本项目外汇管理业务常见问题

1. 目前境内个人的外债尚未开放，境内个人不得以归还借款的名义购汇还款给境外个人，那么境内个人能以归还借款名义汇给境内个人吗？

2. 境内个人可以通过境外银行、境外基金管理公司等合格境外机构投资者进行境外固定收益类、权益类等金融投资吗？

3. 拟移民，财产转移总金额在等值50万美元以下，是否要提供收入来源证明？

4. 境内直接投资过程中外商资本金实际汇出国家与其注册国别不一致，但出资人名称一致，是否可正常办理？

5. 境内企业境外放款需要通过境外放款专户办理，是否每笔境外放款对应一个专户？

6. 境内个人境外投资企业分红能否汇回？能汇回需要提交什么材料，怎么申报，可否直接结汇？如果汇回，是通过境外企业汇回还是境内个人的境外账户汇回？

任务四　个人结售汇管理

为便利个人外汇收支，简化业务手续，规范外汇管理，中国人民银行制定了《个人外汇管理办法》，将个人外汇业务按照交易主体区分为境内和境外个人外汇业务，按照交易性质区分为经常项目和资本项目个人外汇业务。按上述分类对个人外汇业务进行管理，具体内容包括：

一、经常项目个人外汇管理

个人进行工商登记或者办理其他执业手续后，可以凭有关单证办理委托具有对外贸易经营权的企业代理进出口项下及旅游购物、边境小额贸易等项下外汇资金收付、划转及结汇。

境内个人外汇汇出境外用于经常项目支出，单笔或当日累计汇出在规定金额以下的，凭本人有效身份证件在银行办理；单笔或当日累计汇出在规定金额以上的，凭本人有效身份证件和有交易额的相关证明等材料在银行办理。

境外个人在境内取得的经常项目项下合法人民币收入，可以凭本人有效身份证件及相关证明材料在银行办理购汇及汇出。

境外个人未使用的境外汇入外汇，可以凭本人有效身份证件在银行办理原路汇回；境外个人将原兑换未使用完的人民币兑回外币现钞时，小额兑换凭本人有效身份证件在银行或外币兑换机构办理，超过规定金额的，可以凭原兑换水单在银行办理。

二、资本项目个人外汇管理

境内个人对外直接投资符合有关规定的，经外汇局核准可以购汇或以自有外汇汇出，并应当办理境外投资外汇登记。

境内个人购买 B 股，进行境外权益类、固定收益类以及国家批准的其他金融投资，应当按相关规定通过具有相应业务资格的境内金融机构办理；向境内保险经营机构支付外汇人寿保险项下保险费，可以购汇或以自有外汇支付；对外捐赠和财产转移需购付汇的，应当符合有关规定并经外汇局核准；向境外提供贷款、借用外债、提供对外担保和直接参与境外商品期货和金融衍生产品交易，应当符合有关规定并到外汇局办理相应登记手续。

境内个人在境外获得的合法资本项目收入经外汇局核准后可以结汇。

境外个人购买境内商品房，应当符合自用原则，其外汇资金的收支和汇兑应当符合相关外汇管理规定。境外个人出售境内商品房所得人民币，经外汇局核准可以购汇汇出。

知识拓展

个人结汇和境内个人购汇时在额度上有何限制？

居民个人一次性结汇金额在等值1万美元（含1万美元）以下的，须凭真实身份证明办理；一次性结汇金额在等值1万美元以上、5万美元（含5万美元）以下的，由银行按照相关规定，对居民个人真实身份证明合法外汇来源证明材料进行审核后予以办理；一次性结汇金额在等值5万美元以上的，居民个人应当持以上材料向外汇管理部门申请，经当地外汇管理部门审核真实性后，凭当地外汇管理部门的核准件到银行办理。

对于持因私护照的境内居民个人出境旅游（含港澳游，不含边境游）、探亲会亲、朝觐、境外就医、商务考察、被聘工作、出境定居、国际交流、境外培训、外派劳务等有实际出境行为的购汇指导性限额，出境时间在半年以下的，等值5 000美元；出境时间在半年以上的，等值8 000美元。境外直系亲属救助、缴纳国际组织会费、境外邮购等有实际用汇需求但没有出境行为的，等值5 000美元。

自费留学学费按照境外学校录取通知书或费用证明上所列的学费金额全额供汇，生活费每人每年不超过等值2万美元。

资料来源：外汇局关于规范居民个人外汇结汇管理有关问题的通知．(2004-03-22)．http://www.china.com.cn/policy/txt/2004-03/22/content_5521546.htm.

三、个人外汇账户管理

个人外汇账户按主体类别分为境内个人外汇账户和境外个人外汇账户；按账户性质，分为外汇结算账户、资本项目账户及外汇储蓄账户。

银行按照个人开户时提供的身份证件等证明材料确定账户主体类别，所开立的外汇账户应使用与本人有效身份证件记载一致的姓名。境内个人和境外个人外汇账户境内划转按跨境交易进行管理。

1. 账户开立

个人进行工商登记或者办理其他执业手续后可以开立外汇结算账户。

境外个人在境内直接投资，经外汇局核准，可以开立外国投资者专用外汇账户。账户内资金经外汇局核准可以结汇。直接投资项目获得国家主管部门批准后，境外个人可以将外国投资者专用外汇账户内的外汇资金划入外商投资企业资本金账户。

个人可以凭本人有效身份证件在银行开立外汇储蓄账户，用于非经营性外汇收付、本人或与其直系亲属之间同一主体类别的外汇储蓄账户间的资金划转。境内个人和境外个人开立的外汇储蓄联名账户按境内个人外汇储蓄账户进行管理。

2. 资金存取

个人购汇提钞或从外汇储蓄账户中提钞，单笔或当日累计在有关规定允许携带外币现钞出境金额之下的，可以在银行直接办理；单笔或当日累计提钞超过上述金额的，凭本人有效身份证件、提钞用途证明等材料向当地外汇局事前报备。

个人外币现钞存入外汇储蓄账户，单笔或当日累计在有关规定允许携带外币现钞入境免申报金额之下的，可以在银行直接办理；单笔或当日累计存钞超过上述金额的，凭本人有效身份证件、携带外币现钞入境申报单或本人原存款金融机构外币现钞提取单据在银行办理。

工作任务

案例分析

在个人外汇管理政策中，每人每年有 5 万美元购汇额度，这是为公众所熟知的。然而，近期国家外汇管理局承德市中心支局开出一张罚单，其中显示违法事实是中国银行承德分行为一名个人耿某某在 7 天内从同一账户分 5 次提取 1 万美元现钞。

分 5 次提取 1 万美元，总共并未超过 5 万美元，为何违规？请查阅《个人外汇管理办法》进行解答。

项目小结

外汇管制
外汇管制概述
管制目的
管制的主体和客体
管制的方式（内容）
管制的影响
经常项目外汇管理
货物贸易外汇管理
服务贸易外汇管理
外币收付管理
资本项目外汇管理
跨境直接投资管理
跨境证券投资管理
跨境债权债务管理
个人结售汇管理
经常项目个人外汇管理
资本项目个人外汇管理
个人外汇账户管理

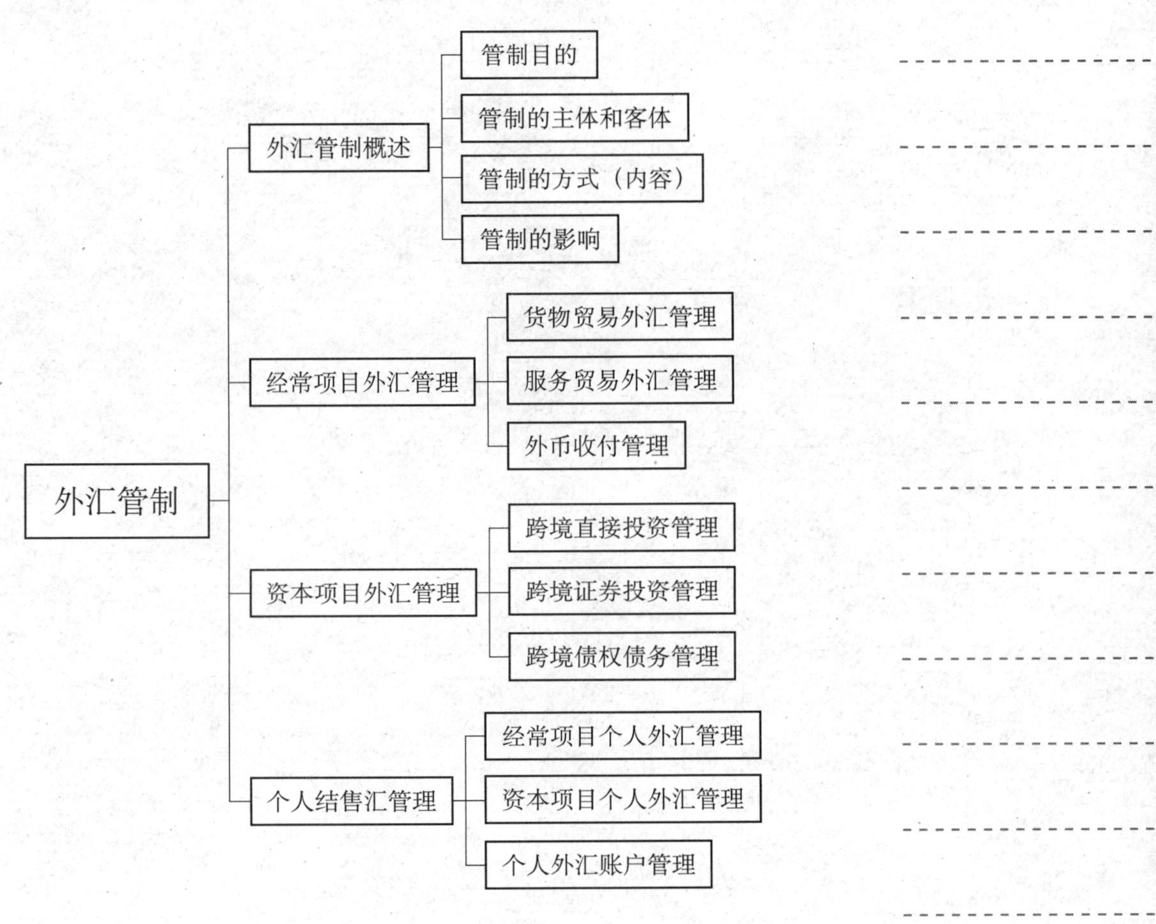

项目七

国际收支平衡表

▶ 知识目标

- 理解国际收支的概念
- 掌握国际收支平衡表的内容
- 了解国际收支不平衡的原因及调节方式

▶ 能力目标

- 能计算国际收支各项差额
- 能对国际收支平衡表进行基本分析
- 能根据国际收支平衡表分析国际收支情况并给出相应的调节策略
- 树立宏观经济分析的意识

▶ 项目任务

- 国际收支平衡表的计算
- 国际收支平衡表的分析
- 国际收支不平衡的调节

▶ 任务导入

ABC 进出口公司目前在开外汇汇率趋势研讨会，大家找到了 2018 年的中国国际收支数据，整理出如下数据（见表 7-1）。

表 7-1　2016—2018 年我国进出口贸易顺差分析　　单位：美元

年份	全球进出口总额	对全球贸易顺差	美国以外国家顺差	对美顺差	对美出口	对美进口
2018 年	4.62 万亿	3 518 亿	285 亿	3 233 亿	4 784 亿	1 551 亿
2017 年	4.1 万亿	4 225 亿	1 467 亿	2 758 亿	4 297 亿	1 539 亿
2016 年	3.68 万亿	5 100 亿	1 630 亿	3 470 亿	4 628 亿	1 158 亿

思考：国际收支是否仅仅是进出口贸易？顺差对经济有什么影响？是顺差好还是平衡好？

任务一　国际收支平衡表概述

一、国际收支概述

（一）国际收支（Balance of Payment，BOP）的概念

1. 狭义的概念

狭义的国际收支是指一个国家或地区在一定时期内居民与非居民之间所有外贸或外汇收支的总和。该定义以支付为基础，主要适用于第二次世界大战以前。

2. 广义的概念

广义的国际收支是指一个国家或地区在一定时期内（通常为一年）居民与非居民之间所有经济交易的货币价值总和。该定义以交易为基础，主要适用于第二次世界大战以后，既包括贸易和非贸易收支，也包括资本的输出和输入；既包括已实现外汇收支的交易，也包括尚未实现外汇收支的交易。

目前各国普遍采用的是广义的国际收支概念。

（二）正确理解广义国际收支的概念

1. 国际收支是一个流量概念，而不是存量概念

流量（Flow）是指一定时期内发生变动的变量的数值，如一定时期内的存款变动数、人口出生数等。存量（Stock）是指一定时点上存在的变量的数值，如某一时点上存款的总数、某一时点上人口总数等。

当人们提及国际收支时，总是需要指明是属于哪一段时期的，这一报告期可以是一年，也可以是一个季度或一个月，但通常以一年作为报告期。

2. 国际收支包括的是以货币记录的全部经济交易

国际收支中有些经济交易，如易货贸易、无偿转移物品等，都未涉及货币的收支，对这些交易必须折算成货币加以记录。全部经济交易包括五种类型：①金融资产与商品劳务之间的交换，即商品和劳务的买卖；②商品与商品及商品与劳务之间的交换，即物物交换；③金融资产之间的交换，即资本借贷；④无偿的商品劳务转移，如国际间实物捐赠；⑤无偿的金融资产转

移，如国际赠款等。

3. 国际收支记录的是居民与非居民之间的交易

判断一项经济交易是否应包括在国际收支范畴内，依据的不是交易双方的国籍，而是依据交易的双方是否一方是该国的居民，另一方是该国的非居民。只有居民与非居民之间的经济交易才是国际收支范畴；居民与居民之间的交易属于国内经济交易，非居民之间的交易属于离岸经济交易，它们都不包括在任何一国的国际收支里。

知识拓展

公民、居民与非居民

“公民”与“居民”

公民是一个法律的概念，仅指个人。而居民则以居住地为标准，包括个人、家庭、企业和政府机构。凡在一国居住（指个人、家庭）或注册（指企业）或逗留（指其他）达一年或一年以上者，我们称其为居住、注册、逗留所在国的居民，是原先派出国（地）的非居民。

“居民”与“非居民”

在国际收支统计概念中，中国居民是指在中国大陆注册成立的机构及长期居住（一年以上）的个人，但外籍在华长期留学、就医人员及外国驻华使领馆工作人员除外。外国居民是指在中国大陆以外国家或地区注册成立的机构及长期居住的个人，我国在外长期留学、就医人员及我国驻外使领馆工作人员除外。

一些国际性机构，如在美国的联合国、国际货币基金组织、世界银行等，不属于任何国家的居民。

中国居民的划分标准

我国自1996年1月1日起实施（2013年11月9日修订）的《国际收支统计申报办法》第三条规定：

“本办法所称中国居民，是指：

(1) 在中国境内居留1年以上的自然人，外国及香港、澳门、台湾地区在境内的留学生、就医人员、外国驻华使馆领馆外籍工作人员及其家属除外；

（2）中国短期出国人员（在境外居留时间不满1年）、在境外留学人员、就医人员及中国驻外使馆领馆工作人员及其家属；

（3）在中国境内依法成立的企业事业法人（含外商投资企业及外资金融机构）及境外法人的驻华机构（不含国际组织驻华机构、外国驻华使馆领馆）；

（4）中国国家机关（含中国驻外使馆领馆）、团体、部队。”

二、国际收支平衡表的内容

国际收支平衡表是记录一国或地区居民与非居民在一定时期内所有经济交易项目及其金额的综合收支记录。它集中反映了一国国际收支的总貌和具体构成。

根据《国际收支手册》（第六版），国际收支平衡表包括经常账户、资本与金融账户（见表7-2）。经常账户可细分为货物和服务、初次收入、二次收入。资本与金融账户可分为资本账户和金融账户，其中，金融账户可细分为非储备性质的金融账户和储备资产。

表7-2　国际收支平衡表标准组成部分

一、经常账户	二、资本与金融账户
（一）货物和服务	（一）资本账户
1. 货物	（二）金融账户
2. 服务	1. 非储备性质的金融账户
（1）加工服务	（1）直接投资
（2）维护和维修服务	（2）证券投资
（3）运输	（3）金融衍生工具和雇员认股权
（4）旅行	（4）其他投资
（5）建设	2. 储备资产
（6）保险和养老金服务	（1）货币黄金
（7）金融服务	（2）特别提款权
（8）知识产权使用费	（3）在国际货币基金组织的储备头寸
（9）电信、计算机和信息服务	（4）外汇储备
（10）其他商业服务	（5）其他储备资产
（11）个人、文化和娱乐服务	
（12）别处未提及的政府服务	
（二）初次收入	
1. 雇员报酬	
2. 投资收益	
3. 其他初次收入	
（三）二次收入	

在标准组成的基础上，国际收支平衡表采用复式记账法，但由于统计资料来源和时点不同，经常账户和资本与金融账户会产生不平衡，形成统计残差项，称为净误差与遗漏。

具体各项指标的内容如下：

（一）经常账户

经常账户包括货物和服务、初次收入和二次收入。

1. 货物和服务

货物是指经济所有权在我国居民与非居民之间发生转移的货物交易，是经常项目中最重要的项目。贷方记录货物出口，借方记录货物进口。

服务包括：加工服务，维护和维修服务，运输、旅行、建设、保险和养老金服务，金融服务，知识产权使用费，电信、计算机和信息服务，其他商业服务，个人、文化和娱乐服务，以及别处未提及的政府服务。贷方记录提供的服务，借方记录接受的服务。

2. 初次收入

初次收入是指由于提供劳务、金融资产和出租自然资源而获得的回报，包括雇员报酬、投资收益和其他初次收入三部分。

雇员报酬是指根据企业与雇员的雇佣关系，因雇员在生产过程中的劳务投入而获得的酬金回报。贷方记录我国居民个人从非居民雇主处获得的薪资、津贴、福利及社保缴款等，借方记录我国居民雇主向非居民雇员支付的薪资、津贴、福利及社保缴款等。

投资收益是指因金融资产投资而获得的利润、股息（红利）、再投资收益和利息，但金融资产投资的资本利得或损失不是投资收益，而是金融账户统计范畴。

其他初次收入是指将自然资源让渡给另一主体使用而获得的租金收入，以及跨境产品和生产的征税和补贴。

工作任务

思考训练

1. 2019 年某月合肥某企业支付给工作不满 1 年的外籍工程师工资，是否计入本国国际收支平衡表？为什么？

2. 2019 年某月合肥某企业支付给工作满 1 年的外籍工程师工资，是否计入本国国际收支平衡表？为什么？

3. 二次收入

二次收入是指居民与非居民之间的经常转移，包括现金和实物。贷方记录我国居民从非居民处获得的经常转移，借方记录我国向非居民提供的经常转移。

（二）资本与金融账户

1. 资本账户

资本账户是指居民与非居民之间的资本转移，以及居民与非居民之间非生产非金融资产的取得和处置。贷方记录我国居民获得非居民提供的资本转移，以及处置非生产非金融资产获得的收入；借方记录我国居民向非居民提供的资本转移，以及取得非生产非金融资产支出的金额。

2. 金融账户

金融账户是指发生在居民与非居民之间、涉及金融资产与负债的各类交易。金融账户细分为非储备性质的金融账户和储备资产。

（1）非储备性质的金融账户包括直接投资、证券投资、金融衍生工具和雇员认股权、其他投资。

直接投资是指以投资者寻求在本国以外运行企业获取有效发言权为目的的投资，包括直接投资资产和直接投资负债两部分。相关投资工具可划分为股权和关联企业债务。

证券投资包括证券投资资产和证券投资负债，相关投资工具可划分为股权和债券。

金融衍生工具和雇员认股权，用于记录我国居民与非居民金融衍生工具和雇员认股权交易情况。

其他投资包括其他股权、货币和存款、贷款、保险和养老金、贸易信贷和其他。

（2）储备资产是指我国中央银行拥有的对外资产，包括货币黄金、特别提款权、在国际货币基金组织的储备头寸、外汇储备、其他储备资产。

（三）净误差与遗漏

国际收支平衡表运用的是复式记账法，所有账户的借方余额与贷方余额应该相等。但由于资料来源渠道复杂（包括海关、银行、企业、商业部门、交通部门等）、资料不够全面（民间交易、走私交易很难统计）、资料本身不够准确和真实等原因，结账时容易出现借贷方的余额，因此设立了一个净误差与遗漏项目，从而达到平衡。

工作任务

判断下列业务内容属于国际收支哪个项目

1. 某企业出口 100 万美元的货物。
2. 某工厂从国外进口 1 000 万美元的原材料。
3. 某外贸公司支付出口商品运费、保险费 10 万美元。
4. 某跨国公司来中国投资 1 000 万美元。
5. 我国政府给非洲某国捐款 1 000 万美元。
6. 某外籍教师在中国领取课时费 5 万元。
7. 中国某企业在澳大利亚投资 1 000 万美元建立工厂。
8. 我国政府在国际货币基金组织中的特别提款权。
9. 某建筑公司在海外做工程获得款项 500 万美元。
10. 某公司在美国发行股票，募集资金 5 亿美元。

任务二　编制国际收支平衡表

一、国际收支平衡表的编制原理和记账方法

国际收支平衡表编制

国际收支平衡表按照复式簿记（借贷记账）原理，采用借贷记账法编制，即“有借必有贷，借贷必相等”。每发生一笔经济交易都要以相等金额同时在相关的借贷账户进行两笔或两笔以上的记录，一次记在贷方，一次记在借方。贷方交易表示资产的减少，负债的增加，用（+）表示；借方交易表示资产的增加，负债的减少，用（-）表示。

对于这一记账原理，有两个便于记忆的经验法则：

（1）凡是引起本国从国外获得货币收入的交易均记入贷方，凡是引起对外国货币支出的交易则记入借方。而这笔货币收入或支出本身则相应记入借方和贷方。

（2）凡是引起外汇供给的交易均记入贷方，凡是引起外汇需求的交易则记入借方。这一法则不适用于单方面实物转移，因为单方面实物转移并不会导致外汇的供给与需求。

具体说明如下：

（1）进口属于借方项目，出口属于贷方项目。

（2）非居民为居民提供服务或从该国取得收入，属于借方项目；居民为非居民提供服务或从外国取得收入，属于贷方项目。

（3）居民对非居民的单方面转移，属于借方项目；居民得到的非居民的单方面转移，属于贷方项目。

（4）居民获得外国资产，属于借方项目；非居民获得本国资产，属于贷方项目。

（5）居民偿还非居民债务，属于借方项目；非居民偿还本国债务，属于贷方项目。

（6）官方储备增加，属于借方项目；官方储备减少，属于贷方项目。

二、记账实训

下面以 A 国的几笔交易编制国际收支平衡表：

（1）A 国向 B 国出口离岸价格 5 000 美元的商品，对方应在 60 天内付款：

借：贸易信贷　　5 000 美元

　贷：商品出口　　5 000 美元

（2）A 国价值 8 000 美元的商品运至 C 国加工，加工费为 2 000 美元，这笔商品在 C 国当地按照 10 000 美元出售，售后向 A 国出口商付款：

借：短期资本　　10 000 美元

　贷：商品出口　　8 000 美元

　　短期资本　　2 000 美元

（3）A 国在 F 国的留学生得到 F 国的奖学金 1 000 美元，用于生活费支出 500 美元，其余存在当地银行：

借：服务进口　　500 美元

　国外银行存款　　500 美元

　贷：二次收入（经常转移）　　1 000 美元

（4）A 国从 D 国进口到岸价格为 8 000 美元的商品，以其在本国银行的 8 000 美元外汇存款支付货款：

借：商品进口　　8 000 美元

　贷：短期资本　　8 000 美元

（5）A 国投资者获得其投资于 M 国政府债券的利息 1 000 美元，并将此收入用于购买 M 国的公司股票：

借：证券投资　　1 000 美元

　贷：海外投资利润收入　　1 000 美元

（6）A 国投资者在 C 国进行 20 000 美元直接投资，其中 15 000 美元以 C 国货币支付，5 000 美元以机器设备的形式支付：

借：直接投资　　20 000 美元

　贷：商品出口　　5 000 美元

短期资本　　　　15 000 美元

（7）B 国进口商向 A 国支付货款 5 000 美元，A 国出口商向本国中央银行结汇：

借：官方储备　　　　5 000 美元

贷：商品出口　　　　5 000 美元

（8）A 国政府从国际货币基金组织得到 5 000 美元贷款，用于进口商品：

借：商品进口　　　　5 000 美元

贷：短期资本　　　　5 000 美元

根据以上交易，编制国际收支平衡表如下（见表 7-3）：

表 7-3　国际收支平衡表

项目	借方	贷方	差额
经常账户	13 500	25 000	11 500
商品贸易	8 000＋5 000	5 000＋8 000＋5 000＋5 000	10 000
服务贸易	500		−500
初次收入		1 000	1 000
二次收入		1 000	1 000
资本与金融账户	41 500	30 000	−11 500
资本账户			0
金融账户	41 500	30 000	−11 500
非储备性质的金融账户	20 000＋1 000＋5 000＋10 000＋500	2 000＋8 000＋15 000＋5 000	−6 500
储备资产	5 000		−5 000
总计	55 000	55 000	0

注：目前我国国际收支平衡表已采用一栏式编制，本书为方便实训，仍用三栏式进行展示。我国目前标准版本国际收支平衡表（见附表）附后供学习。

工作任务

编制国际收支平衡表

以下为甲国的国际收支分项交易，试编制简单的国际收支平衡表：

（1）甲国企业出口价值 100 万美元的设备，这一出口行为导致该企业在海外银行存款增加：

借：资本流出（本国在外国银行的存款）　　100 万美元

　贷：商品出口　　100 万美元

(2) 甲国居民到外国旅游花销 30 万美元，这笔费用从该居民的海外存款账户中扣除：

借：服务进口　　30 万美元

　贷：在外国银行存款　　30 万美元

(3) 外商以价值 1 000 万美元设备投入甲国，兴办合作企业：

借：商品进口　　1 000 万美元

　贷：外国对甲国直接投资　　1 000 万美元

(4) 甲国政府用外汇储备 40 万美元向外国提供无偿援助，另提供相当于 60 万美元的粮食药品援助：

借：二次收入（经常转移）　　100 万美元

　贷：官方储备　　40 万美元

　　商品出口　　60 万美元

(5) 甲国某企业在海外投资所得利润 150 万美元，其中 75 万美元用于当地投资，50 万美元购买当地商品运回国内，25 万美元调回国内结售给政府以换回本国货币：

借：商品进口　　50 万美元

　官方储备　　25 万美元

　对外长期投资　　75 万美元

　贷：海外投资利润收入　　150 万美元

(6) 甲国居民动用其在海外存款 40 万美元，用以购买外国某公司的股票：

借：证券投资　　40 万美元

　贷：在外国银行的存款　　40 万美元

根据以上交易，编制国际收支平衡表如下（见表 7-4）：

表 7-4　国际收支平衡表

项目	借方	贷方	差额
经常账户			
商品贸易			
服务贸易			
初次收入			
二次收入			
资本与金融账户			
资本账户			
金融账户			
非储备性质的金融账户			
储备资产			
总计			

任务三 国际收支不平衡与调节

一、国际收支平衡表的差额

国际收支平衡表采用复式记账法入账，借贷双方总是相等的，但其中的某些项目或账户可能出现盈余或赤字，需要其他项目或账户的赤字和盈余来抵销，这就形成了不同的项目差额。

（一）贸易账户差额

贸易账户差额是指货物和服务进出口之间的差额，是衡量一国实际资源转让、实际经济发展水平和国际收支状况的重要依据，同时反映一国的创汇能力和产品的国际竞争力。贸易收支占国际收支的比重较大，且数据易于收集，能够比较快地反映一国的对外经济交往情况，因此得到各国的普遍重视和广泛使用。

（二）经常账户差额

经常账户差额是指贸易账户差额加初次收入账户和二次收入账户收支的差额。由于一国的经济发展和增长主要依赖自有实际资源的数量，因此这一差额也反映了一国的经济实力和增长能力。另外，经常账户差额还是反映一国储蓄和投资水平的重要指标，加之经常账户差额比贸易账户差额反映全面，其状况决定了国际收支的实际差额，因而受到各国的重视，在宏观经济分析中占有举足轻重的地位，被认为是衡量国际收支的最好指标之一。

（三）资本与金融账户差额

资本与金融账户差额是资本账户与金融账户收支之间的差额。若净误差与遗漏差额为零，则资本与金融账户差额与经常账户差额二者必定数额相等，方向相反。即若经常账户为赤字，则资本与金融账户必为盈余，这意味着一国可利用金融资产的净流入为经常账户融资。因此，经常账户中实际资源的转移和资本与金融账户中金融资本的流动是同一问题的两个方面，对经常账户差额的分析与对资本与金融账户差额的分析是相对应的。这里特别要注意的是，不仅储备资产的增减变化在会计上作为平衡国际收支账户使用，而且储备资产的差额也能反映一国国际收支的顺逆差的数额。但要注意的是，储备资产的记账符号与国际收支的顺逆差的方向正好相反。

（四）综合账户差额（总差额）

综合账户差额即用经常账户差额加资本与金融账户差额再加净误差与遗漏的总差额减去储备资产的部分。综合账户差额为正号，则储备资产记负号，表示该国储备资产增加，国际收支顺差；综合账户差额为负号，则储备资产记正号，表示该国储备资产减少，国际收支逆差。综合账户差额的正负与国际收支的顺逆差成正向关系，即综合账户差额的盈余表示国际收支的顺差，综合账户差额的赤字表示国际收支的逆差。

工作任务

计算差额

某国某年第一季度的国际收支状况是：贸易账户差额为逆差 583 亿美元，劳务账户差额为顺差 227 亿美元，初次收入为顺差 104 亿美元，长期资本账户差额为顺差 196 亿美元，短期资本账户差额为逆差 63 亿美元。请计算该国国际收支的经济账户差额、综合账户差额，说明该国国际收支状况，并分析该国外汇市场将出现何种变化。

二、国际收支不平衡的原因和影响

（一）国际收支不平衡的原因

国际收支运动规律表明，国际收支的均衡是暂时的，而国际收支不平衡是长期的。引起一国国际收支不平衡的原因有很多，主要为：

（1）临时性不平衡，是指短期的、由非确定或偶然因素引起的国际收支不平衡。自然灾害、政局变动等意料之外的因素都可能对国际收支产生重大影响。例如，政局动荡会造成资本外逃，引起国际收支逆差。这种性质的国际收支不平衡一般程度较轻，持续时间不长，具有可逆转性。

（2）收入性不平衡，是指各国经济增长速度不同所引起的国际收支不平衡。一国国民收入相对快速增长，会导致进口需求的增长超过出口需求的增长，从而使该国的国际收支出现逆差。特别是发展中国家，在经济增长初期，往往需要引进大量生产设备和原材料及技术，容易引发国际收支逆差。

（3）周期性不平衡，是指一国处于经济周期波动所引起的国际收支失衡。经济周期有两种含义，包括本国经济周期和世界经济周期。

就发展中国家而言，受本国经济周期波动影响而导致的国际收支不平衡，主要表现为国内经济增长导致产生的国际收支逆差。这是由于许多发展中国家的经济增长往往依赖于附加值较大、价格较高的先进技术和机器装备的大量进口所致。

受世界经济周期影响而造成的国际收支不平衡，主要是指西方发达国家的经济周期波动对世界其他国家国际收支所产生的影响。当西方发达国家经济陷入萧条或不景气时，这些国家往往会采取缩减其进口的措施，从而减少了世界其他国家或发展中国家的出口，而导致后者国际收支产生逆差。

（4）结构性不平衡，是指一国产业结构或经济结构不能适应世界市场的变化而引起的国际收支不平衡，主要表现为产品供求不平衡和要素价格结构不平衡。例如，一国出口产品的需求因世界市场变化而减少时，如果不能及时调整产业结构，就会出现产品供求结构不平衡；一国工资上涨程度超过劳动生产率的增长，则出现以劳动密集型产品为主的出口结构不平衡。由于产业结构的调整是一个长期的过程，因此结构性不平衡具有长期性。

（5）货币性不平衡，是指一定汇率条件下，一国国内货币供求关系失衡，引起通货膨胀、物价上涨而产生的国际收支不平衡。如果一国采取扩张性经济政策，货币供给较多，就会导致通货膨胀、物价上涨，从而必然引起出口商品的价格相对上升，不利于出口，而使出口减少；同时还使进口商品的价格相对降低，有利于进口，而使进口增加，造成国际收支逆差。

以上五种不平衡中，由偶发性、周期性、货币性等因素所造成的不平衡具有短期性，可通过市场机制自发纠正；由结构性、收入性等因素所造成的不平衡具有长期性，市场机制不能纠正，必须通过政府介入，人为纠正。

（二）国际收支不平衡的影响

1. 国际收支逆差的消极影响

长期持续的巨额国际收支逆差会给本国对外经济关系及国内经济发展带来严重的负面影响。

首先，在对外经济方面，这会形成本币对外贬值的压力，影响本币汇率的稳定，降低本币的信誉，并造成贸易条件的恶化。而要维持本币汇率的稳定，政府就必须在该国出现国际收支大量逆差时，动用外汇储备来干预外汇市场，从而引起本国官方储备的减少。

其次，伴随着大量国际收支逆差的是出口乘数效应缩减带来的国内经济不景气和高失业率。而且在市场化条件下，储备的减少还可能导致国内货币供应量的降低和利率水平的上升，加剧通货紧缩，影响国民经济的增长速度。

最后，持续的国际收支逆差会降低一国的对外资信，造成大量资金的外流，加剧国内经济恶化。

2. 国际收支顺差的消极影响

保持国际收支顺差一定程度上反映一国在国际市场上所拥有的较强的国际竞争能力和对外经济实力，并可以提高本币信誉，是许多国家政府追求的一个宏观经济目标。但过大的国际收支顺差同样会给一国对外经济关系及国内经济带来一定的消极影响。

首先，在对外经济关系方面，大量的国际收支顺差会造成一国储备资产迅速增加，带来本币对外升值的压力。而本币升值会造成本国出口产品的相对价格上升，进口产品的相对价格下降，从而不利于出口，有利于进口，使国际收支转为逆差。而要想缓解本币升值的压力，政府就必须在该国出现国际收支大量顺差时，通过大量吞进多余外汇储备来干预外汇市场，从而引起本国官方储备过量增加。

其次，大量国际收支顺差会招致贸易伙伴的不满，引起贸易摩擦和国际争端，影响对外经济政治关系的正常发展。

再次，伴随着国际收支顺差与储备资产增加的是国内货币供给量的增加和通货膨胀、物价上涨的压力。因此，一国经济在外部失衡的同时可能导致出现内部失衡，加大其宏观经济调节的难度。

最后，如果一国国际收支大量顺差是以出口资源性产品而获得的，将会影响一个国家长期的可持续发展。

三、国际收支不平衡的自发调节

国际收支的自发调节是市场机制本身具有的功能，一国经济的市场化程度越高，则国际收支自发调节的作用就越明显。在不同的货币制度下，国际收支自发调节作用的表现形式也不同。纸币流通条件下，主要通过以下经济变量发挥作用。

（一）价格机制

一国国际收支出现顺差，导致国内货币市场货币供给增多，容易引起国内信用膨胀，利率下降，投资与消费相应上升，国内需求量增加，对货币形成一种膨胀式压力，使本国物价与出口商品价格随之上升，从而减弱本国出口商品的国际竞争能力，出口减少、进口增加，国际收支顺差减少直至平衡。

（二）利率机制

当一国国际收支出现逆差时，该国货币市场存量减少，银根趋紧，利率上升。利率上升表明本国金融资产收益率的上升，从而对本国金融资产的需求相对上升，对外国金融资产的需求随之下降。这些均导致本国资本停止外流，同时外国资本流入本国以谋求较高的利润。因此，国际收支逆差会因为资本与金融账户的日趋好转走向平衡，从而使国际收支逆差得以调整。

当一国国际收支出现顺差时，该国货币供应量增加，银根松动，利率下降，发生相反变化。

（三）汇率机制

当一国国际收支出现顺差时，本国货币市场上外汇供给大于外汇需求，供求关系的改变导致本币升值，本国出口商品以外币标示的国际市场价格上涨，进口商品价格下降，出口减少、进口增加，国际顺差改善，国际收支趋于平衡。

当一国国际收支出现逆差时，则发生相反变化。

（四）收入机制

一国国际收支出现逆差，意味着出口小于进口，在出口乘数效应缩减的作用下，国民收入水平降低，社会总需求与进口需求随之减少，从而使贸易收支账户向盈余转化；同时，国内投资需求的减少往往伴随着利率的上升，还可能导致国外资本流入而有利于资本与金融账户的改善，从而改变国际收支逆差状况。

四、国际收支不平衡的政策调节

国际收支的自动调节机制充分发挥作用是有前提的，而且调节的时间也比较长。因此，当国际收支出现不平衡时，一国当局往往不能完全靠经济体系的自动调节机制来使国际收支恢复平衡，而需要采取适当的政策措施加以调节。

（一）外汇缓冲政策

外汇缓冲政策是指一国货币当局通过变动官方储备或运用对外短期借贷来弥补国际收支不平衡的政策。例如，一国国际收支出现逆差，则减少外汇储备，或向外借款，使国际收支趋于均衡。这一政策主要适用于调节短期的、偶发性的国际收支不平衡，不适用于调节巨额的、长期的国际收支不平衡，因为这一政策会导致官方储备的枯竭或大量积累（造成资源的浪费）、外债规模过大等。但这一政策可作为一种辅助手段，配合调整政策，使国内经济免受调整过猛所带来的巨大震动。这一政策的优点是对国内经济和本币汇率水平的影响较轻，有利于本国对外贸易和投资的顺利进行；缺点是会引起官方储备的流失或债务的增加。

（二）财政政策

财政政策是指一国政府通过改变税收（或税率）或政府支出（主要是增减补贴）等来影响公众收入，进而影响一国国际收支的政策。例如，一国国际收支出现逆差，则采用紧缩性财政政策，如增加个人所得税或减少对公众的补贴，导致公众收入减少，进而引起进口支出的下降、出口的增加，从而改善国际收支。若政府采用对国内产品减税或补贴的政策，则会导致国内产品相对国外产品的价格下降，引起出口增加、进口减少，从而改善国际收支。

（三）货币政策

货币政策是指一国中央银行通过调整再贴现率、法定存款准备率或进行公开市场业务等来影响国内货币供应量和利率，进而影响国际收支的政策。例如，一国国际收支出现逆差，则采用紧缩性的货币政策，导致国内货币供应量减少，利率上升，进而引起资本流入增加，资本流出减少，从而改善国际收支。

财政政策和货币政策的优点是可以保持汇率的稳定，缺点是会影响国内经济。这是因为紧缩性的财政政策和货币政策会使国内经济衰退，扩张性的财政政策和货币政策会使国内通货膨胀，所以无论是财政政策还是货币政策，它们对国际收支的调节都是以牺牲国内经济为代价的。特别是当经济衰退和国际收支逆差并存或通货膨胀和国际收支顺差并存时，这种调节会使本已存在的经济衰退或通货膨胀更为严重。只有在国际收支逆差是因总需求大于充分就业条件下的总供给引起的情况下，采取紧缩性经济政策才不至于牺牲国内经济目标。因此，财政政策和货币政策适用于调节周期性的国际收支不平衡。

（四）汇率政策

汇率政策是指一国通过改变汇率水平来调节国际收支的政策，主要有本币贬值和本币升值两种政策。例如，一国国际收支出现逆差，则采用本币贬值的政策，使出口增加、进口减少，从而改善国际收支；一国国际收支出现顺差，则采用本币升值的政策。

汇率政策的优点是可以避免通货紧缩；缺点是汇率的经常波动会加剧经济的不稳定，容易引起通货膨胀。因此，汇率政策要结合紧缩性的财政政策或货币政策来实施。汇率政策主要适用于调节货币性的国际收支不平衡。

（五）直接管制

直接管制是指一国通过对外汇或外贸的管制来调节国际收支的政策。直接管制包括外汇管制和外贸管制。外汇管制是指对外汇的水平、外汇的收支等的管制；外贸管制是指对进出口贸易的管制，主要措施有实行关税、进口配额、进口许可证制、出口补贴或优惠等。例如，一国国际收支出现逆差，则限制进口用汇、提高关税、实行进口许可证等，使出口减少、国际收支趋于均衡。直接管制的优点是比较灵活，可以进行结构性调整，且见效快；缺点是容易引起各国的贸易战，引起国内生产效率和产品竞争力下降，产生官僚作风和贿赂风气等。因此，各国应谨慎采用这一政策。直接管制主要适用于调节短期的、结构性的国际收支不平衡。

（六）供给政策

供给政策是指通过改善一国的经济结构和产业结构，增加贸易品的生产，提高贸易品的质量，以降低贸易品生产成本来改善国际收支的政策。例如，一国国际收支出现逆差，则通过提高贸易品的质量，降低成本，使出口增加，国际收支达到均衡。供给政策的优点是调节的效果最好；缺点是难度大，时间长。供给政策主要适用于调节长期的、结构性的国际收支不平衡。

（七）国际经济金融合作

在本国实施相应政策调节的同时，各国都注重加强国际经济金融合作，具体包括以下几个方面：

(1) 协调经济政策。为避免贸易摩擦，各贸易伙伴国加强磋商和谈话，协调彼此的经济政策，有助于各国国际收支不平衡的调节。例如，一年一度举行的七国集团峰会，协调彼此的经济政策，收到了很好的效果。

(2) 推行经济一体化。地区经济一体化和经济全球化进程的加快，加速了贸易自由化，促进了生产要素在国际上的转移，使生产要素在国家间得到最优配置，提高了各国的劳动生产率，有助于从根本上解决国际收支不平衡问题。

(3) 加强国家间的信用合作。一国国际收支出现不平衡尤其是严重逆差时，极易引发金融危机，需要国家间的紧急信贷来调节国际收支不平衡。

(4) 充分发挥国际金融机构在平衡一国国际收支中的作用。

工作任务

希腊债务危机

2009 年 10 月初，希腊政府突然宣布，2009 年政府财政赤字和公共债务占国内生产总值的比例预计将分别达到 12.7%和 113%，远超欧盟《稳定与增长公约》规定的 3%和 60%的上限。鉴于希腊政府财政状况显著恶化，全球三大信用评级机构惠誉、标准普尔和穆迪相继调低希腊主权信用评级。随着主权信用评级被降低，希腊政府的借贷成本大幅提高了。

但是此次希腊债务危机的原因 10 年前就已经种下。2001 年，希腊期望加入欧盟，而欧盟对于加盟国有着严格的规定，即欧洲各国在加入欧元区时必须达到“财政赤字占 GDP 的比例不超过 3%、公共债务在 GDP 中的比例不高于 60%”的要求。而希腊请美国高盛公司利用当时欧盟财务规定上的漏洞，对本国尚未达标的财务状况进行了巧妙掩饰，虽然获得了一时之利，顺利加入了欧元区，却为日后的财政危机埋下隐患。

希腊债务危机的原因如下：

第一个原因是希腊政府的高福利政策。希腊的社会福利不仅高昂且名目繁多。根据希腊经济网站的数据，每年政府都要为公务员福利拨出数以十亿计的款项。例如，已经去世的公务员的未婚或者已婚的女儿，都可以继续领取其父母的退休金。根据欧盟委员会的数据，到了 2050 年，希腊的养老金开支将上升到等于国内生产总值的 12%，而欧盟成员国的平均开支还不到国内生产总值的 3%。希腊的公务员更是每个月可以享受到 5 欧元到 1 300 欧元之间的额外奖金，奖金的名目也相当随意而奇诡，比如会使用电脑、会说外语、能准时上班等。如此奢侈的社会保障制度，有专家预测，除非进行大刀阔斧的改革，否则希腊的社会保障制度必会在 15 年之内崩溃。希腊政党不断地开出各种高福利支票来争取选民，也造成了高福利的恶性循环。如果经济形势喜人，高福利也可以维持，可是希腊经济发展偏偏停滞不前，是欧盟内经济最弱的国家之一。政府实在无力偿债，反而以债养债，将雪球越滚越大。

第二个原因是希腊经济结构性问题。希腊经济存在结构性问题，内需高，出口少，储蓄率低，劳动力市场僵化，竞争力弱，借债消费。加入欧元区后，欧元汇率高，希腊对区内、区外出口都下降，积累了大量贸易逆差。财政支出较高，主要用于社会保障和公共部门雇员支出。随着人口老龄化发展，社保支出越来越多；公共部门雇员工资增长也快于生产率增速，在财政收入管理方面存在漏洞，偷税、漏税严重，据估计每年损失的税收至少相当于 GDP 的 4%。居民储蓄率低，财政缺口主要由外债弥补。欧元利率较低，降低了希腊融资成本，刺激了房地产市场的发展。全球金融危机后，房地产泡沫破灭，借债消费的方式不可持续，经济萎缩，不足以支撑政府庞大的财政支出。此外，统计部门严重失职，2009 年 4 月发布的统计数据预计 2009 年赤字为 3.7%，但是新政府上台后发现实际数据高达 12.7%，统计失真致使严峻的财政形势迟迟未被发现。

第三个原因是欧元区制度设计问题。欧元区实行单一货币政策，区内国家经济不同步，单一货币政策无法满足所有国家经济调控需求，从而产生使用财政政策调节经济的激励。希腊通过扩大财政支出刺激经济发展。虽然《稳定与增长公约》对财政赤字的流量和存量均有限制，但是这种约束不足，除希腊外，葡萄牙、意大利等国均存在明显违约。欧元区内统一货币政策与分散财政政策是希腊债务危机发生的制度原因之一。

第四个原因是希腊采取的财政政策问题。希腊采用美国式的“自由市场经济模式”，这一模式片面强调自由放任，反对国家干预，缺乏监管；而欧元区的主导模式则是德国式的“社会市场经济模式”，该模式在德国和北欧国家得到了很好的贯彻，而南欧国家则倾向于美国模式。希腊在加入欧元区时就未达标，加入欧元区后又继续受美国模式的影响，以促进经济增长为首要目标，财政政策一直比较宽松。虽然希腊经济增长率在欧元区算是较高的，但这一增长不具有可持续性，而宽松的财政政策进一步加剧了债务问题。

通过对希腊债务危机的分析，可以看出希腊债务危机的根本原因还在于其自身的经济制度上。而现在希腊需要的就是自我拯救，需要希腊政府拿出方案来说服欧盟和债券投资者，特别是给予后者购买希腊国债的信心。希腊政府的新财政方案将使工人的工资被削减，赋税加重，高福利也要走下神坛。减少政府的财政赤字和贸易赤字的“双赤字”就是其中的关键所在。

请思考：

1. 希腊主权债务危机反映出希腊经济存在哪些问题？

2. 希腊政府应该采取怎样的财政政策挽救此次危机？

项目小结

国际收支平衡表
国际收支平衡表概述
国际收支概述
国际收支平衡表的内容
编制国际收支平衡表
编制原理和记账方法
记账实训
国际收支不平衡与调节
国际收支平衡表的差额
不平衡的原因和影响
自发调节
政策调节

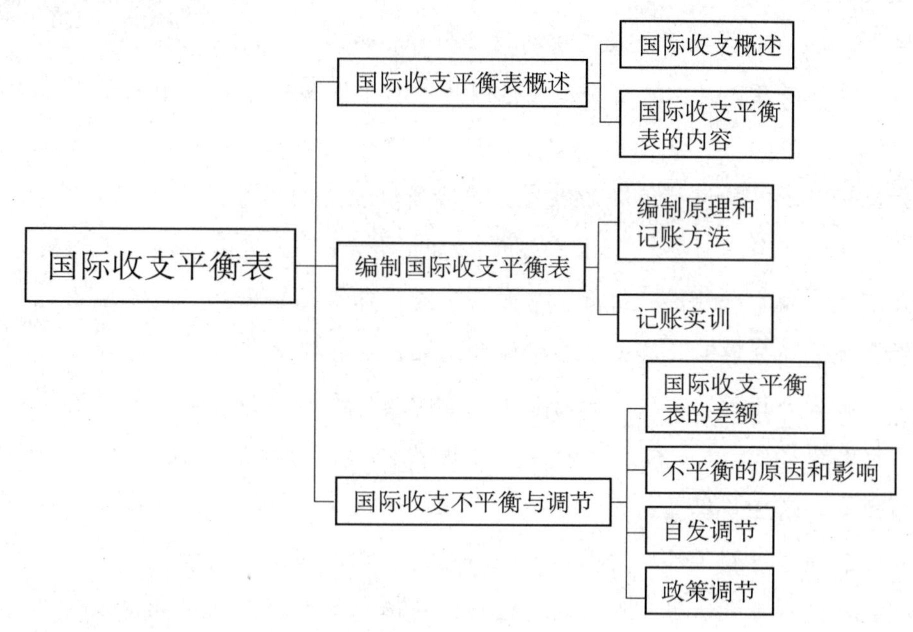

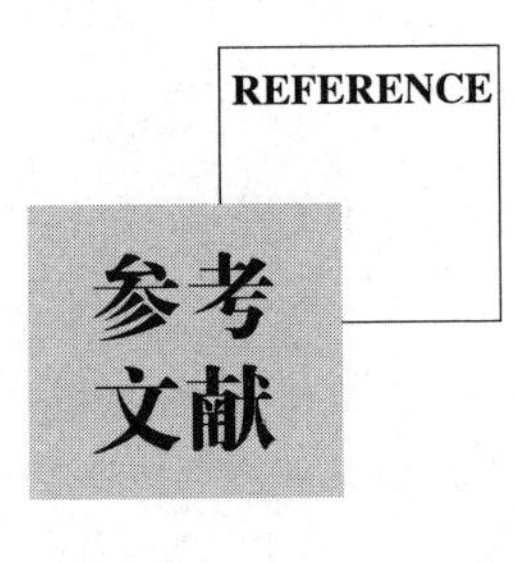

参考文献

[1] 潘海红．国际汇兑实务［M］．2版．合肥：对外经济贸易大学出版社，2015.

[2] 石晓楠．国际汇兑与结算［M］．北京：人民邮电出版社，2015.

[3] 孙连铮．国际金融［M］．3版．北京：高等教育出版社，2013.

[4] 苏宗祥，徐捷．国际结算［M］．6版．北京：中国金融出版社，2015.

[5] 徐进亮，李俊，丁涛．国际贸易单证实务与案例［M］．北京：机械工业出版社，2015.

[6] 刘园，王戈宏．外汇交易与管理［M］．2版．北京：首都经济贸易大学出版社，2018.

[7] 孔刘柳，张青龙．外汇管理——理论与实务［M］．2版．上海：格致出版社，2010.

[8] 刘淑娥，赵秀艳．国际金融［M］．北京：中国人民大学出版社，2017.

[9] 高建侠．国际金融［M］．3版．北京：中国人民大学出版社，2019.

[10] 刘金波．国际金融实务［M］．北京：中国人民大学出版社，2009.

[11] 黎孝先，石玉川，王健．国际贸易实务［M］．6版．北京：对外经济贸易大学出版社，2017.

APPENDIX

附录

附表 《国际收支平衡表》第五版与第六版表式及数据比较（以 2013 年 BOP 为例）

第五版表式		我国公布第六版表式（借贷法）		第六版表式（增减法）	
一、经常项目差额	1 828	一、经常账户	1 828	一、经常账户	1 828
贷方	26 637	贷方	26 003	贷方	26 003
借方	24 809	借方	−24 809	借方	24 175
（一）货物和服务差额	2 354	（一）货物和服务	2 354	（一）货物和服务	2 354
贷方	24 250	贷方	23 626	贷方	23 626
借方	21 896	借方	−21 896	借方	21 273
1. 货物差额	3 599	1. 货物	3 518	1. 货物	3 518
贷方	22 190	贷方	21 475	贷方	21 475
借方	18 591	借方	−18 591	借方	17 958
2. 服务差额	−1 245	2. 服务	−1 164	2. 服务	−1 164
贷方	2 060	贷方	2 151	贷方	2 151
借方	3 305	借方	−3 305	借方	3 315
（二）收益差额	−438	（二）初次收入	−438	（二）初次收入	−438
贷方	1 855	贷方	1 855	贷方	1 855
借方	2 293	借方	−2 293	借方	2 293
（三）经常转移差额	−87	（三）二次收入	−87	（三）二次收入	−87
贷方	532	贷方	532	贷方	532
借方	619	借方	−619	借方	619
二、资本与金融项目差额	3 262	二、资本与金融账户	−1 052	二、资本账户差额	31
贷方	17 271	（一）资本账户	31	贷方	45
借方	14 009	贷方	45	借方	14
（一）资本账户差额	31	借方	−14	三、金融账户	1 082
贷方	45	（二）金融账户	−1 082	资产	6 465
借方	14	资产	−6 465	负债	5 383
（二）金融账户差额	3 232	负债	5 383	1. 直接投资	−1 850
				资产	732

续前表

第五版表式		我国公布第六版表式（借贷法）		第六版表式（增减法）	
贷方	17 226	1. 非储备性质的金融账户	3 232	负债	2 582
借方	13 995			2. 证券投资	−605
1. 直接投资差额	1 850	1.1 直接投资	1 850	资产	54
1.1 我国在外直接投资差额	−732	资产	−732	负债	659
		负债	2 582	3. 金融衍生工具和雇员认股权	0
1.2 外国在华直接投资差额	2 582	1.2 证券投资	605	4. 其他投资	−776
		资产	−54	资产	1 365
		负债	659	负债	2 142
2. 证券投资差额	605	1.3 金融衍生工具和雇员认股权	0	5. 储备资产	4 314
2.1 资产差额	−54			四、净误差与遗漏	−776
2.2 负债差额	659				
3. 其他投资差额	776	1.4 其他投资	776		
3.1 资产差额	−1 365	资产	−1 365		
3.2 负债差额	2 142	负债	2 142		
三、储备资产	−4 314	2. 储备资产	−4 314		
四、净误差与遗漏	−776	三、净误差与遗漏	−776		

图书在版编目（CIP）数据

国际汇兑实务/潘海红，余海萍主编. --北京：
中国人民大学出版社，2021.1
21 世纪高职高专规划教材. 国际经济与贸易系列
ISBN 978-7-300-28689-1

Ⅰ.①国… Ⅱ.①潘… ②余… Ⅲ.①汇兑结算-国际结算-高等职业教育-教材 Ⅳ.①F830.73

中国版本图书馆 CIP 数据核字（2020）第 194038 号

全国职业院校国际贸易专业“新形态”教材
21 世纪高职高专规划教材·国际经济与贸易系列
国际汇兑实务
主　编　潘海红　余海萍
副主编　马京京　胡楠楠　姚冰清　蒋　团
Guoji Huidui Shiwu

出版发行	中国人民大学出版社		
社　　址	北京中关村大街 31 号	**邮政编码**	100080
电　　话	010－62511242（总编室）		010－62511770（质管部）
	010－82501766（邮购部）		010－62514148（门市部）
	010－62515195（发行公司）		010－62515275（盗版举报）
网　　址	http://www.crup.com.cn		
经　　销	新华书店		
印　　刷	北京密兴印刷有限公司		
规　　格	185 mm×260 mm　16 开本	**版　　次**	2021 年 1 月第 1 版
印　　张	16.25 插页 1	**印　　次**	2022 年 9 月第 2 次印刷
字　　数	242 000	**定　　价**	39.80 元

信息反馈表

尊敬的老师:

您好！为了更好地为您的教学、科研服务，我们希望通过这张反馈表来获取您更多的建议和意见，以进一步完善我们的工作。

请您填好下表后以电子邮件、信件或传真的形式反馈给我们，十分感谢！

一、您使用的我社教材情况

您使用的我社教材名称			
您所讲授的课程		学生人数	
您希望获得哪些相关教学资源			
您对本书有哪些建议			

二、您目前使用的教材及计划编写的教材

您目前使用的教材	书名	作者	出版社
您计划编写的教材	书名	预计交稿时间	本校开课学生数量

三、请留下您的联系方式，以便我们为您赠送样书（限1本）

您的通信地址			
您的姓名		联系电话	
电子邮箱（必填）			

我们的联系方式:

地　址：苏州工业园区仁爱路158号中国人民大学苏州校区修远楼

电　话：0512-68839320　　传　真：0512-68839316

网　址：www.crup.com.cn　　邮　编：215123